Inhalt

W0171672

Vorwort

„Kommunikation" ist einer der am häufigsten verwendeten Begriffe um unsere Jahrtausendwende. Zwei Aspekte stehen im Vordergrund: der zwischenmenschliche Umgang miteinander – die soziale Kommunikation – und die Telekommunikation mit Hilfe der Technik.

Obwohl jeder, der das Wort verwendet, ein Gefühl dafür hat, was er damit an Kontakt oder Gemeinsamkeit ausdrücken will, scheinen die menschlichen Zerwürfnisse und Missverständnisse zuzunehmen – vielleicht wegen der zahllosen Anforderungen an Kommunikation und wegen des Tempos technischer Unterstützung? Wer weiß wirklich, was Kommunikation ist und was sie verlangt? Selbst Gelehrte streiten sich darum. Es wirkt so, als ob ein ganzes Meer an Kommunikationen entstanden sei, es aber wegen seiner geringen Tiefe (unklare Bedeutungen) bei Sturm und Stress hohe und harte Wellen wirft. In diesem Meer Kurs zu halten, bei wechselnden Winden nicht zu kentern, bedarf nicht nur einer geübten Handlungs-Fähigkeit, sondern auch guter Kenntnisse über menschliche Strömungen und über die Untiefen beim „Surfen". Gefühl und Fertigkeit brauchen zusätzlich Grundwissen als Leuchtfeuer, damit das Lebensschiff sicher fährt.

Wir haben zu zweit versucht, solche Lichter aufzustecken, Tobias Marquart für die Telekommunikation (Kapitel 6, 7 und 12) und Elmar Bartsch für die soziale Kommunikation (alle übrigen Kapitel). Obwohl den zukünftigen Diplominformatiker und den Professor für Sprechwissenschaft ein Altersunterschied von über 40 Jahren trennt, gab es auf keiner der beiden Kommunikationsebenen Stress oder gar Verwerfungen. Die Kooperation hat uns Spaß gemacht und es entstanden sogar einige gemeinsame Texte (Kap. 2.4 und 8.5).

Dem Verlag und dem Herausgeber Dr. Richard Geisen danken wir für die Chance, dieses Buch zu schreiben, noch mehr für die intensive und sorgfältige Begleitung. Dr. Richard Geisen und Manfred Ott vom Verlag sind viele Verbesserungen gelungen. Bei aller Sorge, die Autoren haben, wenn ihre komplexen Differenzierungen elementarisiert werden, wurde so ein Ansatz gefunden, der helfen kann, das Chamäleon Kommunikation in seinen verschiedenen Farben klarer zu erfassen.

Den lernenden Menschen, denen dieses Buch gewidmet ist, wünschen wir ein nicht nur oberflächliches, aber erfolgreiches Surfen durch das Meer der Kommunikation, stimmige Seekarten und in „Engstellen" und „Untiefen" vertrauenswürdige Lotsen.

Elmar Bartsch und Tobias Marquart
im Oktober 1999

Lesehinweis

Dieser Titel aus der Reihe „Grundwissen" weist einige besondere Gestaltungsmerkmale auf:

- **Kurztexte in einer fortlaufenden Randspalte** beleuchten schlaglichtartig die auf der jeweiligen Seite behandelte Thematik, zum Beispiel mit
  - pointierten Nebenbemerkungen,
  - kurzen Zitaten und Aphorismen,
  - Verweisen und gedanklichen Brücken,
  - Zahlen, Daten, Fragen...

- **Beispieltexte** sind durchgehend mit dem Symbol ⬤ gekennzeichnet.

- **Wichtig-Texte** sind an diesem Zeichen zu erkennen: ◈
  Sie heben Wesentliches hervor, bündeln Vorhergehendes oder ziehen eine Schlussfolgerung.

I. Ausgangsfragen

Der kleine Prinz ging, die Rosen wiederzusehn:
Ihr gleicht meiner Rose gar nicht,
ihr seid noch nichts, sagte er zu ihnen.
Niemand hat sich euch vertraut gemacht
und auch ihr habt euch niemandem vertraut gemacht.

Ihr seid, wie mein Fuchs war.
Der war nichts als ein Fuchs
wie hunderttausend andere.
Aber ich habe ihn zu meinem Freund gemacht,
und jetzt ist er einzig in der Welt.

ANTOINE DE SAINT-EXUPERY

1. Was ist Kommunikation?

Ein Unternehmen der Kommunikations- und Messtechnik schaltet in einer großen Tageszeitung folgende Anzeige:

Wir suchen einen Produktmanager/in EMV-Systeme.

Ihre Aufgabe: Sie betreuen unsere weltweite Vertriebsmannschaft beim Verkauf von Produktionssystemen für mobile Kommunikation. Sie erarbeiten neue Produktideen, sind verantwortlich für Erstellung und Pflege von Präsentations- und Angebotsunterlagen. Mit sicherem Auftreten und erprobtem Verhandlungsgeschick etablieren Sie langfristige Beziehungen zu unseren Schlüsselkunden.

Ihre Qualifikation: • Dipl. Ing. Elektrotechnik (Nachrichten/HF-Technik) • Erfahrungen im Messen/Prüfen/Testen von Produkten der mobilen Kommunikation • 2-3 Jahre Berufserfahrung, gutes Englisch in Wort und Schrift • MS-Office Kenntnisse – Ihre Arbeit erfordert viel Kommunikation und ein sicheres, offenes Auftreten.

Welche Bedeutungen von „Kommunikation" kommen hier vor?

Am Anfang des Textes denkt der Leser wegen der Stichwörter „EMV" (elektronische Mess-Verfahren) und „mobile Kommunikation" eher an elektronische, also technische Kommunikation. Dann aber erkennt er, dass auch Informationsspeicher („Unterlagen") Kommunikation ermöglichen sollen. Schließlich rückt mit „Verhandlung", „sicherem, offenen Auftreten" deutlich die soziale, die zwischenmenschliche Kommunikation in den Vordergrund der verlangten Qualifikation.

Ähnliche Stellenanzeigen gibt es täglich. Meistens kommen in ihnen diese drei Vorstellungen von „Kommunikation" vor:

1. Kommunikation als zwischenmenschlicher Kontakt und Austausch, oft auch „soziale" oder *face-to-face-communication* genannt.
2. Kommunikation als „mögliche Verbindung" zwischen verschiedenen Einheiten. Letztere müssen nicht immer Menschen sein.
3. Kommunikation als Verwendung irgendwelcher „Medien", d. h. „Vermittlungszeichen", seien es optische (Licht, Papier, Folien), akustische (Trommeln, Telefon, Funk), hautsensorische (Tasthilfen, Blindenschrift). Heutzutage wird aber unter „Medien" oft zuerst ein elektronisches Medium verstanden, die Zeitung ausgenommen.

In anderen Zusammenhängen – auch Gesprächen – gibt es noch viele andere Bedeutungen von Kommunikation. Wie lassen sich diese bündeln? Und weiter: Welche Bedeutung ist richtig und welche ist falsch? Kann das „normativ" – d. h. vorschreibend – gezeigt werden? Wenn nicht, gibt es wenigstens Grenzen des Bedeutungsfeldes?

Ziel dieses Kapitels ist es, die häufigsten Verwendungsweisen der Begriffe „kommunizieren" und „Kommunikation" zu beschreiben und den Lesern auf dieser fast „empirischen" Grundlage eine Orientierung zu geben für den sinnvollen Gebrauch der Wörter.

1.1 Die Herkunft des Wortes

Um die ursprüngliche Bedeutungs-Tiefe von Begriffen aus-
zuloten, bemüht die Wissenschaft vorrangig die Etymologie
(Erforschung des Wort-Ursprungs).

Lateinische Wurzeln

- Wortstamm ist der Begriff *munus* = Aufgabe, Verrichtung, Funktion, Dienst, übernommene Pflicht.
- Davor gesetzt ist das Präfix *con-* bzw. *com-* aus dem altla-
  teinischen *cum* = mit, samt, zusammen, gemeinsam (auf
  freundlichen oder feindlichen Verkehr beziehbar).

Das zusammengesetzte Wort kommt in der Antike unter
folgenden Formen und Bedeutungen vor:

communicatio	Mitteilung, Gewährung, Einbezug
commune	Staat, Gemeingut, Kasse
communitas	Gemeinschaft, Allgemeinheit, Gemeinsinn
communicare	(1) gemeinsam machen, vereinigen (2) mitteilen, teilnehmen lassen (3) gemeinsamen haben *oder* teilen; mit tragen helfen (4) sich in Verbindung setzen, besprechen, beraten
communis	(1) gemeinsam, gemeinschaftlich, zusammen, öffentlich (2) überall üblich, gewöhnlich (3) umgänglich, demokratisch
in commune	für alle, zum gemeinsamen Nutzen

COMMUNICATIO IST
BEI CICERO EIN
RHETORISCHES MIT-
TEL: „EINBEZIE-
HUNG, DIE GLEICH-
SAM EINE ÜBERLE-
GUNG ZUSAMMEN
MIT DEM PUBLIKUM
DARSTELLT".

—

DE ORATORE III, 204

> „Etwas Gemeinsames machen/teilen, mitteilen" ist
> die alte Kernbedeutung von Kommunikation. Dabei
> wird offensichtlich ein gemeinsamer Gegenstand / Wert /
> Inhalt mitgedacht und vorausgesetzt.

Schlaglichter zur Begriffsgeschichte im Deutschen

- „Kommune" bezeichnet seit dem Mittelhochdeutschen
  die „Gemeinde".
- SIMON ROTS Wörterbuch von 1571 übersetzt Commu-
  nication mit „mittheylung/besprachung/unterredung".
- Ein Ausschluss von allen gemeinschaftlichen Rechten
  heißt in der katholischen Kirche „Exkommunikation".
- Seit LUTHER meint „Kommunikant" jemanden, der im
  Gottesdienst das Abendmahl empfängt.
- Im 18. Jh. wird erstmals von „schneller Communication
  über alle Provinzen" geredet – im Bau- und Militärwesen.

BRECHT SCHRIEB
1948/49 DAS STÜCK:
DIE TAGE DER COM-
MUNE. ER MEINTE
DIE „PARISER KOM-
MUNE" VON 1871,
REPUBLIKANISCHER
GEMEINDERAT DER
STADT MIT GEMEIN-
EIGENTUM.

9

SEIT CA. 1970 VER-
STEHEN SPRACHWIS-
SENSCHAFTLER UND
SOZIOLOGEN UNTER
„KOMMUNIKANT"
AUCH JEDEN „TEIL-
NEHMER AN EINER
KOMMUNIKATION".

DIE SEMANTIK
ANALYSIERT UND
BESCHREIBT ALS TEIL
DER SPRACHWISSEN-
SCHAFT DIE BEDEU-
TUNG SPRACHLI-
CHER AUSDRÜCKE.

– GOETHE sagt von den Architekturmerkmalen des Straß-
burger Münsters: „Dieser Charakter communicirt sich
stufenweise den Unterabtheilungen"; und über LESSING:
„Er communicirte uns einen kleinen Aufsatz über Lao-
koon."

– Kommunismus war nach KARL MARX die auf den Sozia-
lismus folgende Entwicklungsstufe der Gesellschaft, in
der alle Produktionsmittel und Erzeugnisse in das gemeinsame Eigentum der Staatsbürger übergehen.

Überlieferte Wortfamilie und Bedeutungsfeld
Die Wortfamilie „kommun-", gleichgültig ob mit „c" oder
„k" geschrieben, wurde mit ihrem Bedeutungsfeld „ge-
mein-" in fast alle abendländische Sprachen übernommen.
Natürlich gab es in den verschiedenen Sprachen Unterschiede in den Bedeutungen (Semantik). Sie waren aber bis
zur Mitte des 20. Jahrhunderts nicht so groß, dass daraus
wesentliche Missverständnisse entstehen konnten.
Im Deutschen gehören außer den schon genannten Wörtern noch hierher: „kommunal, kommunikativ, Kommunika-
tor, Kommunist, Kommunität", auch das französische
Lehnwort „Kommunikee" (amtliche Mitteilung), auch alle
Zusammensetzungen wie z. B. „Kommunalverwaltung"
(Gemeindeverwaltung). Diese Begriffe haben trotz mancher Entwicklungen immer auch den alten Bedeutungskern:

> etwas Gemeinsames machen / teilen, mitteilen

1.2 Moderner Wortgebrauch

Vor allem zwei Entwicklungen waren es, deren Einfluss
schon seit Ende des letzten Jahrhunderts die Bedeutung
von „kommunizieren" und „Kommunikation" auffächerte
und teilweise veränderte: die Technik und das amerikanische Englisch.

VGL. KAPITEL 6

Der Einfluss der Technik
Als im 20. Jh. die elektronischen Medien das Urmedium der
Kommunikation, den menschlichen Körper und seine Stimme, aus den Fesseln von Raum und Zeit befreiten, wurden
diese technischen Medien immer mehr zur Hauptsache. Da
auch die alten künstlichen Medien, Bild und Schrift, ganz
leicht (re)produzierbar wurden, standen die Vorgänge des
Telegrafierens und Faksimilierens, des Telefonierens und der
Television bald stellvertretend für „Medium" und „Kommunikation".

Der Einfluss des amerikanischen Englisch

Die Notwendigkeit, in den weiten Räumen der USA alle technischen Möglichkeiten der Kommunikation möglichst umfassend zu nutzen und die Faszination der Technik, die dort mit jeder Erfindung immer stärker empfunden wurde, brachte eine eigene **semantische Entwicklung** des Begriffes „Communication" mit sich. Insbesondere die Funktion Verbindungen herzustellen – zwischen Stationen und Stützpunkten, zwischen Produzenten und Händlern, zwischen Journalisten und Redaktionen – trat in den Vordergrund. So verschob sich der Bedeutungsschwerpunkt des alten Begriffs, wie er auf dem europäischen Kontinent gebraucht wurde, immer mehr in folgende Richtung: *to be in communication with* meint vorrangig „in Verbindung stehen mit" und weniger „etwas gemeinsam machen".

„COMMUNICATOR" HIESS DIE NOTLEINE BEI DER EISENBAHN.

Der Kommunikationspsychologe P. WATZLAWICK – als gebürtiger Kärntner mit der europäischen Begrifflichkeit aufgewachsen – hat so lange in den USA gearbeitet (Palo Alto), dass er nur den amerikanischen Begriff für richtig hält: Er sagt in der Übersetzung seines Buches „Menschliche Kommunikation" (1969, S. 17), dass „grundlegende Begriffe der Kommunikationslehre keine semantisch einwandfreien deutschen Entsprechungen haben. Dies gilt ironischerweise für den Begriff Kommunikation selbst, der im Deutschen ungewohnt klingt."*

„Ungewohnt" ist eine sehr merkwürdige Bewertung. Sie passt zum technischen Verständnis von Kommunikation als **Kontakt.** WATZLAWICK folgt hier offensichtlich der neuen funktionalen Begrifflichkeit, die „kommunikativ" nicht mehr mit der Bedeutung „gemeinsame Inhalte" verbindet. Trotzdem benutzt er das Wort weiter für den zwischenmenschlichen Bereich: Es entsteht ein sehr weiter, kaum noch gefüllter Kommunikationsbegriff, der **alles Verhalten** umschließt.

Der Einfluss vieler Publikationen, die aus dem Amerikanischen übersetzt wurden, vereinfachte auch in Europa die Bedeutung von „Kommunikation" zunehmend. Durch die elektronischen Medien wurde der weite, unpräzise Begriff *communication* immer mehr zum Maßstab. Reste alter Bedeutung bleiben aber noch in vielen Sprachen erhalten – auch außereuropäischen. Andere verwenden das gleiche Wort, meinen aber Mischbedeutungen. Wer heute in England *communication* schreibt oder spricht, meint nicht unbedingt das Gleiche wie jemand, der *comunicación* in Bolivien sagt oder deutsches „kommunizieren" in Polen mit *komunikować* übersetzt.

VIELE KOMMUNIKATIONSKURSE BEZEICHNEN SICH ALS VERHALTENSTRAINING, OBWOHL ES OFT MEHR DARAUF ANKOMMT, DIE INNERE EINSTELLUNG ZU ÄNDERN.

WAS KÖNNTEN JAPANER MEINEN, WENN SIE IN IHRER SPRACHE VON „COMMUNICATION GOODS" SPRECHEN? – GASTGESCHENKE!

Zwei Paradigmen

Paradigma, das griechische Wort für Beispiel / Muster, wird in der Kommunikationsphilosophie verwendet im Sinne von Anordnungsweise/Auffassung.

Dem paradigmatischen Vergleich der jetzt erkannten Auffassungen von Kommunikation dient ein **Assoziationstest**. Man kann Menschen danach unterscheiden, welche ersten Einfälle (Assoziationen) sie beim Wort „Kommunikation" haben.

WIR KÖNNEN DAS KONZEPT DER VERSTÄNDIGUNG NUR ERKLÄREN, WENN WIR ANGEBEN, WAS ES HEISST, SÄTZE IN KOMMUNIKATIVER ABSICHT ZU VERWENDEN

—

JÜRGEN HABERMAS

- Denken Menschen zunächst an „etwas Gemeinsames machen / teilen, mitteilen", dann sind sie von der abendländischen Tradition geprägt. Man darf vermuten, dass sie in einer Kultur zu Hause sind, die das humanistische Ideal anstrebt: Menschlichkeit des Individuums im Austausch mit dem Nächsten.
- Denken Menschen zuerst an funktionierenden Kontakt mit oder in einem Netzwerk, etwa einer Nachrichtenbörse, einem Betrieb, einem Markt, einer Bekenntnisgemeinschaft, dann steht hier die Teilbedeutung „verbinden" oder „irgendwie Kontakt haben" im Vordergrund.

VERSTÄNDIGUNG GILT ALS PROZESS DER EINIGUNG UNTER SPRACH- UND HANDLUNGSFÄHIGEN SUBJEKTEN

—

JÜRGEN HABERMAS

Aber auch die jeweiligen **Philosophien** sind anders:
- Mit dem Humanismus verbunden ist das Ideal „verständigungsorientierten Handelns" (KARL OTTO APEL, JÜRGEN HABERMAS), – auf dem Boden gemeinsamer Rationalität (PAUL LORENZEN, KUNO LORENZ) *(vgl. S. 13: Kreis)*.
- Die Systemtheorie arbeitet sozialphilosophisch. Ihr Thema sind Netzwerke, funktionierende Verbindungen in und von Gruppen – bzw. deren Störungen (NIKLAS LUHMANN).

NACH HAROLD D. LASSWELL ARBEITEN MEDIEN DER MASSENKOMMUNIKATION NACH DER FORMEL: WHO SAYS WHAT IN WHICH CHANNEL TO WHOM WITH WHAT EFFECT?

(1948)

Wie wird der **Begriff** „Kommunikation" beschrieben?
- Vertreter des ursprünglichen Begriffs beschreiben ihn primär als **zwischenmenschlichen Austausch**, sagen auch „soziale Kommunikation" oder *face-to-face-communication*.
- Vertreter des funktionalen Begriffs verstehen Kommunikation vornehmlich als **kontaktive Verbindung** zwischen verschiedenen Einheiten, die nicht einmal Menschen sein müssen – oder nur als Verwendung von Kommunikations**medien**.

Wandel des Kommunikationsbegriffs

Betrachtet man die Verwendung des Wortes „Kommunikation" von der Meta-Ebene aus, zeigt sich eine mehrstufige Entwicklung:

- Der ursprüngliche Begriff ist bereits in der traditionellen Philosophie ausgeweitet; sie reflektiert die soziale Bedeutung von Kommunikation.
- Die moderne Sozialphilosophie (Soziologie) betrachtet die Vernetzung durch Kommunikation und die sozialen Systeme, in denen sie sich bewegt. Die humane Bedeutung von Kommunikation („sich verstehen") tritt in den Hintergrund.
- Auf der nächsten Stufe meint Kommunikation jede Form von Kontakt oder Verbindung. Dieser Begriff ist dem technischen Kontakt-Begriff sehr ähnlich; d. h. er bleibt inhaltlich unbestimmt.

Die unterschiedlichen Verständnis-Muster lassen sich durchaus unterscheiden. Sie sind aber nicht voneinander getrennt, sondern durchdringen sich gegenseitig.

„METAEBENE" MEINT „DRAUFSCHAU" VON EINEM STANDPUNKT JENSEITS (GRIECHISCH „META") DER POSITIONEN. DAS VERSUCHT DIE WISSENSCHAFTSTHEORIE – ODER JEDE METAKOMMUNIKATION.

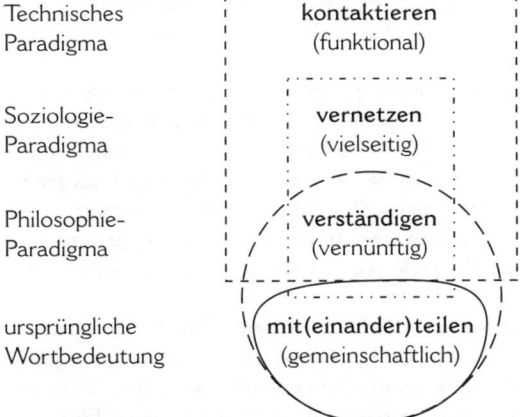

Technisches Paradigma	kontaktieren (funktional)
Soziologie-Paradigma	vernetzen (vielseitig)
Philosophie-Paradigma	verständigen (vernünftig)
ursprüngliche Wortbedeutung	mit(einander)teilen (gemeinschaftlich)

Paradigmen: Kommunikation

Kommunikation – zwei Begriffe oder einer?

Trotz der erheblichen Differenzen in den jeweils mitschwingenden Teilbedeutungen (Konnotationen) des einen Begriffs muss er etwas eindeutig Gemeinsames haben, das (denotativ) benennbar ist: Kommunikation meint zumindest, dass eine Beziehung (Relation) zu einer anderen Existenz aktiviert wird.

13

1.3 Kommunikation und Sprache

Kaspar Hauser taucht im Mai 1828 in Nürnberg auf: ein junger Mann von etwa 16 Jahren, der offensichtlich außerhalb der menschlichen Gesellschaft aufgewachsen ist. Er hat nicht sprechen gelernt. Nur wenige körpersprachliche Signale ermöglichen ihm einen Kontakt. Mühsam lernt er einige Worte. Erst dann ist er fähig, voll zu kommunizieren.

Hier ergeben sich einige Fragen:
- Wie funktioniert sprachliche Kommunikation?
- Wie lernt man sprechen?
- Was heißt „voll kommunizieren"?
- Wie wird Sprache Ergebnis von Kommunikation?

Wie funktioniert sprachliche Kommunikation?

Ohne Sprache ist Kommunikation schwer möglich. Sprache benutzt immer Zeichen, selbst wenn es nur körpersprachliche Signale sind oder Hautkontakt bei der Blindenschrift. Solche Zeichen sind Kombinationen aus:
- einem **materiellen Element**: Ton, Licht, Schwärzung, Hautgefühl, elektrischer Impuls, Duft, Geschmack, Laute
- und einer **(geistigen) Vorstellung**: Warnung, Verweis „Achtung" auf etwas, Aufforderung, Erinnerung, Bewertung usw.

„**Zeichen**" sind also immer zusammengesetzt aus dem „Bezeichnenden" (materielle Form) und dem „Bezeichneten" (bedeuteter Inhalt). Andere nennen das ein „Symbol" (*griechisch*: das Zusammengeworfene). Deswegen sprechen manche Soziologen auch nicht von „Kommunikation", sondern von „symbolischer Interaktion". Worte gelten dabei ebenso als Symbole wie Gastgeschenke oder Schilder für Gasthäuser.

Wie läuft nun sprachliche Kommunikation ab? Tauschen die „Kommunikaten" die Formseite solcher Zeichen aus (abgekürzt: solche Zeichen), dann entsteht bei jedem „Empfänger" jene geistige Vorstellung, die er als mit dieser Form gekoppelt kennt. Es geht also nicht um „Transport" von Inhalt, sondern um die gegenseitige **Erinnerung an Bedeutungen**. Wenn man etwas Neues erfährt, geht es um die Anregung, bei der neuen Zusammenstellung alter Zeichen auch neue Inhalte zu konstruieren (deswegen gibt es dann leichter Missverständnisse = Kommunikationsfehler).

Wie aber kommt man in den Besitz der einer Form zugeordneten Vorstellung, der Bedeutung? In der Fremdsprache: durch Pauken von Vokabeln, Lernen der Zuordnungen. Aber wie in der Muttersprache?

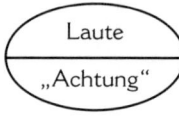

Wie lernt man sprechen?

Die Antwort heißt: durch Kommunikation! Eltern und Geschwister, Verwandte und Freunde lassen das Kind die Zeichenformen (zunächst akustisch) und ihre Bedeutungen lernen. Das setzt sich in der Schule fort bis ins Alter, wenn berufliche Fachsprachen und immer wieder neue „Bezeichnungen" – etwa durch Kontakte im „Internet" – gelernt werden. Sowohl durch Hören und Lesen (Rezeption sprachlicher Zeichen) als auch durch eigenes Sprechen (Produktion, Praxis, Gebrauch) entsteht in unserem Bewusstsein ein Abbild dieser **„Konventionen"** (Gewohnheiten, Abmachungen). Als Speicher und ausführenden „Prozessor" brauchen wir dafür das Gehirn und das Nervensystem.

WIR ERLERNEN
UNSERE MUTTER-
SPRACHE NUR,
INDEM WIR ANDERE
SPRECHEN HÖREN
—
FERDINAND DE
SAUSSURE

Sprachwissenschaft

Das System dieser sozialen „Codes" ist Gegenstand der **Sprachwissenschaft** (Linguistik). Das dort reflektierte Wissen über Sprache und über ihre Anwendung ist in Grundzügen Teil jeder Kommunikationswissenschaft. Dazu gehört auch die Kenntnis wichtiger Richtungen (Schulen). Zum Beispiel gibt es in der Spracherwerbsforschung den Meinungsstreit, ob das Sprachvermögen in der menschlichen Natur angelegt sei (die „Nativisten" um NOAM CHOMSKY) oder nur durch Erfahrung aufgebaut werde („behaviouristischer Empirismus" um SKINNER). Ist also Kommunikationsfähigkeit eine natürliche Anlage, die auch ein Kaspar Hauser schon hatte, oder muss jede „Zuwendung" gelernt werden? Gleich wie – entwickelt wird die Sprache und damit auch die Fertigkeit des Kommunizierens durch Kommunikation.

Was heißt „voll kommunizieren"?

Damit sind wir wieder bei der Frage: Was heißt „Kommunikation"? Instinktiv bezeichnet man einen Kaspar Hauser als beschränkt kommunikationsfähig. Was meint also voll kommunikationsfähig? Dass er sprechen kann? Auch Papageien kann man Worte beibringen …

Das zu **verstehen**, was man sagt, zugleich aber auch dem Hörer „verstehen zu geben" und von ihm selbst das Verstehen / Nichtverstehen rückgemeldet zu bekommen – das macht offenbar unsere Vorstellung von vollständiger Kommunikation aus.

SAUSSURE UNTER-
SCHEIDET DIE WIS-
SENSCHAFT VON DER
SPRACHE (LANGUE)
UND DIE VOM SPRE-
CHEN (PAROLE).
CHOMSKY UNTER-
SCHEIDET DIE AUS-
GEBAUTE FERTIG-
KEIT, MIT SPRACHE
UMZUGEHEN (KOM-
PETENZ) UND DEREN
PRAKTISCHE
ANWENDUNG
(PERFORMANZ).

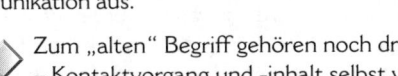 Zum „alten" Begriff gehören noch drei Merkmale:
– Kontaktvorgang und -inhalt selbst verstehen
– Verstehen erzeugen wollen (Grundintention)
– Austausch über Verstehen / Nichtverstehen

15

Sprechwissenschaft

Sie setzt diesen ursprünglichen Kommunikationsbegriff voraus, denn sie kann nicht bei der Betrachtung des einzelnen Individuums stehen bleiben, das eine Sprache richtig oder falsch „anwendet" – so die meisten sprachwissenschaftlichen Paradigmen. Für die Sprechwissenschaft ist der Mensch immer ein sozial Handelnder und seine einzelnen Fertigkeiten sind daraus erwachsen. Deswegen beschreibt sie nicht nur, sondern kümmert sich gleichzeitig um die Bildung und **Ausbildung der Prozesse** des Sprechens, Hörens, Verstehens. Das geschieht an und in Rede und Gespräch, bei Einwirkungs- und Deutungsprozessen während der Produktion und Rezeption von Laut- und Körperzeichen. Sie therapiert auch deren Defekte, erzieht in Leselehre, Schauspielausbildung und Mediensprechen zur sinnvermittelnden Kommunikation.

Ein „Wolfskind Maugli" wäre nach einer derartigen „Sprech-Erziehung" kein Kaspar Hauser mehr, sondern ein mündiges Mitglied der Gesellschaft mit vollständiger kommunikativer Kompetenz.

Wie wird Sprache Ergebnis von Kommunikation?

Kommunikation bildet erst das Sprachsystem eines Menschen aus. Was aber leistet Kommunikation bei Menschen, die bereits ein solches System haben? Was hat zum Beispiel die Kommunikation der Leser dieses Buches mit den Autoren – vermittelt über die Buchstaben – für ein Ergebnis?

Die Antwort: Information und Fragen.

– Informationen, wie komplex „Kommunikation" ist;
– die Frage, ob dieses „sich aus einem Buch informieren" überhaupt Kommunikation ist;
– die Frage, wie denn die skizzierte Unterscheidung in einen „urspünglichen" und einen „neuen" Kommunikationsbegriff sprachlich exakter gefasst werden kann.

Mit der Antwort auf die letzte Frage stellt sich ein typisches und reiches Ergebnis der sprachlichen Kommunikation dar: **exaktere Begriffsbildung.**

Bisher haben die beiden Bedeutungsstränge hier nur provisorische Namen: *ursprünglich: gemeinschafts- und verständigungsorientiert; neu: kontaktorientiert, funktional.* Durch Fragen der Leser, durch innere Einwände werden neue Ergebnisse produziert. Mittels der Kommunikationsform „Diskussion" (z. B. ob lesen, sich informieren „Kommunikation" sei) kommt man auch systematisch einer Antwort näher.

„Diskurs" als sprachliches Klärungsverfahren

Die Abklärung von Teilbedeutungen erfolgt seit je in wissenschaftlichen „Diskursen", – eine Erörterung von Gründen und Gegengründen in der Für- und Widerrede.

DISCOURS (FRANZ.): REDE; DISCOURSE (ENGL.): ZUSAMMENHÄNGENDE ÄUSSERUNG

– Sind Debatten, Konfliktgespräche Kommunikation?
Dagegen spricht: Streit ist nicht Gemeinsamkeit.
Aber: „Einheitliche Meinung" ist kein notwendiges Merkmal der Kommunikation. Auch beim Streit ist etwas gemeinsam: das „Thema" (Gegenstand) oder dessen Wahl; die Suche nach Lösung (Ziel), auch der Kontakt. Unterschiedlich ist freilich oft die Ziel-Bewertung: Verständigung hier – Sieg/Niederlage dort.
– Ist Informationseingabe Kommunikation?
Dafür spricht die alte Teilbedeutung: „mitteilen". Daher gilt im allgemeinen Sprachgebrauch „Information" meistens als eine Form der Kommunikation.
Aber: Vertreter des ursprünglichen Begriffs lehnen das ab. Ihnen fehlt das wesentliche Merkmal: Austausch, Reziprozität (Wechselbeziehung). Manche helfen sich mit „einseitige" oder „Einbahn-Kommunikation".
– Ist Informationsabruf aus Medien Kommunikation?
Dagegen spricht Ähnliches wie bei der Info-Eingabe.
Aber ist die Ankunft von Wissen anderer nicht schon eine Rück-Meldung? Wenn jemand liest, ein Audio-Band hört, fernsieht, will er sogar das „Verstehen" des Autors nachvollziehen. Deswegen hat sich für den Info-Abruf mittels elektronischer Medien das Wort „Tele-Kommunikation" durchgesetzt – auch, wenn auf der anderen Seite nur ein Speicher „antwortet" (so noch nicht beim Buch). Offenbar ist die Überwindung der Weite („tele-" = *griechisch*: fern, weit) beim Kontaktieren besonders faszinierend. So setzte sich der Kontakt-Gedanke für „Kommunikation" bei den elektronischen Medien durch. Austausch wird zwar angestrebt – Anruf beim Sender –, aber nur als Perfektionstufe.
– Ist Schweigen Kommunikation?

INFORMATION KANN MAN ABSONDERN, OHNE DASS EINEN SONDERLICH INTERESSIERT, WER SIE ERHÄLT UND OB ER SIE VERSTEHT. ZIEL DER KOMMUNIKATION IST ES, GEMEINSAMKEIT HERZUSTELLEN. WICHTIG IST DAHER DIE RÜCKMELDUNG.
—
ULRICH WEVER, KOMMUNIKATIONSMANAGER

> *Zwei Menschen stehen im Aufzug. Sie reden nicht miteinander. Sie vermeiden es, sich anzusehen. Im 9. Stock gehen beide grußlos auseinander.*

Ein solches Beispiel ließ P. WATZLAWICK behaupten: „Man kann nicht nicht kommunizieren". Die beiden hätten sich durch Schweigen „mitgeteilt" zu schweigen. WATZLAWICK meint weniger als „verbinden", nur „sich verhalten" – der flachste Kommunikations-Begriff.

1.4 Bedeutungsstufen von „Kommunikation"

Der heutige Kommunikationsbegriff wird in fünf Bedeutungen angewendet. Diese entwickelten sich wie in Stufen.

- Die 1. Bedeutung nimmt **persönlichen** Austausch als Kern an (Perfektionsstufe).
- Die **verständnisorientierte** 2. Bedeutung ist reflektierter und wirkt schon sachlicher, wenn auch noch persönlich.
- Stark versachlicht wirkt 3. die **systemorientierte** Sicht, die in der sozialen Interaktion, oft aber schon in jeder aktiven Bezugnahme Kommunikation sieht.
- Nur noch sachlich sieht 4. die Verhaltenslehre jede **Kontakt-Funktion** als Kommunikation an, also auch deren Ablehnung. Das entspricht der digitalen Basis der Tele-Kommunikation (1 oder 0 als Information).
- 5. „**Mediale Information**" ist dort Inbegriff von Kommunikation, statt „einseitige" jedoch die „wechselseitig-persönliche" anstrebend.

KOMMUNIZIERT EIN MORDENDER SCHÜTZE MIT SEINEM OPFER?

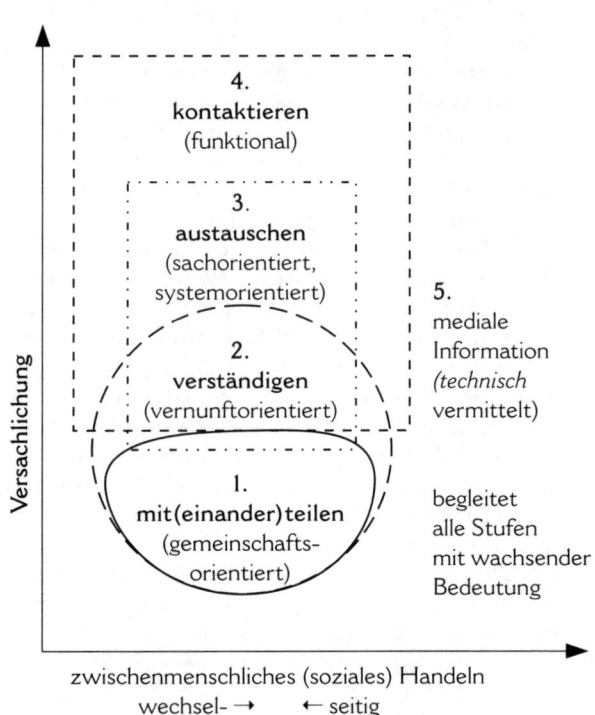

fünf Bedeutungsstufen: „Kommunikation"

Begriffsverwendung in diesem Buch

Wie sich gezeigt hat, gibt es noch keine Standards, um die Teilbedeutungen von Kommunikation trennscharf auszudrücken. Die Autoren haben versucht, in einer – wenn auch einseitigen – Kontakt-Kommunikation mit der Leserin / dem Leser die heute geläufigen Unterschiede zu zeigen und abzugrenzen. Das ist für unsere Kommunikations-Gesellschaft angemessener als scheinbar objektive Terminologien. Die Autoren verwenden folgende Terminologie:

I. Soziale Kommunikation
Ohne Zusatz meint diese eine persönliche / zwischenmenschliche / *face-to-face-* Kommunikation. Sie umfasst:

1. *persönlichen* Austausch (Perfektionsstufe);
2. *verstehens-/verständnisorientierte* Bedeutung.

II. Sonderformen sozialer Kommunikation
benannt als „Kontakt-Kommunikation" oder benannt als „funktionale Kommunikation". Sie umfasst:

3. als *systemorientierte* Sicht die soziale Interaktion bzw. die einseitige Bezugnahme;
4. als *Verhalten* Kontakt-Versuche, evtl. misslungene.

III. Technische Kommunikation
Sie umfasst:
5. Mediale Information und Kommunikation.

Beschreibungshilfe im Alltag: die Situation
Mangels unterschiedlicher Wörter für die verschiedenen Bedeutungen helfen sich die meisten Menschen so, dass sie die Bedeutung je nach „Kommunikationssituation" differenzieren. Das meint nicht nur große Unterschiede nach Kulturen, Ländern, Branchen (Makroebene). Gemeint sind auch mittlere Merkmale (Mesoebene) wie etwa Projektgruppe X der Firma Y, Pressekonferenz in der Oper, Netzplan-Controlling bei Z. Am einfachsten sind Hinweise auf der Mikroebene – denn ein Fax an die Freundin hat natürlich einen anderen Charakter als die Debatte mit dem Chef. So wird der **situative Charakter** der beste Ersatz für mangelnde fachliche Beiwörter (Attribute) bei der Beschreibung der Teilbedeutungen von „Kommunikation / kommunizieren".

◆ Wer heutzutage Worte aus der Familie *kom* hört oder spricht, liest oder schreibt, sollte versuchen, den jeweiligen Bedeutungsschwerpunkt zu erkennen und zusätzlich mit auszudrücken.

MIT SICHEREM AUFTRETEN UND ERPROBTEM VERHANDLUNGSGESCHICK ETABLIEREN SIE LANGFRISTIGE BEZIEHUNGEN

—

VGL. ANZEIGE AUF S. 8

ERSTELLUNG UND PFLEGE VON PRÄSENTATIONS- UND ANGEBOTSUNTERLAGEN

—

VGL. ANZEIGE

TESTEN VON PRODUKTEN DER MOBILEN KOMMUNIKATION

—

VGL. ANZEIGE

DIE VERWENDUNG
DER BEZEICHNUNG
KOMMUNIKATIONS-
WISSENSCHAFT,
KOMMUNIKATIONS-
FORSCHUNG UND
KOMMUNIKATIONS-
THEORIE IST IM
GEGENWÄRTIGEN
SPRACHGEBRAUCH
MANCHMAL SYN-
ONYM, INSGESAMT
UNEINHEITLICH
—
ENZYKLOPÄDIE
PHILOSOPHIE UND
WISSENSCHAFTS-
THEORIE II, 424

DAS STUDIUM DER
SPRECHWISSEN-
SCHAFT IST IN
DEUTSCHLAND NUR
AN WENIGEN HOCH-
SCHULEN MÖGLICH.
WO, ZEIGEN DIE
BLÄTTER ZUR
BERUFSKUNDE
„SPRECHERZIEHER/IN"
VOM ARBEITSAMT.

Kommunikationswissenschaften

„Die" Kommunikationswissenschaft gibt es nicht. Der Begriff kommt zwar immer wieder als Titel vor – z. B. für Studiengänge oder auf Büchern – bei näherem Hinsehen zeigt sich aber, dass nur eine Teildisziplin gemeint ist, in der freilich Kommunikation eine wichtige Rolle spielt, so z. B. Journalistik oder Informationstechnik.

Folgende Disziplinen liefern wichtige Beiträge für eine zukünftige, umfassende Kommunikationswissenschaft (in der Reihenfolge bekannter Forschungsintensität):

– **Psychologie**: Persönlichkeits-, Partner-, Familien- und Konfliktberatung; Gruppendynamik und -therapie
– **Philosophie**: Begriff, Bedeutung und Qualität von Kommunikation, deren Ethik (das Machtproblem)
– **Theologie**: Nächstenliebe, Zusammenleben in Kirche, Gemeinde, Welt; Verkündigung und Vertrauen
– **Pädagogik**: Individuum und Gemeinschaft; soziales Lernen, Identität und Rolle; Führung, Widerstand
– **Sprachwissenschaft**: Schriftliche Kommunikation, Dialoganalyse, Sprechhandlungstheorie, Semantik
– **Sprechwissenschaft**: Rhetorik, d. h. Rede, Gespräch, Konferenz, Moderation; Aussprache, u. a. in Medien
– **Soziologie**: Organisationsprozesse; Sprache, Kultur, Arbeit, Macht und Gesellschaft; soziale Interaktion
– **Politologie**: Staat und nichtstaatliche Akteure (z. B. Wirtschaft, Gewerkschaft, Parteien); Diplomatie
– **Betriebswirtschaft**: Kooperation von Menschen und Abteilungen unter definierten Zielen / Leitbildern

Diese Aufzählung ist nicht erschöpfend. Sie ist zu ergänzen durch viele weitere Wissenschaften, z. B. die Rechtswissenschaft (eine der ältesten Sammlungen über Regeln menschlichen Zusammenlebens) oder durch die Verwaltungswissenschaft. Diese und viele andere sind aber noch stark in alten Paradigmen der machtmäßigen Durchsetzung von Regeln befangen, entdecken erst langsam das „**Management von Kommunikation**".

Das gilt zum Teil auch für die interne Kommunikation der Natur- und Technikwissenschaften. Sie haben eine besonders starke Position in Ausarbeitung und Service der *Kommunikationsmedien*: z. B. Medizin (Urmedium: menschlicher Körper), Elektrotechnik und Elektronik, Maschinenbau, Nachrichtentechnik, Informatik usw. Globale Kommunikation bedarf jeder Wissenschaft.

2. Kommunikationsmodelle

Ein Buch von BENOIT B. MANDELBROT: *„Die fraktale Geometrie der Natur" behandelt die mathematische Berechnung unregelmäßiger Kantenbildungen, so genannte „Fraktale". Sie seien darstellbar als Funktionen ohne Differenzialquotienten ...* Wohl die wenigsten Leser können sich darunter etwas vorstellen. Vielleicht aber etwas mehr bei der Fortsetzung des Satzes: *„... bzw. – geometrisch gesehen – als Kurven ohne Tangenten".*

Immer noch zu wenig anschaulich? Tatsächlich ahnt das der Autor MANDELBROT und gibt den Lesenden zwei Verstehenshilfen (einseitig informierende Kommunikation):

1. Bilder im Kopf:
   So seien Schneeflocken – oder Küstenformationen. Von weitem wirken die Ränder grob zerklüftet, splitterhaft. Bei näheren, immer detaillierteren Bildausschnitten aber würde das große Muster auch im Kleinen wiederholt – unendlich. Das sei ein Fraktal.
2. gezeichnete Modelle (*vgl. Abbildung auf der nächsten Seite*)

Jetzt erst, nach dem Umblättern, wird obiges Beispiel für die Leserin / den Leser ein „Beispiel" – dank Bild und Modell, aber auch dank zusätzlicher Erläuterungen über den Vergleichspunkt (das *Tertium Comparationis*).

Dies ist ein Beispiel für eine der ältesten Kommunikationsmethoden der Rhetorik (in Gespräch und Rede): der Einsatz von **Bildern** und **Modellen**. Damit arbeitet jede lehrende (didaktische) Vermittlung, auch die Medienwelt. Wenngleich die Bild-Information einseitig angeboten wird – wie hier oder in der Rede –, so wird doch etwas Gemeinsames in der Vorstellung der „Sender" und „Empfänger" vorausgesetzt. Das ist mehr, als nur „Kontakt". Man spricht dann von „virtuellem Dialog", da Rückmeldungen über andere Kanäle grundsätzlich möglich sind.

- Was ist der Unterschied zwischen Bild und Modell?
  Bilder rufen sehr konkrete Vorstellungen hervor; Modelle sind auf die wichtigen Vergleichspunkte reduziert, sind abstrakter, funktionaler. Manche Wissenschaftler unterscheiden die Art der „Symbole" nach Abstraktionsgrad: Körpersprachliche Repräsentation (Darstellung) wie „zeigen" sei „enaktiv". Piktogramme, Modelle seien „ikonisch" (Bild). Nur Wortbegiffe seien abstrakt und „symbolisch".
- Was können Modelle?
  Sie bilden Zusammenhänge oft besser ab als Begriffe. Der erste Wunsch des Menschen – nach Orientierung – wird dadurch bedient.
- Was können Modelle nicht?
  Sie orientieren nur über ausgewählte Vergleichspunkte, nicht über alles. Manche Merkmale sind unscharf. Hier gilt: Jeder Vergleich hinkt. Spezielle Aspekte sind stets begrifflich nachzubessern.

2.1 An Sprache orientierte Modelle

Das Transportmodell
Nach diesem Modell werden Nachrichten wie Pakete transportiert.

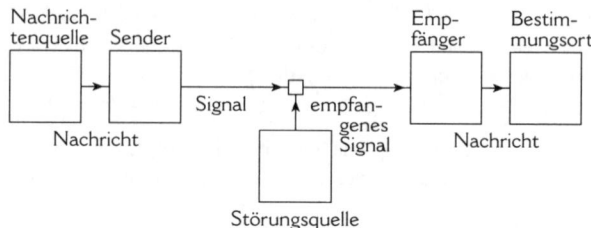

Modell nach C. E. SHANNON & W. WEAVER 1949

Fraktales Muster von Mandelbrot

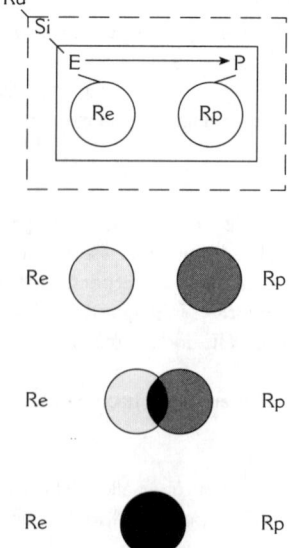

(nach GEISSNER 1969)

Sprecher und Hörer, also Menschen, kommunizieren aber nicht wie Maschinen miteinander. Beide haben je andere **Vorstellungsbreiten** bei gleichen Signalen. Sie interpretieren und gewichten die Signale. Daraus konstruieren sie neue Vorstellungen, vergleichen dann – oder sollten es -, bis sie sich mittels Rückmeldungen und Metasprache inhaltlich annähern (menschliche Vorstellungen haben vermutlich fraktale Tiefenstrukturen).

Verwendung sprachlicher Repertoires
Der Sprechwissenschaftler HELMUT GEISSNER beschreibt diesen Prozess so:
„Beide Kommunikanten … aktualisieren bestimmte Mengen aus einem ihnen überlieferten, allgemein zugänglichen **universalen Zeichenvorrat**. Beide ‚schöpfen' aus dem gemeinsamen Besitz, das heißt aber nicht notwendig, dass beide dasselbe zu Tag fördern.
Schematisiert: Aus dem universalen Repertoire ‚Ru' aktualisieren in einer bestimmten Situation ‚Si' Expedient und Perzipient ihre ‚Re-' und ‚Rp'-Repertoires.
Dabei kann es zu einer völligen Verschiedenheit, zu einer teilweisen oder durchschnittlichen Übereinstimmung oder zu einer völligen Übereinstimmung kommen."

22

Im Modell von GEISSNER ging es um die Auswahl der sprachlichen Begriffe bei den Kommunikatoren. Was diese Sprach-Zeichen bei jeder Kommunikation zu leisten haben und auch leisten können, zeigt:

Das Organon-Modell der Sprache
Schon 1934 wurde dieses Modell in der „Sprachtheorie" von KARL BÜHLER vorgestellt und ist noch heute als Hilfe zur Orientierung über die Sprachfunktionen gefragt.

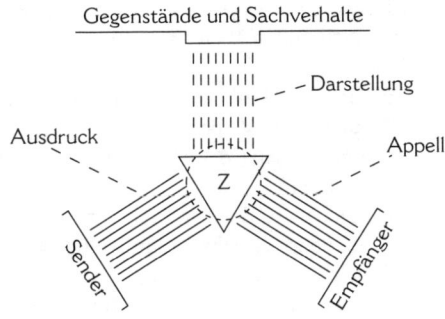

Organonmodell der Sprache (nach BÜHLER 1934, S. 28)

BÜHLER erklärt dazu: „Die Linienscharen symbolisieren die semantischen [bedeutungsbezogenen E. B.] Funktionen des (komplexen) Sprachzeichens [Z]. Es ist **Symbol** kraft seiner Zuordnung zu Gegenständen und Sachverhalten, **Symptom** (Anzeichen, Indicium) kraft seiner Abhängigkeit vom Sender, dessen Innerlichkeit es ausdrückt, und **Signal** kraft seines Appells an den Hörer, dessen Äußeres und inneres Verhalten es steuert ..." Früher nannte er das: „Dreifach ist die Leistung der menschlichen Sprache, Kundgabe, Auslösung und Darstellung. Heute bevorzuge ich die Termini: Ausdruck, Appell und Darstellung ..."

Im Gegensatz zum Transportmodell ist die menschliche Kommunikation also immer **Bedeutung schaffend**. Das geschieht einerseits durch unbewusste Ergänzungen des Wahrgenommenen (der punktierte Kreis), andererseits durch Weglassen (Abstraktion), weil jeder nur das für ihn Wichtige auswählt.

Was meint „Pragmatik"?

◯ *Im Deutschunterricht wird manchmal von der pragmatischen Wende der Sprachbetrachtung gesprochen: Nicht mehr Grammatik (Wörter, Sätze) ständen im Mittelpunkt, sondern „Pragmatik".*

Der amerikanische Naturwissenschaftler und Philosoph CHARLES S. PEIRCE (1839-1914) war der Meinung, dass unser Wissen sich aus den Erfahrungen des Handelns (*griechisch*: Pragma) herauskristallisiert. Auch in der Sprache sei das besonders wichtig, was durch die Verwendung der Sprachzeichen bewirkt wird. Diesen Ansatz entwickelte CHARLES W. MORRIS (1901-79) weiter.

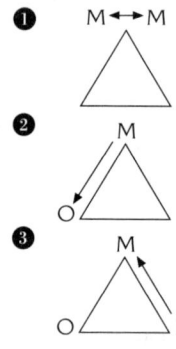

Pragmatik
(nach PASCHEN 1974, S. 85)

Er unterscheidet 1946 in seiner **Zeichentheorie** drei Verhältnisse (Relationen), in denen Zeichen (M = Mittel der Kommunikation) stehen:

❶ Zeichen zu Zeichen: Syntaktik (wozu die Satzlehre und die Grammatik gehören);

❷ Zeichen zu Objekten (= O): Semantik (die Lehre von den Bedeutungen der Zeichen);

❸ Zeichen zu den Zeichenverwendern, genauer: wie diese Interpretanten (I) die Zeichen als be-deutende „verwenden" (Pragmatik).

Die Sprechakttheorie

Sie gab den Anstoß, dass in der Linguistik nun ein Paradigmenwechsel zu Gunsten der Pragmatik erfolgte. 1962 zeigte AUSTIN in *„How to do things with words"*, dass **Sprechakte** die Basis der Kommunikation sind. SEARLE unterschied dann ab 1969 folgende vier Aspekte, die gleichzeitig in jedem Sprechakt vorhanden sind:

– der Sprechvorgang, die Äußerung (*Lokution*)
– die inhaltliche „Vorlage" (*Proposition*); z. B. „Dieser Kuchen hält drei Tage."
– die kommunikative Funktion (*Illokution*); z. B. warnend („nur" drei Tage), lobend („sogar"), berichtend („hielt"), fragend („ob der Kuchen") usw.
– die emotionale Wirkung (*Perlokution*); ein Bericht kann z. B. unterhalten, einschüchtern, rechtfertigen usw.

Die Qualität sprachlicher Kommunikation

Sie liegt in dieser „Herstellung von Bedeutung". Bei JÜRGEN HABERMAS und vielen anderen wird das **Sinnkonstitution** genannt. Hier liegt aber auch das Problem des gegenseitigen Verstehens/Missverstehens und die Ursache vieler Konflikte.

⟳ *Manche Menschen wünschen sich, die menschliche Kommunikation sollte wie eine maschinelle Nachrichtenübertragung sein: alles wäre eindeutig, unveränderbar und sicher.* Jedoch: Dann könnte der Mensch auch nicht lieben. Es gäbe für ihn keine wirklichen Werte. Für sie braucht er Wahlfreiheit zur Entscheidung. Wenn er wie ein Tier nur instinktgegebenen Werten folgen würde, hätte er nie eine Chance, einmal dem Naturtrieb zu widerstehen, kreativ andere Bedeutungen zu entwickeln. Es gäbe keine innere **Freiheit**, weder Wahl von Verantwortung für andere noch Aufbau von **Vertrauen**, letztlich auch nicht die Chance zum Frieden. Die Qualität menschlicher Kommunikation ist durch ein Transportmodell am wenigsten adäquat wiederzugeben.

WAS MEINT DER KLEINE PRINZ (SAINT-EXUPERY), WENN ER DAVON SPRICHT, ER KÖNNE SICH SOGAR FÜCHSEN UND ROSEN VERTRAUT MACHEN? – VGL. S. 7

2.2 Psychologische Modelle

WATZLAWICK schrieb 1967: „Jede Kommunikation hat einen Inhalts- und einen Beziehungsaspekt ..." Diese Begriffe sind inzwischen sehr verbreitet, obwohl nicht ganz richtig. Ein Blick auf BÜHLERs Modell zeigt, dass auch sachliche Darstellungen „Beziehungen" sind, und dass die „Relationen" zwischen Sender und Empfänger auch zum „Inhalt" gehören. Exakter sind die Begriffe **Sachbezug** und **Personbezug**.

Man kann beide Aspekte als Koordinaten in einem Modell „Gesprächsfeld" betrachten. Der Personbezug ist auch als Kombination von BÜHLERs Ausdrucks- und Appellfunktion zu sehen. Der Sachbezug entspricht dagegen deutlich BÜHLERs Darstellungsfunktion.

Die Unterscheidung ist schon älter. Sie hilft bei der Bearbeitung von Störungen der Kommunikation. Zu „sachliche" Menschen machen Angst, *nur* „persönliche" wirken zu emotional. Gelingende Kommunikation braucht beides, je nach Gesprächs-Phase. An Anfang und Ende überwiegt meist das Persönliche, in der Mitte das Sachliche. Den Sprachstil für den Personbezug bezeichnet WATZLAWICK als „**analog**", d h. bildhaft, mit Stimmausdruck und Körpersprache. Der Sachbezug dagegen sei „**digital**" codiert, benutze eher nüchterne bzw. fachliche Begriffe und logische Folgerungen.

HABERMAS ÜBER VERSTÄNDIGUNG: STETS ZWEI EBENEN BETRETEN: A) DIE EBENE DER INTERSUBJEKTIVITÄT, AUF DER DIE SPRECHER/ HÖRER MITEINANDER SPRECHEN, UND B) DIE EBENE DER GEGENSTÄNDE, ÜBER DIE SIE SICH VERSTÄNDIGEN

PROZESSE DER KOMMUNIKATION HABEN EIGENE, OFT DEUTLICHE STUFENFOLGEN.

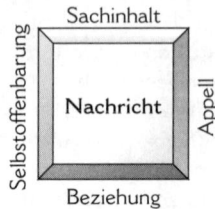

Sachinhalt

Selbstoffenbarung

Nachricht

Appell

Beziehung

Das Vier-Seiten-Modell

Der Psychologe FRIEDEMANN SCHULZ VON THUN sieht neben den drei Zeichenfunktionen von BÜHLER die Ebene des Personenbezugs als eigene Grundkomponente der zwischenmenschlichen Kommunikation an. Deswegen kommt er zunächst zu diesem Nachrichten-Modell.

Vier Seiten der Nachricht (nach SCHULZ VON THUN, 1981)

Die vier Ohren des Hörers

Diesem „Modellstück der zwischenmenschlichen Kommunikation" stellt er demgemäß an die Seite einen vierohrigen Empfänger, der – je nach Typ – die eine oder andere Seite der Nachricht besonders gerne heraushört und auf diese Weise einseitig filtert.

Was ist das für einer? Was ist mit ihm?

Wie ist der Sachverhalt zu verstehen?

Wie redet der eigentlich mit mir? Wen glaubt er vor sich zu haben?

Was soll ich tun, denken, fühlen auf Grund seiner Mitteilung?

Der vierohrige Empfänger (nach SCHULZ VON THUN, 1981)

Dieses „Filtern" ist nicht etwa eine Unsitte, die man durch Aufregung oder „Erziehung" beseitigen kann. Es hilft nur ein ruhig erklärendes Rückkoppeln (**Feed-back**) darüber, wie man etwas wahrgenommen hat bzw. was man vermutet, das der andere wahrgenommen habe.

Das TALK-Modell NEUBERGERs mit fünf Flächen

Ebenfalls auf der Basis von vier Seiten arbeitet OSWALD NEUBERGER. Er nennt sie nur anders, um aus deren Anfangsbuchstaben das Kürzel (Akrostichon) TALK zu bilden:
– **T**atsachendarstellung, Information („es ist");
– **A**usdruck, Selbstoffenbarung („ich bin");
– **L**enkung, Appell („ich will", „du sollst");
– **K**ontakt, Klima („du bist", „wir sind").

BEI ALLER EMPFEHLUNG VON „SELBST-AUSDRUCK" SOLL ER DOCH NICHT „INKONGRUENT" SEIN, D. H. WIDERSPRÜCHLICH AUF VERSCHIEDENEN EBENEN: EIN LAUTES „JA", ABER IN MÜRRISCHEM TON UND MIT GRIMMIGER MIENE.

Zusätzlich nimmt NEUBERGER dann noch als 5. Faktor, welcher Kommunikation bestimmt, die **Metaebene** auf: das Kommunizieren über die Kommunikation (z. B. über das Protokoll reden, Wortmeldungen zu den Teilthemen vorab sortieren, Gesagtes kritisieren usw.).

RÜCKMELDUNG, AUCH FEED-BACK GENANNT, WURDE SCHON GESTREIFT AUF S. 26 UND WIRD BEHANDELT AUF S. 117 F.

Reden über das Gespräch
und Rückmeldung

Lenkung

Ausdruck

Tatsachen-
darstellung

Kontakt

Modell TALK+M (nach NEUBERGER, 1983)

2.3 Soziologische Modelle
Die ideale Kommunikationssituation
Der Soziologe und Sozialphilosoph JÜRGEN HABERMAS beschreibt in seinem Werk „Universalpragmatik" (1971) ein Gedankenmodell der „idealen Sprechsituation". Er nennt zunächst die Voraussetzungen, die jeder Mensch stillschweigend mache, wenn er kommuniziert:
1. die eigene **Wahrhaftigkeit** (Selbst-Ausdruck)
2. die **Richtigkeit** der Einwirkung (Appell)
3. die sachliche **Wahrheit** des Mitgeteilten (Darstellung)
4. die **Verständlichkeit** der benutzten Zeichen
Auf Grundlage dieser **Geltungsansprüche** entstehe gegenseitige Verständigung mit dem Idealziel der Übereinstimmung (Konsens). Die ideale Kommunikationssituation bestehe nur, wenn alle anderen Motive als die kooperative Wahrheitssuche ausgeschlossen seien. Andernfalls sei die Verständigung gestört. Durch eine Meta-Diskussion sei dann zu klären, ob und wie die Bedingungen für Verständigung hergestellt werden könnten.

HABERMAS NAHE STEHT K.O. APELS „TRANSZENDENTAL-PRAGMATIK".

Kommunikative Organisationsstrukturen
Alle bisherigen Modelle nahmen als Grundmuster an, dass zwei Personen kommunizieren. Sobald es mehr werden, bestimmen auch die Organisationsstrukturen die Art der Kommunikation mit. Entscheidungen in der Basisdemokratie sind langsamer als in Hierarchien. Aber kommt es allein auf die Schnelligkeit an?

Arten von Kommunikationsnetzwerken

Forschungsergebnisse in den USA ergaben 1976 für Gruppen folgende Strukturen und Bewertungen:

	Stern	Y	Kette	Kreis	Voll-Struktur
Beurteilungs-kriterium					
Zentralisation	sehr hoch	hoch	mittel	niedrig	sehr niedrig
Kommunikationskanäle	sehr wenige	sehr wenige	mittel	viele	sehr viele
Führung	sehr hoch	hoch	mittel	niedrig	sehr niedrig
Gruppenzufriedenheit	niedrig	niedrig	mittel	mittel	hoch
individuelle Zufriedenheit	hoch	hoch	mittel	niedrig	sehr niedrig

Kommunikationsnetzwerke (HELLRIEGEL/SLOCUM, 1986, S. 169)

Diese Ergebnisse sind jedoch nicht auf Großgruppen oder gar Betriebe und Verwaltungen übertragbar.

Die Stellung des Einzelnen in der Gruppe

Die Stellung des Einzelnen in der Gruppe entscheidet auch über seine Möglichkeiten zu kommunizieren.

Rollen in Gruppen (nach SCHINDLER 1981, S. 167)

Typische Rollen

Aus der Gesamtgruppe (Gamma) heben sich der besonders „Tüchtige" (Alpha 1) oder der besonders „Beliebte" (Alpha 2) in der Leiterrolle hervor. Zeitweise kann diese Rolle auch der ansonsten zurückhaltende „Fachmann" (Beta) übernehmen. Der Gruppenschwächste (Omega) tritt meist in der Rolle des „Lächerlichen", des „Ängstlichen" oder des „Opferlamms" auf. Er hat den stärksten Bezug nach außen und ist innerhalb der Gruppe Außenseiter; für die Alpha-Position kann er zum Konkurrenten werden.

Manche behaupten, Rollen in der Gruppe seien nur von der vorgegebenen Struktur abhängig, eigene Anstrengungen seien sinnlos. Dagegen zeigt die Gruppendynamik, dass der Einzelne auch in festen Strukturen noch kreativ sein kann, wenn er sie durchschaut.

Die Kommunikation von Systemen

Mehrere Gruppen gleichzeitig bilden ein System. Diese haben eine interne und eine externe Kommunikation. Die interne verbindet nicht nur Gruppen miteinander, sondern bei großen Organisationen auch Subsysteme, in Unternehmen z. B. den Vertrieb mit der Produktion, beide mit der Verwaltung.

EXTERNES SYSTEM / UMWELT

ORGANISATION

interne Systeme

soziales System

techn./ betriebl. System

administratives System

Die externe Kommunikation erfolgt mit Personen (z. B. Kunden), mit Gruppen (Lieferfirmen) und anderen Systemen (Stadtverwaltung, Konkurrenz usw.).

Solche **komplexen** Kommunikationen untersuchen vor allem Soziologen, Betriebswirte und Politologen.

Für die meisten dieser Szenarien ist auf die Fachliteratur zu verweisen.

Offene Organisations-Kommunikation (angelehnt an COMELLI 1985, S. 122)

2.4 Prozessmodelle

Die bisherigen Modelle enthalten oft nur wenige Hinweise auf die entscheidende Dimension von Kommunikation: den Prozessablauf. Die Organisation der **Zeit** ist bei jeder Kommunikation mit im Spiel, und sei es durch Überlastung der Akteure.

Prozesse der Spannung und Lösung

Gespräche, insbesondere Verhandlungen *(vgl. S. 37 f.)*, das Management von Projekten in Wirtschaft und Politik, aber auch viele Unterhaltungssendungen – nicht zuletzt Kriminalromane und Filme – laufen nach dem Muster **Spannung** (Problem) – **Lösung** ab *(vgl. dazu die menschliche Tendenz zum Fließgleichgewicht S. 110. Andere Prozessmodelle S. 109, 137, 143).*

VIELE THERAPIEN, ANGEFANGEN BEIM ATMEN ÜBER TAI CHI BIS ZUR GESTALTPSYCHOLOGIE, BASIEREN AUF RHYTHMEN VON ENGE – WEITE.

Schichtmodelle der Kommunikation

⬤ *Ein Forscher sitzt in seinem Institut in Peking. Er möchte sich mit einem Kollegen in Moskau über seine Forschungen austauschen. Beide Forscher sprechen aber keine Fremdsprache. So nehmen sie die Hilfe je eines Übersetzers in Anspruch. Diese einigen sich auf Englisch als Kommunikationssprache. Für die Übertragung selbst wird das Telefon verwendet.*

Dieser Vorgang lässt sich darstellen:

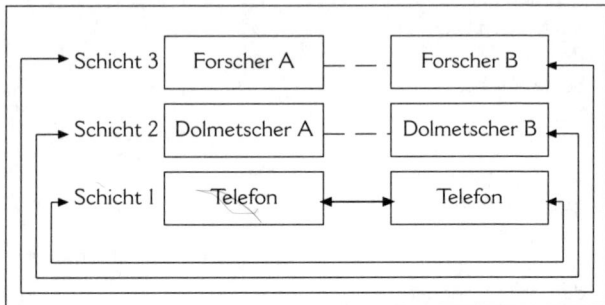

Einfaches Schichtenmodell

Entlang des Doppelpfeiles läuft die Kommunikation; der wirkliche Gedankenaustausch aber entlang der obersten gestrichelten Linie. Die äußeren, u-förmigen Pfeile deuten die Schicht-zu-Schicht-Kommunikation an: Mit dem Weg durch die Schichten nach unten nimmt die Informationsmenge zu. Informationen gelangen bis zur gleichen Schicht auf der Gegenseite. Für die jeweils höheren Schichten sind sie unwichtig (z. B. für die 3. Schicht die Telefonnummer). Zu diesem Modelltyp sind verschiedene Varianten möglich, je nach Erfordernis. Dabei kann es um die Analyse eines bestehenden Kommunikationssystems gehen. Meist werden diese Modelle jedoch im Voraus zur Definition eines Systems verwendet.

◆ Ein Schichtmodell sagt etwas über die logischen Verbindungen und Informationswege zwischen den Elementen eines Kommunikationssystems aus. Es geht weder auf die Beziehungen der Kommunizierenden noch auf den Einfluss des Systems auf die Inhalte ein.

Schichtenmodelle sind für die Beschreibung technischer **Kommunikationssysteme** sehr hilfreich. Beispielsweise geht das funktionierende Zusammenspiel mehrerer Computer in einem Netzwerk auf ein siebenschichtiges Modell zurück, das in Zusammenarbeit vieler Experten entwickelt wurde.

DAS SIEBENSCHICHTIGE OSI-MODELL (OPEN SYSTEMS INTERCONNECTION, VERBINDUNG OFFENER SYSTEME) WURDE ENDE DER 70ER-JAHRE ENTWICKELT. ES IST DAS GRUNDGERÜST ZUR NORMIERUNG DER TECHNISCHEN KOMMUNIKATION ZWISCHEN TEILSYSTEMEN – SIEHE AUCH STANDARDISIERUNG S. 79.

Diskursmodelle

In der Wissenschaft ist der Begriff „Diskurs" zwar Mode, aber seine Bedeutung ist nicht einheitlich. Für manche ähnelt er dem „Sprachspiel", das LUDWIG WITTGENSTEIN einzelnen Kulturen schon 1922 zuschrieb. Andere sehen ihn als eine Diskussion an. Diskussionen zielen aber mehr auf ein aktuelles Geschehen, während der Diskursbegriff einen längeren und grundsätzlichen Austausch von Meinungen darstellt. J. HABERMAS versteht unter Diskurs das argumentative Verfahren, um vom Streit zum Konsens zu gelangen; sein besonderes Interesse gilt der Optimierung demokratischer Entscheidungsprozesse..

Zur Unterscheidung verschiedener diskursiver Formen der Kommunikation hat VILEM FLUSSER wichtige Definitionen formuliert Er geht davon aus, dass „Diskurse" die Aufgabe haben, „verfügbare Informationen zu verteilen", um sie vor Verfall zu bewahren. Diese Treuearbeit am Inhalt ist z. B. in der Wissenschaft besonders gefragt. Gleichzeitig muss aber ein Prozess der Verbreitung stattfinden. Einige Diskursformen könnten die erste Funktion, andere die zweite besser leisten. Wichtig sei die Verbindung mit „Dialogen". Nur so sei es möglich, „verschiedene vorhandene Informationen zu neuen zu synthetisieren". In seiner **Baumstruktur** sieht er als Zentralstellen „Ellipsen", d. h. Dialoge, von denen aus ständig neue Informationen in vernetzter Form weiter wirken.

VILÉM FLUSSER PRÄGTE DEN BEGRIFF „KOMMUNI-KOLOGIE" FÜR EINE INFORMATIONS-THEORETISCHE KOM-MUNIKATIONSPHLO-SOPHIE – *1920 IN PRAG, LEHRTE SEIT 1963 IN SÂO PAULO, †1991

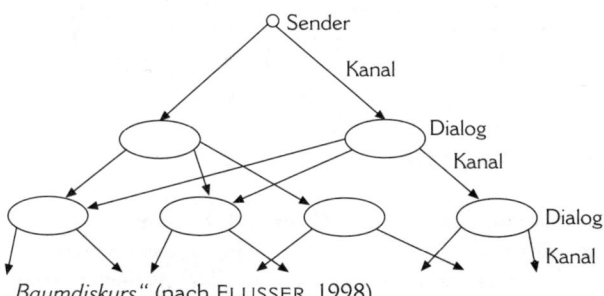

„Baumdiskurs" (nach FLUSSER, 1998)

Die Gefahr dieser Diskurs-Sorte besteht allerdings darin, dass eine fortschreitende Verformung der aus einer neu entdeckten Quelle (Sender?) geschöpften Informationen erfolgt. Tatsächlich erleben wir heute, dass Informationen von gestern nicht mehr viel gelten, schnell vergessen oder ohne Bezug auf die Quelle weiterverarbeitet werden. Nur zur Illustration von Neuem werden „alte Weisheiten" wieder hervorgeholt. Insgesamt ist die Sucht, ganz *„neu"* gedacht zu haben, auch in der Wissenschaft deutlich.

31

3. Elementare Kommunikation: Ich und andere

Am 20. Juli 1944 betritt Oberst Graf Schenk von Stauffenberg den Bunker Hitlers
– mit einer Bombe in der Aktentasche. Stauffenberg weiß, dass er sein Leben gegen
das Leben eines Diktators setzt: um den Tod vieler anderer zu vermeiden; letztlich um der
Gemeinschaft willen, nicht nur Deutschlands, sondern Europas. Am Abend des selben
Tages ist er tot ...

Wenn einer den anderen auslöscht, ist das nach unserem Verständnis der Grenzfall
sozialer Interaktion – niemals aber Kommunikation. Jedoch spielen weniger brutale
Formen des Verfügens über andere bzw. Erleidens durch andere auch bei Kommunikationen eine Rolle. Das Mischungsverhältnis von Nähe und Distanz (Ausgrenzung)
färbt alle menschlichen Beziehungen, d. h. die soziale Ebene *(vgl. Abb. auf S. 18)*.
Letztere ist aber immer kombiniert mit der Sachebene. Auf ihr wird nach der Sach-
kompetenz der Kommunikationspartner gefragt. Wird sie ihnen nicht zuerkannt, gelegentlich aus versteckten persönlichen Gründen, dann entsteht ein Herrschaftsver-
hältnis oder eine Versachlichung der anderen im Sinne einer Ware. Dabei spielt auch
die „Grauzone" unbewusster, extremer Wünsche mit hinein.

Kollektiv	große **Nähe**		große **Distanz**	Ich allein
umsorgt	↓		↓	← aktiv
persönlich→	Freund	Mischformen	Feind	← töten
	Mischformen		*Mischformen*	
sachlich→	Partner	Mischformen	Sklave	← Verkauf
erkennen	↑	↑	← Stratege	
autonom	**Kompetenz**		**Inkompetenz**	← Herrscher

Polaritäten der Kommunikations-Formen (grau = virtuell)

Zwischen den Polen Nähe / Distanz in der sozialen Ebene und den Polen Kompetenz
/ Inkompetenz in der Sach-Ebene gibt es viele Mischformen, um das Kommunika-
tionsverhältnis auszugestalten. Beispiele wären: ein Ehepaar, das wochenlang nicht
miteinander redet (Distanz); ein Teamchef, der einsame Entscheidungen fällt.

Drei weitere Faktoren prägen das Verhältnis Einzelner / Gemeinschaft:
– Macht: positiv als kreativer Einfluss; negativ als Rücksichtslosigkeit.
– Kultur: die genannten Pole sind typisch für die „westliche" Kultur. Andere Kultu-
  ren sind z. B. vom Familienparadigma geprägt: Geborgenheit als Kind, aber in der
  Sippen-Hierarchie.
– Ethik und Moral: Sie setzen der Kommunikation Grenzen oder kulturelle Schran-
  ken, die es z. B. nicht zulassen, den „Feind" zu töten oder den Unterlegenen
  („Sklave") zu betrügen oder in seiner persönlichen Freiheit zu unterdrücken.

3.1 Selbstbild und Fremdbild

Der Leiter einer Personalentwicklung (PE) ist sehr kreativ. Er setzt immer neue Aktivitäten: Sekretärinnen-Service, Praktikantenbüro, Info-Börse. Seine Mitarbeiter sehen ihn dagegen als Karrieristen, bei dem nur Vorschläge durchgehen, die sein Image stützen.

Wie wird das Kommunikationsklima in einem solchen Fall sein? Wenn der PE-Leiter seine Karriereziele sich und anderen zugibt, wird es offener sein, als wenn er sich nur einredet, er sei offen für partnerschaftliches Verhalten. Im ersten Fall kann man diese Ziele schon einmal humorvoll ansprechen, im zweiten Fall werden die Mitarbeiter den unbewussten Filter des Chefs von sich aus berücksichtigen: selbst weniger offen sein, in seiner Abwesenheit reden.

Selbstbild und Fremdbild klaffen immer auseinander. Die Fremdbilder sind auch nicht einheitlich. Die Firmenchefs z. B. werden ihren PE-Leiter noch anders erleben. Auch zwischen den Abteilungen entstehen Fremdbilder. Man denke an das Vorurteil gegenüber bestimmten Parteien, Völkern, Verwaltungen („typisch Beamter"). Die entstandenen Klischees – **Stereotypen** – sind oft Ursachen für Konflikte. Das Wort „fremd" ist selbst ein Klischee. Wenn es auftritt, sind Fragen der Kommunikation immer mit im Spiel.

Das Johari-Fenster

Das Johari-Fenster (nach JOSEPH LUFT und HARRY INGHAM) beschreibt die Kluft zwischen Fremdbild und Selbstbild. Dieses Orientierungsmodell will jedoch nicht behaupten, dass die vier Teilfenster immer gleich groß seien. Sie lassen sich verändern, durch Selbstoffenbarung, mehr durch

OBWOHL GEMEINSAMES HANDELN UND KOMMUNIKATION VORAUSSETZEN, DASS DIE PARTNER SICH IN HANDLUNGSORIENTIERUNGEN UND SPRACHE EINANDER ANGLEICHEN, MUSS JEDER DOCH ZUGLEICH VERDEUTLICHEN, „WER ER IST", UM DEN ABLAUF VON ZUSAMMENKÜNFTEN VORHERSEHBAR UND PLANBAR ZU MACHEN. DAS INDIVIDUUM STECKT FOLGLICH IN EINEM DILEMMA
—
WOLF LEPENIES

	anderen unbekannt	anderen bekannt
mir selbst bekannt	II. ich verberge Privates/Intimes	I. ich bin offen
mir selbst nicht bekannt	IV. unbewusst	III. mein „blinder Fleck"

Johari-Fenster (angelehnt an LUFT 1961)

Rückmeldungen (Metakommunikation). Die *gestrichelte Linie* zeigt, wie sich so z. B. Teil I vergrößert. Der „blinde Fleck" der eigenen Typik des Kommunizierens, den nur andere kennen, verkleinert sich gleichzeitig.

3.2 Kommunikative Persönlichkeit

Obwohl es verschiedene Modelle der kommunikativen Persönlichkeit gibt, haben sich gewisse Standards einer Schlüsselqualifikation „kommunikative Kompetenz" durchgesetzt, oft verstanden als „ethische Haltungen".

Offenheit
Oben zeigte sich der Wunsch nach Ausweitung dieses Teilfensters – vermutlich unbewusst von den Lesenden nachvollzogen. Es gibt aber Situationen, wo zu große Offenheit als Grobheit oder als Naivität empfunden wird. Ein aktives Öffnen der eigenen Person ist wichtig, aber es reicht nicht aus, um kommunikativ zu wirken.

Sensibilität gegenüber Personen und Situationen
Nötig ist ein Gespür dafür, was in einer Situation möglich ist, welche Probleme oder Absichten andere Personen gerade haben. Die Fähigkeit, wahrzunehmen und sich zu orientieren – eine empfangende, **passive Offenheit** – ist Voraussetzung für die aktive Offenheit.

Bei einer Party treffen sich zufällig anfangs nur unbekannte Leute. Die Gastgeber haben nicht gelernt, jemanden vorzustellen. Die Gäste wissen nicht, wie man sich gegenseitig bekannt macht. Alles steht drucksend herum. Carla nimmt dies wahr, fasst sich ein Herz und stellt sich den Leuten neben ihr vor. Dann erzählt sie, was sie gerade erlebte. Eine Plauderei beginnt ...

Mut zu kommunikativen Vorleistungen
Diese aktive Kraft, ein Risiko einzugehen, eventuell sich etwas zu blamieren, heißt in der Ethik „Zivilcourage". Dazu gehört auch die Selbstkontrolle, die Aktivität nicht zu überziehen und etwa zu dominant zu werden. Carla hütet sich, nachdem sie das Eis gebrochen hat, nur noch von sich zu erzählen. Sie wartet auf Echo. Dann entsteht ein Geben und Nehmen im Gespräch.

Perspektive-Übernahme und Empathie
Das Wechselspiel im *Smalltalk* wird nur so lange anhalten, wie beide Seiten die Fähigkeit haben, die Sichtweise der anderen, die sich in deren Worten äußerte, wahrzunehmen,

zu identifizieren und darauf zu reagieren. Diese „Perspektive-Übernahme" meint nicht, dass man die andere Sichtweise auch inhaltlich teilt. Man kann auch so auf sie eingehen, dass man sie befragt, ihr widerspricht, damit spielt, flirtet usw. Das alles geht aber nur, wenn man sich die Perspektive der anderen vergegenwärtigen kann. Unter Einschluss des „Sich-Einfühlens" heißt diese Fähigkeit „Empathie".

Rollendistanz und Ambiguitätstoleranz

Carla entdeckt auf der Party etwas später ihren früheren Schuldirektor. Als Redakteurin der Schülerzeitung hatte sie mit ihm manche Spannungen. Plötzlich fühlt sie sich wieder als Schülerin, dann sofort als „Revolutionärin". Schließlich besinnt sie sich auf ihre Position als Abteilungsleiterin in einem Reisebüro, noch dazu Ehefrau und demnächst Mutter. Da hat er sie schon entdeckt. Wie wird er sie ansprechen? Sie nennt ihn „Direktor". Er entgegnet: „Sie wissen doch, ich heiße Müller. Und Sie kann ich ja nicht mehr Carla nennen. Frau ...?" „Ich heiße jetzt Schulz." Dann zeigt er, wie er sich früher trotz allem Ärger über die Debatten gefreut hat, weil er viel über sich und die Schule erfuhr – und nicht zuletzt stolz war, wie gut die Redaktion recherchierte.

Beide hatten die Wahl, ihre alten gesellschaftlichen Rollen wieder einzunehmen. Keiner tat es. Sie zeigten Distanz, Carla zur früheren Rolle (sie hat ja mindestens drei neue), der Direktor zur gegenwärtigen. Das erleichtert die Kommunikation. Es gibt auch Menschen, die mit ihrer Rolle so verwachsen sind, dass sie nie davon absehen können: immer im Dienst – nie überlegend, wann eine Ausnahme möglich, ja sogar geboten ist. Solche „fundamentalistisch" eingestellten Menschen belasten die Kommunikation, ebenso solche, die nie eine Rolle annehmen wollen, immer den Clown spielen, für nichts zuständig oder verantwortlich sind. Im ersten Fall fehlt die Rollendistanz, im letzteren Fall die Rollenannahme (Akzeptanz gesellschaftlicher Rollen).

Das dauernde Pendeln zwischen der eigenen Perspektive (*ego*) und der des anderen (*alter*), dies ohne Angst, das eigene Profil zu verlieren – das ist Toleranz gegenüber Ambiguität (Zweiseitigkeit). Sie ist Voraussetzung für Sichtung verschiedener Möglichkeiten, für Denken in Alternativen, für Probehandeln. Sie ist auch Bedingung für „Kommunikation mit sich selbst", für inneren Dialog. Noch wichtiger ist die Ambiguitätstoleranz in Konflikten mit anderen, in Besprechungen, Planungen und Entwürfen zukünftigen Handelns.

KINDER IM ALTER ZWISCHEN FÜNF UND SIEBEN JAHREN BESITZEN KEIN DEUTLICHES BEWUSSTSEIN ÜBER PERSPEKTIVEUNTERSCHIEDE

—

STUDIEN VON PIAGET UND INHELDER 1956

BIS ZUR PUBERTÄT ERWERBEN KINDER NACH UND NACH FOLGENDE STUFEN DES „ROLL-TAKING": DIE NOTWENDIGKEIT DESSELBEN IN MANCHEN SITUATIONEN, DIE VORHERSAGE DESSEN, WAS ANDERE SEHEN, DAS BEREITHALTEN DESSEN IM GEDÄCHTNIS, DIE ANWENDUNG DESSEN AUF EIGENE ZIELE

—

STUDIEN VON J. FLAVELL

Selbst-Konzept und Ich-Identität

Flexibel kann nur jemand sein, der bereits ein stabiles Selbst-Konzept hat. Es gerät nicht durch beliebige Frustrationen ins Wanken, bedarf keiner Flucht in Rausch oder Ekstase, ist aber auch nicht arrogant wie ein Sieger-Typ.

Wie gelangt man zu so einer Ich-Identität? Sie wächst mit der Erfahrung, geliebt zu werden, ohne dafür etwas geben zu müssen. So entsteht meist im Elternhaus ein erstes Ur-Vertrauen, manchmal auch bei Freunden, Freundinnen, durch Bestätigungen in der Gruppe, manchmal in der Schule. Es wird gestärkt durch Einstehen für andere, für einen Wert oder durch Opfer für eine Überzeugung. Wenn die Bestätigung von außen fehlt, hilft oft die Intuition, man habe besondere Fähigkeiten, Ziele. Die religiöse Erfahrung, als Person akzeptiert zu sein, bringt Menschen sogar dazu, Lebenssinn im „lieben dürfen" statt „empfangen" zu konstituieren und ihn nicht nur im Berufserfolg zu sehen.

3.3 Gemeinschaft als Kommunikationsaufgabe

Das Identitätskonzept entsteht mit der Gemeinschaft. Es muss sich bewähren und entwickeln – durch Kommunikation.

Der Sachbezug

Gemeinschaften organisieren sich vornehmlich um ein gemeinsames Sachziel: überleben, etwas herstellen, etwas verkaufen, etwas feiern usw. So ist neben dem Personbezug mit dessen Chancen und Risiken (Verstehen / Missverstehen) auch der Sachbezug ein wichtiger Gestaltungsfaktor bei der Kommunikation in Gruppen (*vgl. S. 18; S. 25*).

J. HABERMAS hat seit 1968 versucht, den Sachbezug mit dem Begriff „zweckrationales Handeln" zu erfassen. Es gehe dort vornehmlich um Zielerreichung und um technische Verfügungsgewalt. Dem stellt er das „kommunikative Handeln" gegenüber, das der Aufrechterhaltung von Institutionen wie der Familie diene, aber zur Emanzipation tendiere. Offenbar sieht er einseitig den Personbezug als „Kommunikation" und trennt die Sachkomponente davon, da sie immer Zweck-Mittel-Aspekte und Erfolgsorientierung kennt. Dieser Zugriff hilft uns nicht.

Das gesamte gesellschaftliche Leben zeigt nämlich, dass Kommunikation immer auch Sachorientierung braucht, Information und sogar Erfolgsorientierung – wenn letztere nicht den Personbezug aufgibt. Beide Aspekte ergänzen sich: Personbezug *und* Sachbezug.

◆ HELLMUT GEISSNER definiert Kommunikation daher 1981 richtiger und zwar am Protoyp „Gespräch". Sie/es sei „die intentionale, wechselseitige Verständigungshandlung mit dem Ziel, etwas zur gemeinsamen Sache zu machen bzw. etwas gemeinsam zur Sache zu machen."

Ein Modell kooperativer Verhandlung

Eine Besprechung oder Verhandlung zwischen zwei Partnern entwickelt sich in der Regel in Stufen. Im Modell lässt sich erkennen, welche Abfolge Erfolg versprechend ist. Zum Verständnis der folgenden Abbildung:

VGL. DAS ORGANON-MODELL DER SPRACHE VON BÜHLER, OBEN S. 23 UND BARTSCH 1997, S. 330

- gestrichelte Linie = „Gedachtes"
  durchgezogene Linie = „Besprochenes"
- gebogene Linie = Personbezug zwischen Partner 1 und Partner 2
- gerade Linie = Sachbezug
- G_0 ist der Gegenstand, G_1 und G_2 sind die verschiedenen Gegenstandsideen der beiden Partner.
- Z ist die Bezeichnung des Gegenstandes; Σ ist die Summe gemeinsamer Vorstellungen am Ende der Verhandlung.

Beide Partner P_1 und P_2 bereiten ihre abweichenden Gegenstandssichten G_1 und G_2 vor – im Bewusstsein der möglichen Gegensätze.

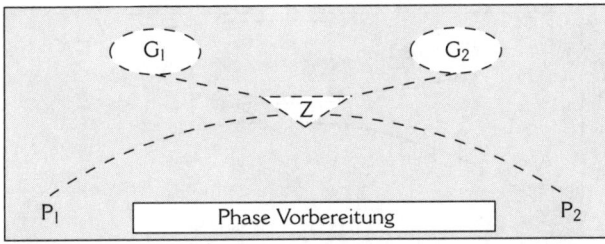

Die informelle Eröffnung über unstrittige Gegenstände G_0 (z. B. Wetter, Reise, Nachrichten) begründet die erste Personbeziehung als tragendes „Gewölbe" für „Lasten".

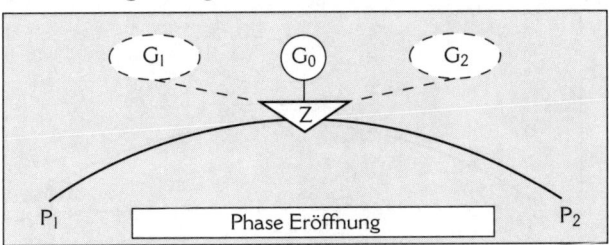

Die gegensätzlichen Ansichten werden dargelegt, aber nicht nur als feste Positionen, sondern als Zukunfts-Interessen (Ambiguitäts-Toleranz).

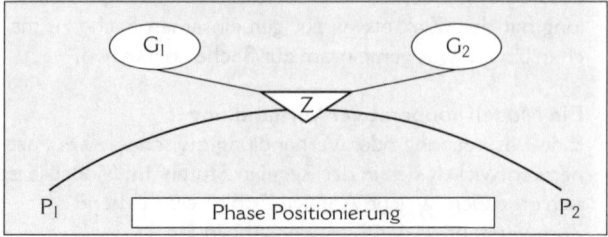

Durch gegenseitige Perspektivübernahme entsteht ein neuer gemeinsamer Gegenstand. Vorher sind Lösungen nicht zu erwarten.

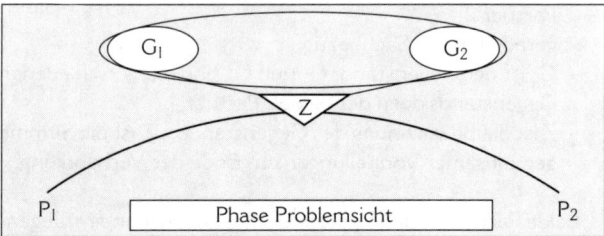

In einer Kreativphase werden Lösungsentwürfe gemacht und erst dann bewertet.

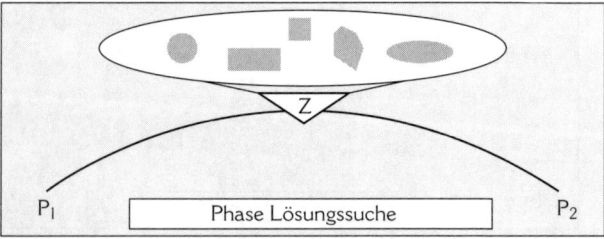

Schnittmengen aus alten und neuen Lösungsvorschlägen erbringen die gemeinsame Summe (Σ) realisierbarer Entscheidungen.

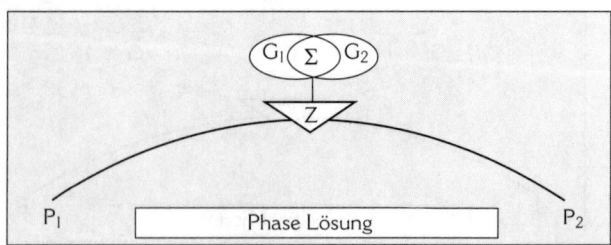

38

3.4 Mehrseitige Kommunikation

Ihre Muster sind komplexer als die gezeigten Stufen zweiseitiger Verhandlung. Schon dort gilt: Wurde das Problem nicht hinreichend erkannt oder offen gelegt oder analysiert, sind Schleifenbildungen erforderlich, d. h. die Rückkehr in vorherige Phasen. Je mehr Parteien an einer Verhandlung teilnehmen, umso häufiger ergeben sich solche Rückkehrschleifen oder Metakommunikationen.

Gruppenstruktur

Die soziale Struktur der einzelnen Gruppe beeinflusst die Komplexität der Prozesse noch stärker. Strukturelle Reformen sind oft Ursache oder Folge von neuen Kommunikationskulturen. In vielen Unternehmen wird z. B. durch die Reduzierung der Führungsebenen zu einem *lean management* die Information vereinfacht. Die Übersichtstafeln (Organigramme) sind nun transparenter und zeigen:
– Wer ist wofür zuständig?
– Wer kann was genehmigen?
– Wer ist an wen berichtspflichtig?

Bei der Entwicklung von Gruppenstrukturen spielen mit
– die Kohäsion (der Zusammenhalt im Personbezug) und
– die Lokomotion (der Fortschritt im Sachbezug).

M. BRUHN UNTERSCHEIDET VIER KOMMUNIKATIONSKULTUREN:
1. KOMMUNIKATIONSBÜROKRATEN
2. KOMMUNIKATIONSSPEZIALISTEN
3. KOMMUNIKATIONSIGNORANTEN
4. KOMMUNIKATIONSVERNETZER

Kommunikation zwischen Gruppen: Politik

Die gesellschaftliche und politische Kommunikation bringt die komplexesten Verhältnisse mit sich. Einen Eindruck davon geben aber auch bereits die vielseitigen Kontakte einer Großfirma:

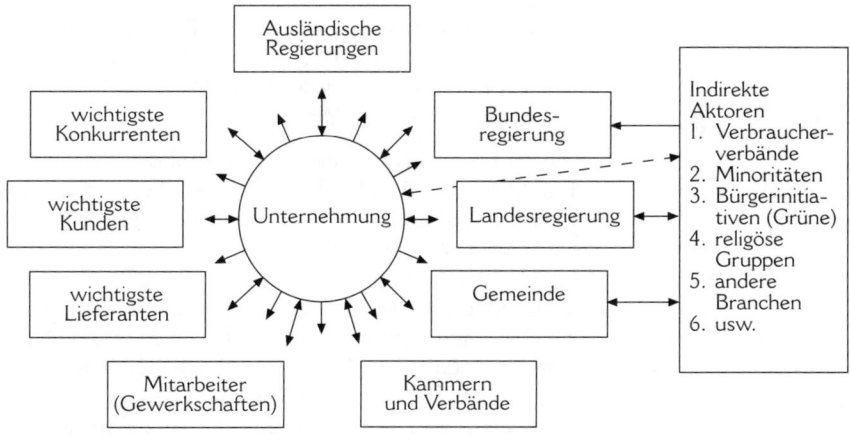

Kontakte einer Firma (nach HELLRIEGEL/SLOCUM 1974, S. 29)

UNTERNEHMENS-
STRATEGIE UMFASST
DIE FESTLEGUNG
DER LANGFRISTIGEN
ZIELE, DER POLITI-
KEN UND RICHTLI-
NIEN SOWIE DIE
MITTEL UND WEGE
ZUR ERREICHUNG
DER ZIELE
—
WOLFGANG STAEHLE

DIE GESCHÄFTSORD-
NUNG DES DEUT-
SCHEN BUNDESTA-
GES (STAND VOM
SEPTEMBER 1995)
UMFASST 128 PARA-
GRAFEN, 7 ANLAGEN
(U. A. VERHALTENS-
REGELN FÜR MIT-
GLIEDER) UND 2
ANHÄNGE (U. A.
HAUSORDNUNG).

LUTHER ÜBERSETZT
JOH.1,12: GAB ER
MACHT, KINDER
GOTTES ZU WERDEN

Organisationsformen komplexer Kommunikation

In patriarchalisch / matriarchalischen Gesellschaften wird Information von oben (*top down*) ausgewählt, komplexe Kommunikation autokratisch reduziert und das Handeln „geführt". In der Demokratie entstanden andere Formen, wie Kommunikation organisiert werden kann. In der Wissenschaft genügt die Leistung „Orientierung" durch Analyse und Schaubilder. In der Praxis entstanden Leitungsrollen verschiedener Funktion und Vollmacht:

– Richter, Beamte und Kontrolleure zum Durchsetzen der gemeinschaftlichen Normen
– „Leitende" für den Vorsitz bei der Meinungsbildung und der Entscheidung über langfristige Handlungsschritte (Strategie) in Firmen, Vereinen, Verwaltungen
– „Führungskräfte", Meister und Fachleute für die Hand-in-Hand-Arbeit des Tages und das „operative" Geschäft, das einen hohen Anteil an Kommunikation verlangt

Sie alle müssen sich nach der Verfassung und Gesetzen, Erlassen, Führungsleitlinien, Geschäftsordnungen und Tagesordnungen richten. Um das aktuelle Bewusstsein der Gruppe, ihr Aktions-Gedächtnis, lebendig zu halten, gibt es Protokolle, Verträge, Akten – auch in elektronischer Form –, die immer wieder die Kommunikation prägen. Sie sind Hilfsmittel, um komplexe Interaktionen zu organisieren.

Macht und Führung: ein Ausblick

Geht man von der idealen partnerschaftlichen Situation der Kommunikation aus, in der Symmetrie der Rechte und Pflichten herrscht, dann ist „Führung" eigentlich ein veraltetes Modell. Aber tatsächlich ist in fast allen Kommunikationssituationen eine Person die Mächtigere. Für viele Menschen ist sogar Asymmetrie das Ideal, nämlich oben zu stehen, Sieger zu sein. Leider wird dadurch der Weg zu persönlicher Kommunikation verbaut. Was ist zu tun?

Eine der Hauptaufgaben dieses Buches wird es sein, in den „Praxisfeldern" (Teil III) Wege zu zeigen, wie man verantwortlich mit Macht in der Kommunikation umgeht.

Macht ist zunächst nichts Negatives. Der Begriff enthält – wie „machen" den alten Wortstamm „mag-" = können, vermögen. Die letzten Balkankriege haben gezeigt, wie positiv Ordnungsmacht sein kann, um Leben zu retten. Auch in der Kommunikation gilt Initiative oft mehr als Abwarten. Aber viele Personen wünschen sich auch – leider –, geführt zu werden, nicht voll „symmetrisch" verantwortlich zu sein, sondern sich abzusichern.

II. Schlüsselthemen

Miteinander reden und lachen, sich gegenseitig Gefälligkeiten erweisen, zusammen schöne Bücher lesen, sich necken, dabei aber auch einander sich Achtung erweisen, mitunter sich auch streiten ohne Hass, so wie man es wohl einmal mit sich selbst tut. Manchmal auch in den Meinungen auseinander gehen und damit die Eintracht würzen, einander belehren und voneinander lernen. Die Abwesenden schmerzlich vermissen, die Ankommenden freudig begrüßen... Sich äußern in Miene, Wort und tausend freundlichen Gesten. Und wie Zündstoff den Geist in Gemeinsamkeit entflammen, so dass aus den vielen eine Einheit wird.

AUGUSTINUS über Kommunikation mit Freunden; Bekenntnisse IV,8

4. Gespräch und Rede

Am 8. Juli 1997 feierte die Universität Tübingen ein Fest: seit 500 Jahren wird dort Rhetorik unterrichtet; seit 30 Jahren gibt es das Seminar für „Allgemeine Rhetorik", an dem WALTER JENS als erster Professor wirkte. Aus diesem Anlass hielt Bundespräsident ROMAN HERZOG eine Vorlesung. Darin sagte er unter anderem:
„Die Rhetorik ist die älteste Kommunikationswissenschaft der Welt. ... Wo keine selbstverständlichen Gewissheiten vorliegen, wo also Entscheidungen zu treffen sind, die der Zustimmung bedürfen, wo nicht Macht allein entscheidet oder formale Logik Schlüsse erzwingt, da ist der Ort der Rhetorik. Wenn das stimmt, dann ist der vornehmste Ort der Rhetorik tatsächlich die Demokratie. "

Gegen solche Wertung der Rhetorik äußert sich GOETHE im „Faust".

Fausts Famulus Wagner bewundert die Rhetorik:
„Allein der Vortrag macht des Redners Glück. "
Dagegen Faust:
„Such' Er den redlichen Gewinn!
Sei Er kein schellenlauter Tor!
Es trägt Verstand und rechter Sinn
mit wenig Kunst sich selber vor: "

Der Eindruck, dass Rhetorik nur äußerlich sei, dass reine Gedanken besser ohne sie wirken, wurde durch die pathetische Nazi-Rhetorik verstärkt. Obwohl jeder weiß, dass Gedanken und Gefühle immer der „Äußerung" bedürfen, wurde der **Manipulationsverdacht** gegen diese Kunst immer wieder erneuert, z. B. als „Herrschaftswissen". HERZOG jedoch: „Wir sind von Rhetorik umgeben, im politischen Leben, in der Werbung, aber auch im privatesten Bereich, und sei es nur, dass es darum geht, wohin man mit seinem Partner in Urlaub fahren soll." Tatsächlich ist jeder private, politische und wissenschaftliche Diskurs mit der Kommunikationskunst des **Miteinander-Redens** verflochten.

Die kommunikative Aufgabe der Rhetorik, ihre Ethik, aber auch die funktionsgerechten Instrumente dieser **Kunst** in Gespräch und Rede müssen also kurz beschrieben werden. Dabei sind auch einige grundsätzliche Fragen mit zu beantworten:
– Was ist Rhetorik?
– In welchem Verhältnis stehen Form und Inhalt?
– Wie wirkt Rhetorik?

Nochmals ROMAN HERZOG: „Wir stehen vor einem Paradox: Einerseits beschreiben wir uns selbst als Kommunikationsgesellschaft, andererseits sind immer weniger Menschen in der Lage, verständlich zu kommunizieren. ... Für das demokratische Gemeinwesen ist das gefährlich, weil die Gesellschaft aus Sprachlosigkeit um die Möglichkeit gebracht wird, eine sachgerechte Debatte zu führen und sachgerecht zu entscheiden. "

4.1 Was ist Rhetorik?

Das griechische Wort „Rhema" (ῥῆμα) meint das Gesprochene, die Wortäußerung, den Ausspruch, also auch das Gespräch, nicht nur „die Rede". Rhetorik ist daher die Kunst (das Können) des Sprechens, des Redens.

„Rhetoren" hießen zunächst Leute, die reden konnten – insbesondere im Rahmen der ersten Demokratie im Athen des 5. Jh. v. Chr. und bei Gerichtsreden, die hunderte von Geschworenen überzeugen mussten. Als diese rhetorische Kultur später in Rom übernommen wurde, hieß der Redner „orator". Für die **Lehrer** der rhetorischen Kunst (ars rhetorica, *griechisch* rhetoriké téchne) wurde dort „Rhetor" zur Berufsbezeichnung. In diesem Sinn wird auch heute der Begriff Rhetoriker / Rhetorikerin verwendet.

Rhetoriklehrer waren „Überlebenstrainer" für alle, die damals vor Gericht ohne Anwalt ihre Sache selbst vertreten mussten. Gleichzeitig vertraten sie eine geistige Bewegung (heute auch „erste Aufklärung" genannt), nicht nur den überlieferten gesellschaftlichen Normen zu folgen, sondern selbst kritisch zu denken und „den Mund aufzumachen", also die eigene Meinung argumentativ darzulegen. Das war nur möglich, weil in den griechischen Siedlungsgebieten (z. B. Sizilien) etwa seit 500 v. Chr. die Tyrannis abgeschafft war und auch in Athen selbst Demokratie herrschte.

Sophisten als Kommunikationstrainer?
Die ersten professionellen Redelehrer hießen „Sophisten" (Wissende, Gelehrte). Ihre Wirkungszeit entspricht in etwa der (langen) Lebenszeit eines der bekanntesten Sophisten: GORGIAS, 480-380 v. Chr. Ihrer Meinung nach war die Hauptaufgabe der Rhetorik das Überreden / Überzeugen der Zuhörer – und zwar dadurch, dass man „das schwächere Wort zum stärkeren macht" (PROTAGORAS 481). Solchen „Profis" gegenüber entstand bereits der erste Verdacht, es ginge ihnen gar nicht um die kommunikative Gleichberechtigung Schwächerer, sondern um rhetorische Durchsetzung; also nicht um Verstehen des Gegenübers – weder im Gespräch noch bei Rede und Gegenrede. Heute nennt man dieses verbale Durchsetzen der eigenen Position auch „Sieger-Rhetorik", manchmal **Power-Talking**. Sie wird oft als erstrebenswerte Kommunikationsfertigkeit angepriesen. Wenn die eigene **rhetorische Kompetenz** nur als „Fertigkeit im Überreden" angesehen wird, ist sie keine **kommunikative Kompetenz** im Sinne von „sich verständigen" oder „durch Mitdenken überzeugen".

NICHT NUR GESPRÄCHE ZU ZWEIT SIND „DIALOGE", SONDERN AUCH SOLCHE IN DER GRUPPE.

DIE RHETORISCHEN HAUPTWERKE DES CICERO (106-43 V. CHR.) HEISSEN „ORATOR" UND „DE ORATORE"

FORENSIK UMFASST ALLES, WAS MIT GERICHTSVERHANDLUNGEN ZU TUN HAT, ALSO AUCH DIE FORENSISCHE RHETORIK.

HERRSCHT DAS VOLK, REGIERT DIE REDE; HERRSCHT DESPOTISMUS, DANN REGIERT DER TROMMELWIRBEL

—

WALTER JENS NACH TACITUS

SCHEINT DIR NUN
DEUTLICHE
ERKENNTNIS UND
FÜR-WAHR-HINNEH-
MEN ODER, MIT
ANDEREN WORTEN,
WISSEN UND GLAU-
BEN EIN UND DAS-
SELBE ODER VER-
SCHIEDEN ZU SEIN?
—
FRAGE DES
SOKRATES AN
GORGIAS

„PERSUASION"
UMFASST IM LATEI-
NISCHEN WIE IM
ENGLISCHEN BEIDE
IM DEUTSCHEN
WOHL ZU TRENNEN-
DEN BEDEUTUNGEN
DES „ÜBERREDENS"
UND DES
„ÜBERZEUGENS".

ENTSCHEIDUNGEN,
DIE DER ZUSTIM-
MUNG – WENIGS-
TENS DER MEHRHEIT
– BEDÜRFEN, SIND
BASIS DER
DEMOKRATIE.

Philosophische Dialektik als Kommunikation?

PLATONS Ziel war es dagegen, die Differenzen zwischen verschiedenen Subjekten in einem dritten Element zu überwinden: im **Verstehensakt**, der das Wesen des „Seins" erkenne und auch von dort seine Werte und Normen empfange. In seinen Schriften, den Dialogen, lässt er deswegen seinen Lehrer SOKRATES immer erst die Grundbegriffe der Gesprächspartner hinterfragen, z. B. den Unterschied zwischen Wissen und Glauben. Er behauptet, durch seine Gesprächsargumentation als einer Art „Hebammenkunst" (Mäeutik) jene Wahrheit ans Licht zu bringen, die sicherer sei als nur ein „Meinen" (= Glauben) erzeugendes Reden.

Den Lesern der platonischen Dialoge konnte nicht verborgen bleiben, dass SOKRATES zwar den Dialog fordert, letztlich aber immer mehr redet als seine Partner und auch „siegt", weil er die anderen in Widersprüche verwickelt. So entstand aus diesem Ansatz im Mittelalter zweierlei:

– die **Kunstlehre der Dialektik**. Sie gehörte zu jenen drei der sieben „freien Künsten", die heute „Schlüsselqualifikationen der Kommunikation" sind: sprechen (*rhetorica*), schreiben (*grammatica*), argumentieren (*dialectica*).

– die **dialektische Denkfigur** (auf PLATONS Schüler ARISTOTELES zurückgeführt, von KANT, HEGEL und MARX wieder entdeckt):
  ● „These" = Behauptung
  ● Antithese = Gegenbehauptung
  ● Synthese = Kompromiss

Das Ringen um den Rhetorik-Begriff

Die beiden Pole: „Vermittlung von Wissenseinsicht" hier, „Persuasion" dort, beherrschen bis heute die Versuche, Rhetorik zu definieren. Tatsächlich geht es um zwei verschiedene Funktionen der einen Tätigkeit „Sprechen mit anderen". Im Vordergrund steht natürlich eine Absicht (Intention) der Redenden. Aber sie wird einmal mehr auf das *Wissen* der Hörenden einwirken wollen (Sachbezug), einmal mehr auf ihre *Bewertungen* (Personbezug). In beiden geht es aber nicht nur um **Einwirkung**, sondern auch um **Zustimmung**. Das wird erst mit dem Gedanken klarer, dass Kommunikation etwas Gemeinsames – vom Inhalt der Botschaft unabhängig – schafft, selbst noch in der schwachen Form der Ablehnung. Dieses zusätzliche Gemeinsame entsteht durch die zweite Intention des Sprechenden: Die Empfangenden sollen das eigene Erkennen mitwirken lassen und zumindest diese Kontaktarbeit zeigen. (MEGGLE 1997).

◇ **Rhetorik ist** also die Wissenschaft und Kunst vom Sprechen mit und zu anderen – in der Weise, dass eine eigene Botschaft des Denkens und / oder Fühlens und / oder Handelns an andere gegeben wird, zugleich mit den **drei Intentionen**, dass diese die Botschaft aufnehmen, deren Empfang beantworten und in der Antwort nach Möglichkeit deren Verarbeitung (mit dem Grad der Zustimmung) andeuten.

4.2 Sorten von Rede und Gespräch

Man kann Reden nach den Gelegenheiten, wann sie gehalten werden, unterscheiden. Das ist typisch für die „Anlassrede", auch „Gesellschaftsrede" genannt: z. B. am Geburtstag, zur 100-Jahr-Feier eines Vereins, zum Einstand einer Kollegin usw. Andere Situationen sind dagegen die Präsentation einer Firma, eines Produktes; wiederum andere eine Debattenrede, wo es für (pro) und gegen (kontra) eine Entscheidung, Maßnahme oder einen Standpunkt geht. Es gibt viele „Situationsnamen".

Die Redesorten der **Antike** waren „situativ" benannt:
- Gerichtsrede (gr. *genos dikanikon*, lat. *genus iudicialis*)
- Beratungsrede (gr. *genos symbuleutikon*, lat. *genus deliberativum*)
- Festrede bzw. Lob-und-Tadel-Rede (gr. *genos epideiktikon*, lat. *genus deliberativum*), allgemeiner: Gelegenheitsrede (lat. *genus causae*). Sie wird auch unterteilt in die Lobrede, die Gesandtenrede und die des gesellschaftlichen Verkehrs.

Redefunktionen und -stile
Heute werden Reden häufig nach ihren überwiegenden Zeichen-Funktionen, ihren Aufgaben, benannt *(vgl. das Organonmodell S. 23)*.

Rede-Art	Meinungsrede	Sachvortrag	Überzeugungsrede
	(Statement)	*(Präsentation)*	*(Motivation)*
Aufgabe	Ausdruck des Redners	Darstellung der Sache	Appell an den Hörer
Ziel	erfreuen (lat. *delectare*)	belehren (lat. *docere*)	bewegen (lat. *movere*)
Sprachstil	attributiv	nominal	verbal
Sprechstil	Intonation	Tempowechsel	Dynamik
Psychologie	Emotion	Kognition	Aktion
Journalistik: Form	Kommentare, Leitartikel	Nachricht, Meldung	Werbung, Anzeigen
Ziel	Entertainment	Information	Advertising

DIESE BESCHREIBUNGSHILFE IST NICHT ZUFÄLLIG DENEN DER KOMMUNIKATIONSSITUATIONEN ÄHNLICH, VGL. KAP. 1, S. 19. WARUM WOHL?

GELEGENHEITSREDEN VON DIPLOMATEN HEISSEN HEUTE „MISSIONS" (ENGL.).

Sorten des Gesprächs

Reden lernen Kinder im Eltern-Gespräch. Sprechen hat seine elaboriertesten (ausgearbeitetsten) und damit komplexesten Prozesse in dieser Kommunikationsform. Die Benennungen können auch hier situativ erfolgen, z. B. Arzt-Patienten-Gespräch, Vorstands-Sitzung, Presse-Konferenz usw. Es gibt viele Versuche, alle Gesprächsarten zu systematisieren. Da die Methodik der Gesprächsorganisation umso schwieriger ist, je mehr Teilnehmer kommunizieren, folgendes Modell:

I. Menge der Teilnehmenden	II. Gesprächsmethoden (frei nach Zielen wählbar)	III. einige Ziele (mit II. kombinierbar)
Zwiegespräch	– Mitteilung von Beobachtungen – Verbalisieren von Gefühlen – non-direktives Gespräch – kontrollierter Dialog – Plauderei (Smalltalk) – direktive Gesprächsführung	– Information – Feed-back geben – Beratung – Übereinkunft – emotionelle Entladung oder Bindung / Kontakt
Kleingruppen-Gespräche (3 bis ca. 7 Personen)	– Unterhaltung (Smalltalk) – Rundgespräch ohne Leitung – Besprechung mit Leitung – Kreativitätstechniken, z. B. Brainstorming – Spiele	– Analyse / Klärung von Situationen und Problemen – Planung – Konfliktlösung
Gespräche in mittelgroßen Gruppen ca. 8 bis ca. 50 Personen	– Konferenz (Meeting) – Moderation – Expertenbefragung – Unterrichtsgespräch – Lehrgespräch	– Information – Analyse/Klärung – Beratung – Problemlösung – Konfliktlösung
Großgruppen-Gespräche bzw. -veranstaltungen (ca. 50-300 Personen)	– Versammlung – parlamentarische Debatte – Diskussion nach Vortrag – Podiumsgespräch – Talkshow vor Publikum	– Planung – Entscheidung – Führung – Wahl – Meinungsbildung
Massenveranstaltungen (ab ca. 300 Personen)	Regie u. Stimm(ungs)gebung bei – Demonstrationen – Gedächtnisfeiern – Festen – Spielen	Gemeinsamkeits- und Idolerlebnis in der – Willensäußerung – Erinnerung – Unterhaltung

Gesprächssorten nach Teilnehmerzahl und Methodik

4.3 Wie Rhetorik wirkt

Da Sprechende immer als ganze Person auf die jeweils Hörenden – meist auch Sehenden, Riechenden und Fühlenden – einwirken, kann man Sprechende auch als ein **ganzheitliches Zeichen** betrachten. In der Rhetorik gibt es eine eigene Kultur für die Teileelemente dieses Zeichenkomplexes, der auf die Hörer einwirkt:

Zeichen-Form = Oberflächenstruktur der Äußerung

1. *optisch* = Körpersprache (extraverbal)	– Blickkontakt – Mimik – Gestik – Haltung – Kleidung – Umgang mit Hilfsmitteln (Papier, Demonstrationshilfen)
2. *akustisch* = Sprechsprache (paraverbal)	– Aussprache (Artikulation) – Satzmelodie (Intonation) – Lautstärkewechsel (Dynamik) – Tempo/Pausen/Sprechfluss – Klangfarbe/Stimme/Atmung
3. *sprachlich* = Sprachnorm der Gemeinschaft, sozialer Code (verbal)	– Sprachebene: (Dialekt, Slang, Fachsprache, Ironie) – Wortwahl (ich-man, Nominalstil) – Floskeln („nö"; „eigentlich"; „mega…") – Satzbau (kurz, lang, kompliziert) – Modus (behauptend, befehlend, einladend, passivisch, persönlich) – Sprecheroperationen *(vgl. S. 50)* – Allgemeinplätze, Klischees *(vgl. S. 33)*

Die Konstruktion von Bedeutungen

Als Kinder haben wir das Zeichenrepertoire der Muttersprache gelernt, später auch das einer Fremdsprache und einer Fachsprache. Deren Zeichen sind von uns als Muster verinnerlicht. Sie wirken auf uns wie unmittelbar zu erkennende Strukturen des Gesprochenen, also als Form. **Inhalte** jedoch erfordern Arbeit und Reflexion.

Der **Inhalt** ist durch die Formseite der Zeichen nicht so eindeutig gegeben wie viele denken. Bedeutung wird von jedem Hörer etwas anders wahr-genommen, interpretiert, ausgelegt (damit befasst sich u. a. die Übersetzungswissenschaft und die Philosophie der Hermeneutik). Wir erleben selbst, dass manches anders „gehört" wird, als man es gesagt hat.

Gerne **ergänzen** Menschen Eindrücke zu Mustern, die ihnen geläufig sind, z. B. bei widersprechenden Zeugenaussagen. Die Kommunikationspartner gestalten die „Tiefenstruktur" der Zeichen beim Empfang also stark mit. Sie sind Mit-Konstrukteure der **gemeinsamen Wirklichkeit**.

Zeichen-Inhalt = Tiefenstruktur der Äußerung

1. *kognitive Struktur =* Erkenntnishilfen	– Themenbezug der Inhalte – Zusammenhang (roter Faden) – deutliche Unterscheidung von Problem und Lösungsansätzen – Problem-Weite bzw. -Enge – Gliederungshilfen für Hörer
2. *emotionale Struktur =* Hilfen für Personbezug	– Signale für Partnerbezug – Eigene Position und Flexibilität – Gefühle bei Konsens/Dissens – Bilder/Beispiele
3. *aktivierende Struktur =*	– Signale für Machtwillen: „es ist", „ich werde"; gehäufte Sprecheroperationen einer Art *(vgl. S. 50)* – Einladungen zur Kooperation: Vorschläge („wir könnten"); Rückfragen u. a. um Kritik, Wünsche – Neues, kreative Ideen, Ziele, Visionen – Argumente

Reduktion von Komplexität im Gedächtnis

Kognitive, emotionale und aktionale (aufs Handeln zielende) Wirk-Größen der „Sender" sind übrigens nicht so säuberlich zu trennen wie das im Schema scheint. Das ist der Irrtum der meisten Analytiker von Reden. Unser Gedächtnis sucht trotz erheblicher Speicherleistung schnell nach den für eine Gesamtgestalt – also einen Komplex – **typischen Merkmalen**. Je mehr die ersten Speicher vor Einzelheiten überfließen, umso stärker wird gefiltert zu Gunsten der Merkmale, die die **Kontur** einer Gestalt repräsentieren, ihre Bedeutung spiegeln. Kommunikation durch Sprechen hängt also von Konturen, Bildern ab, die Hörer leicht erinnern können – es sei denn, mit Schnelligkeit und Chaos wird absichtlich ein Eindruck erzeugt, der eher Vergessen und **Augenblickserleben** schaffen soll. Hier deuten sich hochsensible Beeinflussungsmethoden an *(vgl. Kap. 4.4)*.

Kommunikative Grundeinstellung als Quelle

Das Kapitel 3 zeigte auf Seite 32, welche Grundtendenzen das Verhältnis des Einzelnen zur Gemeinschaft prägen: Nähe / Distanz im Persönlichen; mehr Sachlichkeit mit Zuschreibung von Kompetenz / Inkompetenz. Dazu: Macht, kulturelle Überlieferung und ethische Grundsätze. Sie wirken im Sprechenden als kommunikative Grundeinstellungen und steuern Form sowie Inhalt aller Äußerungen. Dahinter verbergen sich häufig einfache **Haltungen** (engl. *attitudes*) wie etwa die, vor allem Neuen Angst zu haben oder immer der Schönste sein zu wollen, immer belehren zu müssen usw. Diese Haltungen bestimmen das Kommunikationsklima oft bis in die Bewegung der Fingerspitzen. Darüber zu reflektieren, daran zu arbeiten, ist **ethische Aufgabe** jedes Kommunizierenden.

4.4 Macht oder kooperative Rhetorik?

Im jährlichen Mitarbeitergespräch erlebt Herr Tax seinen Chef als Dauerredner – von einem Gespräch keine Spur. Herr Tax darf lediglich zuhören. Als er doch einmal zu Wort kommt – es sei doch „Zielvereinbarung" geplant und er wolle gerne seine Ziele nennen – hört er eine Kaskade von Urteilen und Bewertungen seiner alten Ziele. Herr Tax gerät unter Rechtfertigungsdruck, sagt kaum noch etwas und nimmt schließlich entnervt das Diktat neuer Ziele entgegen.

Der Chef als **Situationsmächtiger** – das Gespräch fand in seinem Büro statt – und als **Handlungsmächtiger** hat zwar „kommuniziert", aber nur in einseitigem Kontakt. Seine Macht – die ja eigentlich positiv und mit Verantwortung gepaart ist – hat er einseitig ausgenutzt.

Eine spezielle, partnerschaftliche Qualität von Kommunikation ist die „kooperative Kommunikation", kurz „Kooperation" genannt.

„SITUATIONSMÄCHTIGER" WIRD IN DER TRADITIONELLEN RHETORIK EIN RICHTER GENANNT. ER BESTIMMT MIT STRAFGEWALT ÜBER DIE SITUATION.

Bedeutung von Kooperation

Vom lateinischen Wortsinn her bedeutet *operari* „mit etwas beschäftigt sein". Das spätere Kompositum *co-operari* meint „zusammenarbeiten" „gemeinsam mit etwas beschäftigt sein". Dabei denkt man heute immer (konnotativ) an die **Gleichberechtigung** der Partner. In Südamerika redet man von „Partizipation", „Teilnahme" an politischen, sozialen, wirtschaftlichen Maßnahmen der Mächtigen. Das zielt meistens auf „Kooperation", oft auf die nicht ganz gleichberechtigte „Mitwirkung".

ZUR QUALITÄT DER
RHETORISCHEN
BEEINFLUSSUNG
GEHÖRT WESENT-
LICH DIE ART DER
ARGUMENTATION.
DAZU VGL. S. 129

Sprecheroperationen als Ausgleichspotential

Nicht nur die zeitliche Länge von Äußerungen schafft ein Ungleichgewicht. Zu häufige Fragen erzeugen nicht nur „Führung", sondern „Verhör"; zu häufige Wertungen lassen das Bild von einem Oberlehrer entstehen usw. Fast alle **einzelnen Operationen** von Sprechern wirken kooperativ, nicht aber, wenn eine Sorte gehäuft, ohne Unterbrechung, verwendet wird *(vgl. unten den „reihenden Gebrauch")*. Ein **Wechsel der Operationen** ist hilfreich. Vor allem sind Übergewichte im Personbezug (grau) durch solche im Sachbezug (weiß) auszugleichen und umgekehrt.

Sprecheroperationen – kommunikative Folgen

(grau = mehr Personbezug; weiß = mehr Sachbezug)

Operationen des Sprechers	Wirkungen beim Partner, wenn	
	einzelner Gebrauch	reihender Gebrauch
1. Fragen	Informationsabgabe	Unterlegenheitsgefühl, Informationsunlust
2. Minimalantwort	weitere Fragen oder Schweigen	Vermutung, Sprecher sei kontaktschwach, -unwillig
3. sachliche Mitteilung, Information	auch sachliche Mitteilung, Information	Unterlegenheitsgefühl im Wissen, der Kompetenz
4. Appell (Befehl? evtl. nur im Tonfall)	meist Aktivität	Unterordnung oder Abblocken des Dominanzanspruchs
5. Bewertung, Stellungnahme	auch Bewertung, Stellungnahme	Unterlegenheitsgefühl im Beurteilen, in der Moral
6. verstärken (z. B. Kopfnicken, „hmmmh!" reformulieren)	Gefühl, verstanden zu werden, redet weiter	hat Gefühl verstanden zu werden: redet noch länger
7. direktes Verbalisieren von Gefühl (Ich-Botschaften)	Offenheit und Kundgabe-Bereitschaft	Unterlegenheitsgefühl gegenüber emotionaler Dominanz
8. Einführen einer Metaebene (z. B. Prozess-Struktur)	Orientierung und Klarheit	Übergewicht der Analyse, Flucht vor Entscheidung, raubt Zeit
9. beliebige andere	ähnliche Reaktion	Überdruss
10. Kombination einzelner Operationen, z. B. Information *und* Frage	ausführliche Antwort oder eigene Kombination	**intensives, partnerschaftliches Gespräch, geeignet zur Kooperation**

Modell der Macht-Waage im Gespräch

Wenn Zeichen (Z) für einzelne kommunikative Operationen, z. B. „Fragen", in Serie verwendet werden, verschieben sie die Machtbalance. Nur eine entsprechende Gegenbewegung von Partner 2 schafft Ausgleich.

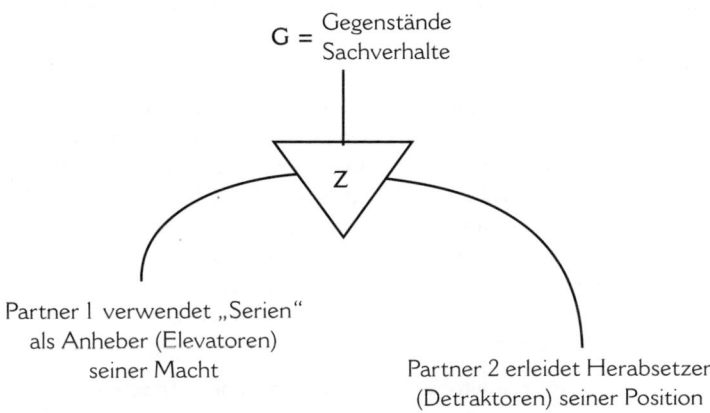

$$G = \frac{\text{Gegenstände}}{\text{Sachverhalte}}$$

Z

Partner 1 verwendet „Serien" als Anheber (Elevatoren) seiner Macht

Partner 2 erleidet Herabsetzer (Detraktoren) seiner Position

(nach BARTSCH 1988, S. 94)

„Kooperative Gesprachsführung" oder „Rhetorik" meint ein Miteinander- oder Zueinander-Reden, in dem ein quantitatives und qualitatives Gleichgewicht in der gegenseitigen Beeinflussung der Partner angestrebt ist – bei Reden wenigstens inhaltlich wechselseitig (virtueller Dialog). In einem Bild: Anzustreben ist ein ausgeglichener Ballwechsel wie in einem Ping-Pong-Spiel – als Prozess mit dem Ergebnis (nicht Sieg) einer neuen gemeinsamen Idee (Produkt) aus einem Parallelogramm der Kräfte.

KRÄFTEPARALLELO-GRAMM: GEOMETRI-SCHE KONSTRUK-TION ZUR GRAFI-SCHEN ERMITTLUNG DER SUMME ZWEIER KRÄFTE BZW. VEKTOREN

5. Zahl und Schrift

Im Jahre 1834 steht das Londoner Parlamentsgebäude in Flammen – Brandursache ist ein überhitzter Ofen im Oberhaus. Dort werden hunderte von Kerbhölzern (ex-cheque tallies) verbrannt. Diese Stäbe dienten dem Schatzamt seit 900 Jahren als Buch-führung: Wer seine Steuer bezahlte, erhielt eine Kerbe in sein Holz. Erst 1826 wurde ganz auf Schriftakten umgestellt.

Das **Kerbholz** ist die wohl älteste Dokumentationsform der Menschen für Zahlen und damit auch eine Kommunikationstechnik. Über Jahrtausende wurde sie von Händlern, Wirten und Ämtern benutzt. Davor haben schon Jäger ihre Beute so ge-zählt. Aus dem Jungpaläolitikum (ca. 35.000-12.000 v. Chr.) existieren viele Funde unregelmäßig geritzter oder gekerbter Knochen, die kaum als Schmuckornament die-nen konnten. Und wer seine Beute „zählte", der „erzählte" sicherlich auch darüber. Zahlen gaben neben Beutestücken (Trophäen) auch die ersten „Informationsspei-cher" für Erzählungen ab, lange vor jeder „Schrift". Dabei ging es sowohl um **erin-nern** als auch um **beweisen**.

Erinnerung und Beweis wurden auch die Hauptfunktionen der Schrift. Aus Australi-en sind Botenstäbe bekannt, die mittels Kerbengruppen oder stilisierter Ritzmotive dem Boten als **Ausweis** dienten und ihn zugleich an den **Inhalt** der Botschaft erinner-ten. Gegenüber Gruppen hatten die „Tschuringas" eine ähnliche Aufgabe – Hölzer oder ovale Steine, in die Kreise und Schlangenlinien eingeritzt waren: für nicht Einge-weihte bloße Verzierung, in Wirklichkeit aber Symbole für Orte, Tiere, Menschen und mythische Motive. Ihre magische Kraft wurde in kommunikativen Zeremonien erinnernd aktualisiert. Diese Gravuren waren noch keine „Schriften" – aber sie ver-mittelten schon **Bedeutung**.

Das akustische Zeichen des Sprachschalles wirkt nur in räumlicher und zeitlicher Nä-he. Bringen Menschen optische Markierungen auf einem stofflichen Träger an, kön-nen diese Zeichen große Distanzen über Raum und Zeit überbrücken. Durch die Stüt-zung des Gedächtnisses und die **Lösung der Zeichen vom Sprecher** wird eine neue Qualität des Kommunizierens möglich.

Der Sprachschall wurde und wird so erlebt, als sei er mit der Natur des Men-schen eins und komme organisch aus ihm hervor. Er braucht keine „herstellen-de" Verrichtung, keine zusätzliche Arbeit. Das wurde jedoch für Zeichnungen auf ei-nem materiellen Substrat nötig. Es entstand gleichsam ein selbstständiges **Medium**, ein vermittelnder Träger. Dazu brauchte man „Technik" in einem doppelten Sinn: als Herstellungsmethodik (wie wir heute Technik verstehen), aber auch als menschli-ches „Können", als Kunst. Beide Bedeutungen waren im griechischen Wort „tech-ne" enthalten. Schon damals gab es einen Streit, was menschenwürdiger sei: das Hervorbringen oder das Herstellen. Zur Kommunikation brauchen wir beides.

5.1 Zählmarken als Vorbereitung der Schrift

Dem Chefkonservator der altorientalischen Abteilung des Louvre fielen rundliche Hüllen aus Ton auf, in denen kleine Tonobjekte eingeschlossen waren: manche wie Halbkugeln, andere wie Doppelkegel, manche wie Plättchen: mal rund, mal eckig mit Punkten usw. Sie stammten aus der antiken Stadt Susa im Westen des Iran, datiert in die zweiten Hälfte des 4. Jahrtausends v. Chr., wenige Jahrhunderte vor dem Auftauchen der Schrift in Susa. In einem Aufsatz (1966) verglich der Wissenschaftler diesen Fund mit ähnlichen anderer Forscher. Er schloss, es handle sich um eine archaische Buchführung, wobei die kleinen Tonobjekte Zählmarken für verschiedene Wirtschaftsgüter seien: z. B. Schafe, Ziegen, Getreidegebinde, Weinschläuche usw. Etwa fünf Jahre später begann die Archäologin DENISE SCHMANDT-BESSERAT alle ähnlichen Objekte („Tokens") im Orient zu vergleichen: in Syrien, in Israel, im Irak, in der Türkei. Sie erkannte, dass zwischen 8.000 bis 3.000 v. Chr. diese Behälter wie Akten behandelt wurden, in denen Handel und Verwaltung ihren Besitz dokumentierten.

Die Erfindung solcher Symbole unterschied sich von Bildern und Zeichnungen, etwa in Höhlen der Steinzeit. Die **Zählmarken** aus Ton waren nämlich:

- einfacher als Bilder,
- **abstrakt**, d. h. den gemeinten Inhalten unähnlich. Dafür erforderten sie allerdings einen „**Code**", eine Absprache über ihre Bedeutung, die wir heute leider nicht kennen. Aber wegen dieser formalisierenden Festlegung auf Kosten einer inhaltlichen „Verkürzung" wurden sie
- **transportabel**, und zwar besser als Schall-Zeichen: über viel weitere Räume und Zeiten hinweg.

Das neue, leicht herstellbare Medium im Tongefäß gewann seine kommunikative Qualität, große Distanzen überbrücken zu können, aus der Unähnlichkeit, also der **Distanz** zwischen **Form** (Bezeichnendes) und **Inhalt** (bezeichnete Bedeutung) – unter der Bedingung einer vorherigen Absprache über den Code (in der bei Sprech-Kommunikation nötigen Nähe, d. h. engen Distanz). In einer Zeit, in der Jäger und Sammler zu Viehzüchtern und Ackerbauern wurden, konnte so über Besitz informiert und kommuniziert werden. Diese neue Möglichkeit der „Fern- und Dauer-Information" wurde natürlich auch von „Herrschenden" benutzt, um Abgaben zu fordern oder zu **dokumentieren**.

5.2 Vom Zählen zum Schreiben

Der entscheidende Schritt zur Schrift war nun vorbereitet. Wollte man nämlich die Topf-**Akten** nicht öffnen und damit ihre Versiegelung nicht verletzen, musste von außen irgendwie erkennbar sein, was sich darin befand. So wurden auf dem Tontopf verschiedene Ritz- und Druckzeichen angebracht, so genannte **Topfmarken**. Solche wurden in verschiedensten Kulturen gefunden, auch im alten China. Natürlich war der Code für deren Verständnis überall anders, aber jedes Mal entstanden Begriffszeichen, eine **Ideenschrift**, die für Kenner zu ent„ziffern" war und die Kommunikation über diese Güter nun bald auch ohne die Töpfe mit Zählmarken ermöglichte.

DER BABYLONISCHE KÖNIG HAMMURAPI LIESS IM 18. JH. V. CHR. 228 GESETZE MITTELS KEILSCHRIFT IN EINE STEINSTELE MEISSELN.

In Mesopotamien entstand so die **Keilschrift**, in Ägypten – unter Verwendung von stilisierten Bildsymbolen – die **Hieroglyphenschrift**. Auch sie ist wohl zunächst zwecks Zählung formalisiert worden. In China war das bildhafte Element noch stärker im Vordergrund. Es wird bis heute nicht durch eine Buchstabenschrift abgelöst – verbindet jedoch trotz der 3.000 – 50.000 Zeichen die recht verschiedenen chinesischen Sprachen mit den gleichen Symbolen. Allerdings zeigt diese „Ideenschrift" auch die Nachteile der uralten Schriften. Man brauchte für jedes Wort oder gar kurzen Satz je ein eigenes Symbol oder eine Symbolkombination. So wurde der Code sehr umfangreich und verlangte hohe Gedächtnisleistungen.

DIE ERSTEN LAUTSCHRIFTEN KONZENTRIERTEN SICH AUF DIE KONSONANTEN. DIE SCHREIBWEISE BₑN CHₐBₐR VERDEUTLICHT DEM LESER, DASS WIR DIE VOKALE NUR VERMUTEN KÖNNEN. SIE WERDEN IM TEXT IN INTERNATIONALER LAUTSCHRIFT, D. H. HEUTE „PHONETISCHER SCHRIFT" WIEDERGEGEBEN.

Der Handelsherr Bₑn Chₐbₐr in der phönizischen Hafenstadt Sidon steht unter Stress: Das Schiff nach Ägypten mit Bronzegeräten für die Handwerker in Deir el-Medine muss abgefertigt werden. Pharao Ramses III. will den Palast – anlässlich seines 25-jährigen Thronjubiläums – glanzvoll ausstatten. Aber der Schreiber der Hieroglyphenschrift ist überlastet und kommt mit den Frachtbriefen nicht voran. Bₑn Chₐbₐr beherrscht zwar die babylonische Keilschrift, doch die nutzt in diesem Fall nichts. Sie wird kaum noch verwendet, seit die Aramäer dort herrschen und lieber Boten in ihrer Sprache schicken, um Teppiche und Waffen zu bestellen.

RAMSES III REGIERTE VON 1184 BIS 1153 V. CHR.

Im Vorzimmer wartet ein Bote. Mit einigen aramäischen Schriftzeichen kann Bₑn sich helfen. Wichtig ist es, jeden Laut festhalten zu können, damit man sich auch akustisch versteht. In aller Eile notiert er dessen Bestellungen, darunter einige selbst erfundene Buchstaben. Er liest laut vor. Der Bote ist zufrieden. – So kann es funktionieren, besser als mit den umständlichen Wortschriften aus Ägypten und Assur.

Schon vor 1000 v. Chr. entwickelte sich in **Phönizien** die neue Schrift. Den auf intensivste Kommunikation angewiesenen Händlern aus Phönizien (heute Libanon und Umland), zwischen den Großmächten Ägyptens und Mesopotamiens gelegen, wurde es zu lästig, alle Ideenzeichen für Wörter oder Sätze zu lernen. So erfanden sie die **Buchstabenschrift** – allerdings nur für die Konsonanten, denn die Vokale waren in der Regel bekannt (so noch heute im Hebräischen bzw. Ivrit). Bei den Aramäern, damals um Babylon, gab es eine ähnliche Entwicklung. Beide Einflüsse bildeten um 900 v. Chr. die Grundlage für die Buchstabenschrift der Griechen. Diese wurde im Latein abgewandelt und beherrscht heute die ganze westliche Welt.

Die kommunikative **Leistung der Buchstabenschrift** besteht darin, dass mit sehr wenigen Zeichen, meistens nur 22 – 30, alle verschiedenen Wörter jeder Sprache wiedergegeben werden können. (Eine Ausnahme bilden die „tonalen Sprachen" wie das Chinesische. Dort bedeuten gleiche „Buchstaben-Silben" wegen je anderer Tonmelodie doch Verschiedenes.) In der „alten Welt" entwickelte sich die erste mediale Kommunikation aber aus der Trennung (Distanz) von Form und Inhalt. Zuletzt war das die Trennung von hörbarem **Einzellaut** und **abstraktem Lautzeichen**.

Buch-stabe		Name	Laut-wert
A	α	Alpha	a
B	β	Beta	b
Γ	γ	Gamma	g
Δ	δ	Delta	d
E	ε	Epsilon	ẹ
Z	ζ	Zeta	z
H	η	Eta	ę
Θ	θ	Theta	th
I	ι	Jota	i
K	κ	Kappa	k
Λ	λ	Lambda	l
M	μ	My	m
N	ν	Ny	n
Ξ	ξ	Xi	x
O	ο	Omikron	ọ
Π	π	Pi	p
P	ϱ	Rho	r
Σ	σ	Sigma	s
T	τ	Tau	t
Y	υ	Ypsilon	y
Φ	φ	Phi	ph
X	χ	Chi	ch
Ψ	ψ	Psi	ps
Ω	ω	Omega	ọ

griech. Alphabet

Die Möglichkeit, einzelne Teil-Elemente für Zeichen zu **analysieren** und losgelöst zu transportieren, um sie dann wieder zusammensetzen zu können (**Synthese**), war die eigentliche Revolution in der Kommunikation. Das geschah in mehreren zeitlichen Stufen: Zuerst waren es ganze Sinnkomplexe (Bilder), später Sinnteile (Wörter), danach Silben, dann scheinbar „sinnlose" Laute mit „sinn-trennender" Funktion, zuletzt nur Impulse, die vorhanden oder nicht vorhanden sind. Nicht mehr die ganzen Zeichen, die einen Sinn widerspiegeln, werden transportiert, sondern **Zeichenkonstituenten**. Erst in ihrer code-gemäßen Synthese ergeben sie einen anderen Sinn. Mit dieser Entwicklung verbunden war und ist eine Revolution des Denkens.

DIE ERSTEN DREI WÖRTER DER HEBRÄISCHEN BIBEL – VON RECHTS ZU LESEN – SIND SO: בראשית ברא אלהים

55

5.3 Die Revolution der Kommunikation

⬤ Es mag im Herbst 1117 n. Chr. gewesen sein: Der alte Skalde Bragi klopft an die Tür des Pfarrers von Reykjavik, Island. Er ist unzufrieden mit seinem Schüler und Nachfolger Sämund. Der hat zwar schon viele Sagen und Heldenlieder gelernt, kann sie auch leidlich vortragen, aber immer wieder verändert er den Wortlaut ein wenig. Bragi versteht das nicht. Er selbst hat alles von seinem Lehrherrn genau übernommen. Wieso hat Sämund ein so schlechtes Gedächtnis? Er wird es leid zu korrigieren. Nun hat er zwei Anliegen an den Pfarrer. Der soll Sämund das Schreiben lehren und zugleich helfen, alle Lieder aufzuschreiben. Das teure Pergament hat er zwei Jahre lang gesammelt, zum Teil gekauft, zum Teil geschenkt bekommen. Sämund hofft, dass sein Gedächtnisschatz festgeschrieben werden kann...

Während für Island erst zu jener Zeit das Schreiben auf Pergament begann, hatte das neue Medium „schriftliche Kommunikation" schon die damals bekannte westliche Welt erobert: In Ägypten waren schon um 2.500 v. Chr. die Stängel der **Papyrus**-Staude zu einer Schreibunterlage verarbeitet worden. Am besten hielten sich solche Dokumente in der Trockenheit Afrikas, nicht in feuchtem Klima – immerhin länger als die Wachstäfelchen, welche Griechen und Römer für schnelle Notizen benutzten. Neben der **Transportierbarkeit** war die zeitlose **Dauerhaftigkeit** des Geschriebenen eine so wichtige Qualität, dass dafür immer neue Technologien gesucht wurden. Schließlich gelang es um 300 n. Chr. in Pergamon, Tierhäute so dünn und ungegerbt zu spannen, dass daraus dauerhafte Bücher (zunächst als Rollen, später geheftet) entstanden. Obwohl in China schon etwa um 100 n. Chr. **Papier** aus Pflanzen-Zellulose hergestellt wurde, dauerte es in Europa bis 1276, ehe in Italien die erste Papiermühle zu arbeiten begann. Damit war ein handlicheres und auch billigeres Material als Pergament gewonnen. Allerdings stellte sich in unserem Jahrhundert heraus, dass viele kostbare Papierbücher zerfallen. Die billigeren Papiersorten der industriellen Produktion waren nicht säurefrei; sie erfordern aufwändige Verfahren, um die Kommunikation mit der jüngeren Vergangenheit zu retten.

◆ Das Schreiben bringt mit der Möglichkeit, Inhalte genau und dauerhaft zu kommunizieren, weitere Technologien hervor: für die Schriftunterlage, für die Schrifterzeugung und für die Informationssicherung.

Schnelligkeit der Kommunikation ist ein spezielles qualitatives Element, das aus der „Transportierbarkeit" von exakten Informationen durch Schrift entstand. Um 550 v. Chr. konnte so der persische König KYROS II eine Eilpost installieren, in der ein Reiter dem nächsten die geschriebene Nachricht übergab. Keine mündliche Botschaft – mit der Gefahr der Verzerrung – war mehr nötig. Bald wurden auch Tauben mit Schriftkapseln versehen. Diese flogen mit 60 km/h an einem Tag hunderte von Kilometern weit.

◖ *PETER SCHÖFFER eilt vom Haus seiner Eltern in Gernsheim zum Rhein: Er muss versuchen, ein schnelles Schiff nach Mainz zu bekommen. Der Meister JOHANNES GENSFLEISCH VOM GUTENBERG hat ihn nach dessen Rückkehr aus Straßburg in die neue Werkstatt gerufen. Peter soll helfen, die mühsame Erstellung ganzseitiger Holzvorlagen für den Buchdruck durch eine neue Methode zu ersetzen. In Mainz erfährt Peter mehr. Gutenberg denkt an einzelne Lettern aus Metall, die zu Wörtern zusammengesetzt und immer wieder verwendet werden können. Sie machen sich an die Arbeit. Ab 1445 war die Lösung gefunden. 1453/55 entstand die berühmte 42-zeilige Bibel.*

Das Druckverfahren GUTENBERGS brachte Schnelligkeit auch in der **Produktion** der Schriften und damit in der **Reproduktion** und **Multiplikation** von Ideen, die mit dieser Schrift codiert waren. Seitdem nimmt das **Tempo** der Kommunikationsverfahren dauernd zu.

Einige Daten zu der Vervielfältigung von Schriftstücken:

ab 1488	Flugblätter und Flugschriften entstehen: mit sensationellen Nachrichten oder politischen bzw. religiösen Tendenzen, vor allem in der Reformation.
1609	In Straßburg erscheint die Wochenzeitung „Relation" und „Aviso" in Wolfenbüttel.
1659	In Leipzig erscheint die erste Tageszeitung.
1714	Der Engländer HENRY MILL erfindet die Schreibmaschine.
1816	Der Rotationsdruck wird von FRIEDRICH GOTTLOB KÖNIG erfunden und bei der „Times" eingesetzt.
1938	Der Amerikaner CHESTER CARLSON produziert die ersten Fotokopien.
1941	Mit der Entwicklung des ersten Computers durch KONRAD ZUSE beginnt jene Technologie, die später Textverarbeitung im PC, per E-Mail und im Internet ermöglicht.
1966	Der erste Fernkopierer als Faksimile-Schreiber (Fax) wird von Xerox verkauft.

DAS SPIEL IST IN DER GANZEN WELT EINE DER ÄLTESTEN KOMMUNIKATIONSFORMEN. MIT IHM WAR IMMER DAS ZÄHLEN VERBUNDEN.

OBWOHL WERBUNG SICH IMMER STÄRKER MIT DER DRUCKTECHNIK VERBAND, ERSCHIEN ERST 1923 IN NEW YORK DAS ERSTE BUCH ÜBER ÖFFENTLICHKEITSARBEIT: EDWARD L. BERNAYS: CHRYSTALLIZING PUBLIC OPINION

5.4 Schreiben und Denken

In der Saint Louis-Universität, Missouri, unweit des Mississippi, untersucht WALTER ONG Berichte von Forschern, die in Kulturen ohne Schrift lebten: bei Nomaden in Arabien, bei Bauern in Asien, bei Indianern und Eskimos. Er staunt: Von vielen tausend Sprachen in der Menschheitsgeschichte beherrschten nur etwa 106 das Schreiben. Er sucht nach Sagen und Epen von „nur mündlichen Kulturen" – wenn auch paradoxerweise festgehalten durch Schrift. Überrascht entdeckt er: Die Verse des frühen griechischen Dichters HOMER wurden von den Sprechern, den „Rhapsoden", nur auswendig, aus der Erinnerung, vorgetragen. Er erkennt auch, dass heutige Texte ein anderes Denken widerspiegeln. WALTER ONG beschließt für 1982 ein Buch zu schreiben: über die Unterschiede von „Oralität" und „Literalität", d. h. von mündlicher und schriftlicher Kultur.

HOMER LEBTE IN DER 2. HÄLFTE DES 8. JH. V. CHR. DIE EPEN ILIAS (KRIEG UM TROJA) UND ODYSSEE WERDEN DIESEM VERMUTLICH BLINDEN DICHTER ZUGESCHRIEBEN.

Das **Schreiben** hat das Denken der Menschen so sehr verändert, dass auch wir in der Kommunikation vieles voraussetzen, was **orale Kulturen** so nicht kennen:

Vorteile der Schriftkultur	*Nachteile der Schriftkultur*
– das Gedächtnis wird entlastet	– das Gedächtnis verkümmert
– Gedanken werden versachlicht	– Gedanken werden entpersönlicht
– Informationen sind verdichtet, von der Situation eher abstrahiert	– situative Stimm-Signale fehlen
– von anderen Gedachtes wird genauer nachvollziehbar	– es gilt nur das Beschriebene
– „Vorliegendes" kann lange reflektiert und analysiert werden	– Gefahr der überzogenen Interpretation
– Autoren ziehen aus den Texten mehr Rückschlüsse über sich und andere: sie „reflektieren"	– Tendenz zum Selbstbezug und Narzissmus
– mehr Sicherheit	– wenig Spontanes
– übersichtliche Planung und Transparenz von Texten auf Grund anderer Syntax wird möglich	– fürs Hören werden Texte zu kompliziert
– geschichtlich-archivierendes Denken wird verstärkt	– zunehmende „Bedenken" bzgl. Gegenwart
– soziale Prozesse werden gut protokollierbar und organisierbar	– bürokratisches Denken wird verstärkt
– Möglichkeiten der Vervielfältigung stützen die massenhafte Verbreitung von Botschaften	– Massengesellschaft statt persönlicher Dialog
– öffentliche Medien entwickeln und spiegeln öffentliche Meinung	– öffentliche Medien erzeugen Denk-Klischees

Die **Angst** vor den Nachteilen neuer Techniken ist uralt. Schon PLATO (+ 347 v. Chr.) warnte im Dialog „Phaidros" vor dem Schreiben – schriftlich! Dem ägyptischen Gott THEUTH, Erfinder der Schrift, wird dort vorgeworfen: „Von der Weisheit aber verleihst du deinen Schülern den Schein, nicht die Wahrheit. Denn wenn sie vieles von dir ohne Unterricht (d. h. nur lesend) vernommen haben, so dünken sie sich auch, Vielwisser zu sein … und sie sind lästig im Umgang, da sie statt Weise Dünkelweise geworden sind." (PHAIDROS 275a-b)

Trotz der nicht unberechtigten Vorurteile gegen zu stark technologisch orientierte Kommunikation hat sich die Schrift durchgesetzt. In unserer Welt existiert eine **Mischform** von schriftlich und mündlich geprägter Kommunikation. Da vieles schon „schriftlich" gedacht wird, gilt das Gesagte dann als **sekundäre Oralität.**

Ein Händler spricht ins Diktiergerät, nimmt dabei aber Rücksicht auf das Denken der Sekretärin, die Sprache und Form für einen Brief bzw. ein Fax oder E-Mail erwartet. Diese schriftliche Vorlage wird bei den Kunden in einer Besprechung in Auszügen vorgelesen. Rückfragen in einem Telefonat werden später schriftlich protokolliert. Dann folgt eine persönliche Verhandlung, bei der menschliche Ausstrahlung und Verhalten wichtig sind. Doch macht jeder seine Notizen. Der Auftrag kommt dann schriftlich, um aktenkundig zu bleiben.

Die Intensität heutiger Kommunikation wäre ohne die Mischung von schriftlichen und mündlichen Kontakten samt Medien nicht denkbar.

Dass unser Denken und Fühlen dauernd zwischen beiden Aspekten von Kommunikation pendelt – nämlich zwischen „oberflächlich-informativen Kontakt" und „gemeinsame Bedeutung" –, ist auch eine Folge dieser und späterer Kulturtechniken. Für Eltern wird das besonders deutlich, wenn sie erleben, wie Kinder das Schreiben lernen. Das Denken entwickelt sich zur exakten Begrifflichkeit, zugleich aber auch zur Trennung von Versachlichung und subjektiven Interessen. Nochmals spürbar wird das beim ersten Umgang mit Texten und Kontakten per Computer. Sicherlich muss in unserer ganzen Zivilisation ein Wandel des Denkens erwartet werden, je mehr sich technische Kommunikationshilfen durchsetzen. Diesen Wandel kritisch zu beobachten und auszubalancieren, ist Aufgabe eines jeden.

BEI ALLEN VÖLKERN IST DAS WORT UND DIE SCHRIFT ETWAS HEILIGES UND MAGISCHES, DAS BENENNEN SOWIE DAS SCHREIBEN SIND URSPRÜNGLICH MAGISCHE HANDLUNGEN, MAGISCHE BESITZERGREIFUNG DER NATUR DURCH DEN GEIST, UND ÜBERALL IST DIE GABE DER SCHRIFT ALS GÖTTLICHER HERKUNFT GEPRIESEN WORDEN

—

HERMANN HESSE

6. Telekommunikation

Mit der Entwicklung und Anwendung der Schrift wurde eine zeitunabhängige Kommunikation möglich. Mit geeigneten technischen Hilfsmitteln ist heute auch ein *raumunabhängiger* Austausch realisierbar: Man spricht von **Telekommunikation**, wenn Menschen mit Unterstützung technischer Einrichtungen über Entfernungen hinweg miteinander kommunizieren. Dabei ist sowohl eine gleichzeitige (synchrone) Kommunikation gemeint als auch eine, die Raum und Zeit gleichermaßen überwindet (asynchron). Insbesondere seit Industrialisierung und Nutzbarmachung des elektrischen Stromes finden technisch unterstützte Kommunikationsprozesse allgemeines Interesse.

Man unterscheidet verschiedene Stufen, in denen die Technik den Kommunikationsprozess ermöglicht, beeinflusst, mitgestaltet, steuert oder sogar selbst zum (scheinbaren) Kommunikationspartner wird:

Stufe 1	Beim Telefonieren ist die Technik lediglich Mittler zwischen den Kommunizierenden in dem Sinne, dass sie den Raum überwindet.
Stufe 2	Beim Versenden von Faxen gibt es noch menschliche Schreiber und Leser, doch keinen direkten persönlichen Kontakt zwischen ihnen.
Stufe 3	Beim Arbeiten mit dem Computer kommt eine spezielle Form der Kommunikation zu Stande, die Mensch-Maschine-Kommunikation.
Stufe 4	Beim Datenaustausch zwischen Computern fehlt der menschliche Kontakt völlig, dennoch handelt es sich dabei um eine Art (maschineller) Kommunikation.

Wie es für den Transport von Gütern unterschiedliche Wege gibt – Straße, Schiene, Wasser, Luft – so kann auch Information auf unterschiedlichen Wegen transportiert werden: durch Schallwellen, mit elektrischem Strom, mithilfe elektromagnetischer Wellen, durch Lichtsignale oder Laserstrahlen. Zum Teil benötigen diese Transportmittel eine Verkabelung, teilweise funktionieren sie kabellos. Wie beim Gütertransport gibt es schnelle und langsame Transportwege, es kann zu Staus oder sogar zu Unfällen kommen – nicht umsonst spricht man von der **Datenautobahn**. Die Art der übertragenen Daten ist dabei für den Transport ohne Bedeutung.

Anders verhält es sich auf der menschlichen, der kommunikativen Seite. Hier spricht man häufig vom Kommunikationshilfsmittel als einem **Medium**. Dies kann beschriebenes Papier sein, ein Telefon, ein Faxgerät oder ein Computer. Auch die Sprache ist ein Medium. Das Medium bestimmt den Kommunikationsprozess immer – in mehr oder weniger deutlicher – Weise mit.

Aus publizistischer Sicht sind auch Fernsehen, Radio oder Zeitungen Medien, wenngleich bei diesen kaum Kommunikation im Sinne von Interaktivität (Beeinflussbarkeit) und Reziprozität (Wechselseitigkeit) möglich ist. Die neuere Entwicklung zeigt jedoch deutlich ein zunehmendes Verschmelzen von Massen- und Individualkommunikationsmedien.

6.1 Geschichte der Nachrichtentechnik

Die **Geschichte** der Telekommunikationsmedien ist die Geschichte von mühevoll entwickelten Methoden und Instrumenten zur Nachrichtenübertragung, die Geschichte von Kriegen und strategischen Vorteilen und von der Entstehung bedeutender Wirtschaftsbranchen. Dabei ging es entweder darum, Nachrichten von einer Station zur anderen (z. B. zwischen zwei Dörfern) zu übertragen oder über eine lange Postenkette „von Berg zu Berg" weiterzugeben. Dies trat z. B. ein, wenn bei einer feindlichen Invasion Truppen aus der fernen Hauptstadt angefordert werden mussten.

Allen Übertragungsmedien gemeinsam ist, dass Nachrichten über größere Entfernungen transportiert werden sollen, ohne dass man auf Boten angewiesen ist.

Akustische Kommunikationstechnik

Sie ist die älteste und einfachste Art, Nachrichten weiterzugeben. Mittel dafür sind: lautes Rufen, Hörner/Trompeten, Trommeln, Kirchenglocken, Sirenen, Hupen u. ä. Sie werden heute noch als Warnsignal-Geber verwendet.

Der Hauptnachteil der „lauten" Informationsweitergabe ist jedoch, dass es kaum Möglichkeiten gibt, die zu übertragende Nachricht geheim zu halten. Deswegen wurden für vertrauliche Inhalte **Boten** und **Meldereiter** mit Briefen eingesetzt. Andere, z. T. sehr ausgeklügelte Methoden, waren ebenfalls darauf ausgelegt, diesen Nachteil zu minimieren:

Die Inkas im Amazonasdelta benutzten Trommeln, bei denen die Signale durch den Boden übertragen wurden: Auf hohle Baumstämme, die mit verschiedenen Materialien gefüllt und im Boden versenkt waren, wurde mit Knüppeln geschlagen. Die entstehenden Töne waren nur wahrzunehmen, wenn man in bis zu 1600 m Entfernung das Ohr an einen in der Erde eingegrabenen hohlen Baumstamm legte.

Optische Kommunikationstechnik

Sie stützt sich auf die Übertragung von Nachrichten mithilfe von Licht oder sichtbaren Zeichen. Dies können z. B. sein: Rauchzeichen, Flaggen, Feuer, Fackeln, Balken, elektrische Lampen, Laserstrahlen, Signalraketen, mit Spiegeln umgelenktes Sonnenlicht.

Der griechische Dramenschreiber AISCHYLOS berichtet in seiner Tragödie „Agamemnon" von dem Sieg der Griechen über die Stadt Troja in Kleinasien im Jahre 1184 v. Chr. Dieser Sieg wurde durch Feuerzeichen über 555 km mit sieben Zwischenstationen nach Mykene in Griechenland gemeldet.

DIE BUSCHTROMMELN AFRIKAS SIND EIN POPULÄRES BEISPIEL FÜR AKUSTISCHE KOMMUNIKATION.

BLINKER, AMPELN UND BLAULICHT SIND BEISPIELE FÜR DIE HEUTIGE VERWENDUNG OPTISCHER KOMMUNIKATIONSMITTEL – ALS SIGNALE. LICHT KANN AUCH ZUR STEUERUNG VON GERÄTEN EINGESETZT WERDEN: VIA INFRAROT-FERNBEDIENUNG

Dies ist eines der ersten überlieferten Zeugnisse von der Verwendung des Feuers als Informationsträger. Dabei gab es nur eine mögliche Botschaft: Erschien das Feuer, hieß das: „Sieg".

Auch die Römer benutzten optische Telegrafen. Das Mittelalter verwendete die „neuen" Techniken wenig. Eine Weiterentwicklung erfolgte erst mit Beginn der Neuzeit und der Erfindung des **Fernrohres** (u. a. GALILEO GALILEI 1609). Da die Entfernung zwischen einzelnen Stationen einer Nachrichtenlinie jetzt deutlich vergrößert werden konnte, nahm die Nutzung der optischen Übertragungstechniken wieder zu.

EIN VERBREITETES SIGNALSYSTEM WAR DER „OPTISCHE APPARAT" DER GEBR. CHAPPE AUS FRANKREICH: HOLZBALKEN WAREN AUF TÜRMEN ODER HÄUSERN AN EINER STANGE BEFESTIGT UND WURDEN MIT SEILEN IN POSITION GEZOGEN – ÄHNLICH DER ALTEN SIGNALE BEI DER EISENBAHN.

In vielen europäischen Ländern wurden Systeme mit einem Mast verwendet, an dem zwei oder drei bewegliche Holzbalken befestigt waren, die in jeder Stellung zueinander bestimmte Zeichen kodierten. Diese standen auf Türmen und wurden von weitem beobachtet.

Lichtsignale lassen sich zwar nicht leicht stören, doch
– ihre Sichtbarkeit ist witterungsabhängig,
– ihre Bedeutung ist leicht zu erfassen, oder aber
– es ist eine vorherige Absprache nötig.

Bald wurde diese Art raumübergreifender Informationsübertragung uninteressant, da erste erfolgreiche Versuche mit elektrischer Telegrafie bekannt wurden.

Elektrische Kommunikationstechnik

DAMPFMASCHINE: J. WATT 1756, ELEKTR. STROM: UM 1800, A. VOLTA, ELEKTROMAGNETISMUS: 1819, H. C. OERSTED

Im 18. und 19. Jahrhundert gab es immer mehr technische Erfindungen, und so erfuhr die Kommunikationstechnik eine Fortentwicklung – ja, sie wurde als Technik im heutigen Sinn erst begründet: Etwa ab 1820 gab es Versuche mit sog. **Nadeltelegrafen**, bei denen durch Stromfluss eine Magnetnadel in bestimmte Stellungen, die jeweils einem Buchstaben entsprachen, gebracht wurde – ähnlich einer Uhr. Diese waren aber nur begrenzt nutzbar, da die Technik zu unpräzise war.

SAMUEL FINLEY BREESE MORSE, 1791-1872; DER KÜNSTLER BEKAM BEI EINEM GESPRÄCH ÜBER STROM DIE IDEE, DAMIT NACHRICHTEN ZU ÜBERTRAGEN.

Erst mit der Erfindung des **elektrischen Telegrafen** durch SAMUEL MORSE (1844) und der Entwicklung des nach ihm benannten Morsealphabets gelang der Durchbruch in der Nachrichtenübertragung. Zum Morsen muss zwischen Absender und Empfänger eine zweiadrige Drahtverbindung bestehen. Der Absender schickt Strom – mit einem Handschalter in lange und kurze Impulse gemäß dem Morsealphabet unterbrochen – durch den Draht. Diese werden beim Empfänger durch eine entsprechende Einrichtung auf ein Papierband geschrieben und können wieder dechiffriert werden.

Anfangs war die neue Technik Militär, Verwaltungen und Regierungen vorbehalten. Erst mit dem nun entstehenden **Telegramm** war auch der Öffentlichkeit die Nutzung dieser Technik möglich. Dazu wurden Poststellen mit Morsegeräten ausgerüstet. Voraussetzung für die sinnvolle Anwendung war allerdings die Verkabelung möglichst vieler Landstriche und Städte. Zunächst wurden **Telegrafenkabel** entlang der ebenfalls entstehenden Bahnstrecken gespannt. Das Verlegen der Kabel stellte die Ingenieure vor große Herausforderungen, insbesondere bei **Kontinentalverbindungen**, wie zwischen San Francisco und New York 1861, oder beim 11.000-km-Kabel London-Teheran-Kalkutta von 1865. Zunächst wurden alle Kabel oberirdisch verlegt; erst nach vielen Wetterproblemen, vor allem Sturmschäden, entschied man sich für die teurere unterirdische Verlegung.

NACH VIELEN FEHL-VERSUCHEN WURDEN DIE UNTERSEE-KABEL ENGLAND-FRANKREICH (1850), IRLAND-NEUFUNDLAND (1858) ERFOLGREICH VERLEGT.

Das Telefon

Parallel zu der sich schnell ausbreitenden Telegrafentechnik erwies sich ein Menschheitstraum als realisierbar: die menschliche Sprache über große Entfernungen transportieren zu können.

DIE ERSTEN KABEL WAREN UNISOLIERTE EISENDRAHT-FREILEITUNGEN. DIE FÜR UNTERIRDISCHE VERLEGUNG NOTWENDIGE ISOLIERUNG – AUCH GEGEN DURCHNAGEN – MUSSTE ERST NOCH ERFUNDEN WERDEN.

1861	PHILLIP REIS führt das erste funktionsfähige elektrische Telefon der Öffentlichkeit vor.
14. 2. 1876	In den USA lassen GRAHAM BELL und E. GRAY unabhängig voneinander ihr Telefon patentieren.
1877	In Deutschland werden Poststellen mit Telefonen ausgerüstet.
ab 1881	Fernsprechverkehr für die Öffentlichkeit
1887	Erste Fernsprechvermittlungsstelle: „Das Fräulein vom Amt" verbindet zur gewünschten Nummer.
1891	Erstes Telefonat zwischen London und Paris
1917	920.000 km Telefon-Freileitungen in Deutschland
1998	1,5 Mio. km Kupferkabel, 125.000 km Glasfaser in Deutschland

SELBSTWÄHLVERMITTLUNG GIBT ES HIER ZU LANDE FLÄCHENDECKEND SEIT 1952.

Der Funk

1888 wies HEINRICH HERTZ die elektromagnetischen Wellen nach. Diese wurden ab 1895 von dem Italiener GUGLIELMO MARCONI benutzt, um Morsesignale zu übertragen. So bahnte sich eine neue völlig neue, „ungebundene" Möglichkeit der Kommunikation an.

Die Möglichkeiten des Funkens gehen heute über Kommunikation hinaus: Radar (Funkortung) oder das satellitengestützte globale Positionierungs-System GPS zur metergenauen Standortbestimmung sind Beispiele dafür.

SEIT 1913 KANN SPRACHE PER FUNK ÜBERTRAGEN WERDEN.

6.2 Heutige Telekommunikation

DAS NORMALE TELE-
FONIEREN WIRD
AUCH ALS POTS
BEZEICHNET (PLAIN
OLD TELEFONE SER-
VICE, ETWA: SIMPLER
ALTER TELEFON-
DIENST).

FAX KOMMT VON
FAKSIMILE (NACH-
DRUCK EINES BIL-
DES, ORIGINALGE-
TREU IN GRÖSSE
UND AUSFÜHRUNG).

Neben dem altbewährten **Telefon** gibt es heute zahlreiche andere Telekommunikationsmöglichkeiten. In der Nachrichtentechnik wird jede dieser Möglichkeiten als **Telekommunikationsdienst** bezeichnet.

TK-Dienste

Fax	Fernkopieren von Bildern oder Briefen
Bildtelefon	Telefonieren in Ton und Bild: Die Telefonierenden sehen sich gegenseitig mithilfe von Kameras und Monitoren.
Pager	Kleine Funkempfänger, die per Telefon oder Computer angerufen werden und dann „piepsen" und Nummern oder Texte anzeigen können
Handy	Wer ständig erreichbar sein will, besitzt ein Handy und benützt Dienste mobiler Kommunikation.
Telegramm	Telex, Teletex: Fernschreibdienste, die mittlerweile an Bedeutung verlieren

Weitere Dienste, wie Email, Datentransfer, Chatten usw. benötigen explizit PCs. *Siehe dazu Kapitel 6.4.*

Die meisten Dienste bieten neben ihrer Grundfunktion zusätzliche Leistungen, die als **Dienstmerkmale** bezeichnet werden – beispielsweise Anrufumleitung, Anzeige der Nummer des Anrufenden oder Faxabruf.

TELEKOMMUNIKA-
TIONSNETZE SIND
NICHT ZU VERWECH-
SELN MIT SPEZIEL-
LEN COMPUTER-
NETZWERKEN –
ALLERDINGS VER-
SCHWINDET DIE
TRENNUNG AUF
GRUND DER TECHNI-
SCHEN WEITERENT-
WICKLUNG IMMER
MEHR (SIEHE
KAPITEL 6.4).

Netze

Erst Netze ermöglichen Telekommunikation, indem sie Verbindung zwischen einzelnen Stationen schaffen. Zur Übertragung wird heute nahezu ausschließlich Strom oder Laserlicht verwendet. Dabei gibt es entweder Kabel- oder Funknetze, oft auch Kombinationen. Ursprünglich hatte jeder Dienst sein eigenes Netz, das auf die Anforderungen des entsprechenden Dienstes zugeschnitten war. Da das **Telefonnetz** die größte Verbreitung hat, wurde bei der Entwicklung neuer Dienste darauf geachtet, dass sie über dieses Netz abgewickelt werden können. Insbesondere gilt das für den Faxdienst, der 1970 eingeführt wurde. Auch der **Datenaustausch** unter Computern ist über das Telefonnetz möglich, obwohl es auf Grund seiner physikalischen Eigenschaften für derartige Dienste ungeeignet ist. Das liegt vor allem an seiner geringen **Bandbreite**: Es kann nur Frequenzen im normalen Sprachbereich übertragen (zwischen 300 und 3400 Hz). Gemessen an den physikalischen Möglichkeiten des Kupferkabels und den Anforderungen moderner Multimedia-Datenübertragung ist das sehr wenig.

Der Begriff Bandbreite hat für die IuK-Technik große Bedeutung: Er gibt den Abstand von der obersten zur untersten ungeschwächt übertragbaren Frequenz einer Leitung an. Um die Bandbreite richtig ausnutzen zu können, werden auf vielen Trägerfrequenzen gleichzeitig unterschiedliche Daten übertragen.

Folgende TK-Netze existieren zurzeit in Deutschland:

Funknetze	– vier nationale Mobilfunknetze für Handys – fünf nationale Pager-Netze – weltweit drei Satellitenfunknetze für Handys
Kabelnetze	– drei nationale und viele regionale Telefonnetze – Telegrafen-, Telex-, Teletexnetz: Fernschreibnetze mit geringer Bedeutung – eine große Zahl regionaler und nationaler Datenübertragungsnetze

HANDYNETZE SIND EINE KOMBINATION VON KABEL- UND FUNKNETZEN, DA DIE VERSCHIEDENEN SENDESTATIONEN UNTEREINANDER VERKABELT SIND.

Diese Netze sind frei zugänglich. Jedes Netz wird von einer Firma oder einem Zusammenschluss von Firmen unter staatlicher Aufsicht aufgebaut, betrieben und gewartet. Bis in die 90er-Jahre war der Staat alleine für die Telekommunikationsnetze (**TK-Netze**) zuständig: Es gab nur *ein* öffentliches Telefonnetz, mit dem die Reichs-, später Bundespost die **Vollversorgung** jedes Bürgers mit einem Telefonanschluss gewährleisten sollte. Eine kostspielige Aufgabe – immerhin muss zu jedem Haus eine Leitung gelegt werden, und technisch muss jeder jeden anrufen können.

DAS TELEFONNETZ GEHÖRT WIE DAS STROM-, WASSER-, ABWASSER-, GAS- UND KABELFERNSEHNETZ ZUR INFRASTRUKTUR.

Neben den Vollversorgungsnetzen bauen immer mehr Firmen eigene Netze auf, die der firmeninternen Kommunikation vorbehalten sind. Andere Unternehmen wiederum bauen extra leistungsfähige Teilnetze, z. B. Kabel zwischen zwei oder mehr Städten, und vermieten diese z. B. für Videokonferenzen. Die netzübergreifende und diensteübergreifende Kommunikation (z. B. zwischen dem Telefon- und Satellitentelefonnetz) ist mithilfe von Vermittlungsstellen, sog. *gateways* (engl.: Zugang) möglich, die Verknüpfungen unter verschiedenen Netzen bilden.

WALKIE-TALKIES HABEN KEINE NETZINFRASTRUKTUR, DAHER KANN MAN MIT IHNEN NUR BIS ZU EINER ENTFERNUNG VON CA. 500 M KONTAKT HALTEN.

Integration

Das Nebeneinander vieler unterschiedlicher Netze für verschiedene Dienste ist aus heutiger Sicht unnötig teuer. Seit den 70er-Jahren arbeitet man daran, alle Kommunikationsdienste über ein einziges Netz anbieten zu können. Das gelingt nur, wenn alle Dienste gleichartig übertragen werden. Dazu bedient man sich der Digitaltechnik (*siehe S.* 78). Ein

Resultat der Bestrebungen ist das **dienste-integrierte digitale Netzwerk** (**ISDN**, *integrated services digital network*). Für die Übertragung wird das bisherige Telefonnetz benutzt, allerdings mit neuen Geräten und neuer Vermittlungs- und Übertragungstechnik. So wird ohne viel Aufwand eine Dienste-Integration und außerdem schnelle Datenübertragung, Bildtelefon usw. ermöglicht. Jeder Haushalt kann ISDN nutzen. ISDN ist wegen der aufwändigen Technik teurer als analoge Netze. Für datenintensive Dienste wie Videokonferenzen oder andere Multimedia-Datenübertragungen ist es jedoch Voraussetzung.

Auch ohne ISDN hat die Digitaltechnik Einzug in die Telefonnetze gehalten: Alle Fernverbindungen laufen inzwischen über digitale Glasfaserkabel. Zumindest das Endstück der Verbindung, die Leitung zum Teilnehmer, ist aber analog. Ein Telefongespräch wird beim Transport von analog nach digital und wieder zurück umgewandelt. – Die Telefonierer merken davon nichts.

Die technische Entwicklung schreitet so schnell voran, das Systeme beim Beginn ihrer Umsetzung schon veraltet sein können: So ist das einst geplante, breitbandige ISDN-Netz der 2. Generation, das von Glasfaserkabeln bis ins Wohnzimmer gekennzeichnet sein sollte, heute gar nicht mehr nötig, da eine neue Technik, ADSL (*asynchronous data subscriber line*) genannt, entsprechende Leistungen über das zweiadrige Telefonkupferkabel ermöglicht.

Daneben soll auch das Stromversorgungsnetz zum Kommunikationsnetz werden. Der Vorteil dieser *digital power line*: Das Stromnetz reicht in jedes Zimmer.

ADSL STELLT MIT 8 MBIT/S AUCH DAS SCHNELLE ISDN-NETZ (128 KBYTE/S) IN DEN SCHATTEN.

Drahtlose Kommunikation

Telekommunikation gelingt nicht nur mithilfe von Netzen. So werden zum Funken nur Sende- und Empfangsgeräte benötigt. Dann kann man aber nur mit Menschen kommunizieren, deren Geräte sich in Reichweite befinden. Bei den neuen Mobilkommunikationsnetzen wird die Reichweite durch Netzinfrastruktur erhöht: Ortsfeste Sender sind in solchen Abständen aufgebaut, dass eine lückenlose Netzabdeckung vorhanden ist.

Folgende Funktechniken gibt es für Netze:
- **Richtfunk:** zur direkten Verknüpfung von zwei Stationen (manche Fernsehtürme sind Richtfunkstellen)
- **Zellennetze**: kleine Funkzellen, die sich wie Bienenwaben aneinander reihen und die untereinander sowie mit

Netzsteuerungscomputern verbunden sind. Handynetze basieren auf dieser Technik.
- **Satellitenfunk:** Satelliten können als Zwischenstation eines Netzes dienen, z. B. bei interkontinentalen Telefonverbindungen; es gibt aber auch eigenständige Satellitentelefon-Netze unterschiedlicher Technik: zwischen 12 und 66 Satelliten bilden globale Handynetze. Schließlich werden über Satelliten auch Massenmedien verbreitet.

Die Techniken werden für folgende Zwecke eingesetzt:
- **öffentliche Funkdienste:** Darunter fallen die Pager- und Handynetze sowie Satellitentelefonnetze.
- **nichtöffentlicher mobiler Landfunk:** Sprechfunk von Polizei und anderen Behörden und Organisationen.
- **beweglicher Flugfunk:** Funksprechverkehr unter Flugzeugen und mit Bodenstationen sowie Funkortung (Radar) und Funknavigation
- **Rundfunk:** „Verteilfunk" zur Ausstrahlung der Radio- und Fernsehprogramme
- **andere private Funkanlagen:** Dazu zählen z. B. Funkanlagen zur Modellfernsteuerung
- **Amateurfunk:** Hier sind alle Funkformen möglich (Morsetelegrafie, Sprechfunk, Funkfernschreiben, ja sogar Amateurfernsehen). Zur Teilnahme benötigt man Lizenzen. Erlaubt ist nur der nicht-kommerzielle Betrieb.

Für jede Funkmöglichkeit sind bestimmte Frequenz-Bereiche gesetzlich festgelegt.

Mobilfunknetze

Der Betrieb von Mobilfunknetzen ist erst machbar, seitdem eine Reihe von technischen Problemen gemeistert sind. Einige seien hier beispielhaft erwähnt, da sich darin die Struktur und Funktionsweise der Mobilfunknetze widerspiegelt:
- Angerufen werden kann man nur, wenn das Netz weiß, wo sich das anzurufende Handy befindet.
- Bei Wechsel zwischen Sendebereichen (im fahrenden Zug) soll ein laufendes Gespräch nicht abbrechen.
- Telefonieren ist trotz allem nur möglich, wenn das Handy im Bereich eines Senders weilt.

In Deutschland gibt es mehrere Netze. Sie wurden nach dem Alphabet benannt: Die analogen A- und B-Netze (ab 1958 bzw. 1972/82) sind inzwischen abgeschaltet. Das ebenfalls analoge C-Netz (ab 1985) gibt es noch, aber entscheidend für den Handyboom sind die digitalen D- und E-Netze nach dem GSM-Standard (*global systems for mobile communications*).

NACH DER „WENDE" WURDE DER TELEFONVERKEHR ZWISCHEN OST- UND WESTDEUTSCHLAND ÜBER SATELLITEN GEFÜHRT, DA NICHT GENÜGEND LEITUNGEN VORHANDEN WAREN. DAS MACHT MAN ALLERDINGS – AUCH BEI INTERKONTINENTALVERBINDUNGEN – UNGERNE, WEIL DURCH DIE WEITE ENTFERNUNG DES SATELLITEN EIN UNANGENEHMES ECHO ENTSTEHT.

DER AMATEURFUNK IST EIN SCHÖNES BEISPIEL FÜR DIE TATSACHE, DASS KOMMUNIKATION ALS HOBBY BETRIEBEN WERDEN KANN. ES GIBT HEUTE ÜBER 40.000 FUNKAMATEURE IN DEUTSCHLAND.

GSM IST IM VERGLEICH ZUR ISDN-TECHNIK ZU LANGSAM (NUR 9600 BYTES/SEK). UMTS, EIN NEUER STANDARD IN DER MOBILKOMMUNIKATION, SOLL ABHILFE SCHAFFEN – MIT 2 MBIT/S.

6.3 Medien verändern die Kommunikation

Der letzte Abschnitt betrachtete die technische Seite der Telekommunikationsmedien. Es folgt eine Charakterisierung der Kommunikationssituationen bei Benutzung der verschiedenen Geräte und Dienste. Dabei wird deutlich, wie stark die Medien – im Vergleich zu einem unvermittelten, direkten Gespräch – die Kommunikation mitbestimmen.

Das Telefongespräch

Ein Telefongespräch ist eine eingeschränkte Variante des Gespräches von Angesicht zu Angesicht (*face to face*). Es läuft nur über den Sinneskanal sprechen/hören, den Audio-Kanal, ab (***voice to voice***).

Charakteristika eines Telefongesprächs:
- Situation und Umgebung des Partners sind unklar
- Der Gesprächspartner ist unsichtbar
- Man fühlt sich nicht beobachtet
- Dadurch u. U. größere Offenheit
- Nur verbale/akustische Ausdrucksmittel
- Direkter gegenseitiger Austausch/Diskussion
- Partner muss erreichbar, „da" sein
- Anonymität kann gewahrt bleiben
- Abbruch ist jederzeit möglich
- Technik ist ohne große Bedeutung (telefonieren ist relativ einfach)

Zur reinen Information, für einen kurzen Austausch, lange Erzählungen oder auch für Einrichtungen wie die Telefonseelsorge ist das Telefon ausreichend oder sogar ideal. Für andere Gespräche ist die Eignung hingegen auch begrenzt, da Blickkontakt, Gestik, Mimik etc. als Ausdrucksmittel wegfallen.

Bildtelefon

Dem Hauptnachteil des Telefons – man sieht einander nicht – wird beim Bildtelefon durch Hinzunahme des Video-Kanals begegnet: Man sieht das Gesicht des Gesprächspartners. Dabei ist wie beim Telefon vor allem an eine Kommunikation zwischen zwei Menschen (1:1) gedacht.

Ein Gestaltungsproblem des Bildtelefons liegt darin, dass die Kamera direkt im Bildschirm integriert sein muss, um sich gegenseitig anschauen zu können: Jeder blickt auf den Bildschirm, um den anderen zu sehen, nicht in eine – wo auch immer angebrachte – Kamera.

Videokonferenz

Bei Videokonferenzen ist eine Kommunikation unter vielen Leuten und Gruppen (n:n) möglich, die sich an unterschiedlichen Orten aufhalten. Die Standorte werden mit relativ hohem technischen Aufwand verbunden, man sitzt in einem Raum und sieht vor sich auf verschiedenen Bildschirmen die anderen Gesprächspartner sowie Arbeitsunterlagen.

GROSSE FIRMEN VERFÜGEN ÜBER EIGENE VIDEOKONFERENZSTUDIOS, DIE ZUR KOSTENDECKUNG AUCH AN EXTERNE INTERESSENTEN VERMIETET WERDEN.

◇ Im geschäftlichen Bereich sind solche Einrichtungen durchaus in der Lage, direkte Gespräche zu ersetzen und damit Transportkosten zu sparen. Im Privatleben hingegen, z. B. in der Partnerschaft, ist der persönliche Kontakt so zentral, dass kein noch so realistisches Kommunikationsmedium auf Dauer in der Lage ist, diesen zu ersetzen.

Mobiltelefon

◖ *Olaf steigt telefonierend aus dem Zug. „... Ja, ich steige gerade aus, Wagen 7. Wo stehst du denn?" ... „Okay, ich warte hier!" Plötzlich rennt Olaf los: „Ah, Da bist du ja! Jetzt seh' ich dich!". Das Handy wird überflüssig...*

Das Handy hat, neben den oben geschilderten des Telefons, die folgenden Eigenschaften:

– Ein Anrufer muss nicht wissen, wo sich der Gesprächspartner aufhält, er ist (im Idealfall) auf der ganzen Welt unter der gleichen Nummer zu erreichen.
– Das Telefonieren unterwegs ist möglich.

Handys sind eher für die Geschäftswelt sinnvoll, wegen der günstigen Tarife erfreuen sie sich aber auch unter Privatnutzern größter Beliebtheit. Die Meinungen über das Handy sind in Deutschland geteilt: Während viele es einfach für eine „Nervensäge" halten, ist es für andere ein Statussymbol. In anderen Ländern, z. B. Finnland, führt bereits jede zweite Telefonnummer zu einem Handy.

TELEFONIEREN IM AUTO FÜHRT LEICHT ZU UNKONZENTRIERTHEIT UND UNFÄLLEN.

Fax

Das Fax ist das elektronische Pendant zum Brief. Charakteristika eines Fax-Kontaktes:

– Umgebung/Situation des Empfängers ist irrelevant.
– Wie beim Brief Ausdruck mit Schrift und Zeichnung
– Direkter gegenseitiger Austausch ist nicht möglich.
– Technik ist dominant im Vergleich zum Brief.

Das Fax ist hervorragend geeignet, Informationen schnell zu übermitteln; es ist billiger und weniger aufwändig als Briefeschreiben. Für persönliche Post ist faxen jedoch kein Ersatz. Auch gelten Faxe – obwohl Schriftstücke – vor Gericht nicht als Beweismittel.

6.4 Folgen der Telekommunikation

Seit der Erfindung des Telefons nehmen die Kommunikationsmöglichkeiten ständig zu. Dies wird auf absehbare Zeit so weitergehen.

Die Zukunft der Telekommunikation

Die Integration der Dienste und Netze wird noch stärker zunehmen als bisher. Das heißt beispielsweise, dass man ein schnurloses Telefon besitzt, welches zu Hause als solches funktioniert. Nimmt man es mit zum Einkauf oder zu Freunden, arbeitet es automatisch über ein Mobilfunknetz. Sobald man außerhalb dessen Reichweite ist (im Urlaub in Sibirien oder auch auf dem Pazifik), arbeitet das Handy über ein Satellitentelefonnetz. Gleichzeitig kann es als Spielkonsole für Computerspiele, zum Internet-Surfen und Email-Verschicken dienen, oder als GPS-Ortungssystem. Vor Diebstahl ist das Handy sicher: Es identifiziert berechtigte Personen elektronisch über ihren Fingerabdruck. Bankgeschäfte können so sicher abgewickelt werden.

Öffnung der Telekommunikationsmärkte

Zu der sich abzeichnenden technischen Entwicklung, die bei vielen Menschen zu einer wachsenden Orientierungslosigkeit führt, kommt eine weitere, eher wirtschaftliche Veränderung: Die Privatisierung der ehemals einzigen, staatlichen „Telefonanbieter" in vielen europäischen Ländern und die Zulassung von Konkurrenzunternehmen hat zu einem beispiellosen Kampf um den Telefonkunden geführt: Wer Telefonkosten sparen will, muss unter hunderten von unterschiedlichen Gebührenarten diejenige finden, die für sein Telefonierverhalten am günstigsten ist. Das überfordert viele Konsumenten.

Was sind die sozialen und/oder psychologischen Folgen des Telekommunikationsbooms?

Positive Folgen

Telekommunikation
- erhöht die Bequemlichkeit,
- steigert die Kommunikationsgeschwindigkeit,
- ermöglicht Kontakte auf verschiedenen Wegen,
- vergrößert die Rationalisierungsmöglichkeiten,
- beschleunigt die Hilfe in Notsituationen,
- erweitert die Kommunikationsmöglichkeiten vom Schreibtisch aus,
- erleichtert es, in Verbindung zu bleiben,
- lässt unsere Erde „schrumpfen" (*global village*).

Es gibt Geräte, die für jeden Anruf den billigsten Anbieter automatisch auswählen, und das Gespräch über sein Telefonnetz leiten. Sie werden zwischen Telefonkabel und Telefonsteckdose geschaltet. Bei Tarifänderungen werden sie automatisch vom Hersteller aktualisiert – über die Telefonleitung. Sie werden LC-Router genannt (für Least Cost = „der billigste").

Negative Folgen

Wenn die benutzte Technik einmal nicht funktioniert, zeigt sich eine folgenreiche Abhängigkeit: Absprachen können nicht getroffen, Zeitpläne nicht eingehalten, notwendige Arbeiten nicht erledigt werden. Grund für solche Ablaufstörungen muss aber nicht ein technischer Defekt sein. Sie können auch in der Unkenntnis von Geräten oder in deren fehlerhafter Bedienung begründet sein: Die steigende Vielfalt und Komplexität der Anwendungsmöglichkeiten überfordert oft nicht nur den ungeübten Nutzer. Es wird jedoch erwartet, dass man sich „mit so was" auskennt und zuhause Anrufbeantworter, Fax und Internetanschluss hat. Wer sich das nicht leisten kann oder will, der gehört eben nicht dazu. Kritiker der IuK-Techniken sehen sogar eine neue Zweiklassengesellschaft entstehen.

Ständige Kommunikationsbereitschaft wird erwartet, sie ist manchmal auch notwendig, oft aber auch ein nicht zu unterschätzender Stressfaktor. Man kann nie vollständig „abschalten".

Gleichzeitig führt die ständige Kommunikationsmöglichkeit zum Verlust von Geduld und Fantasie, man kann ja immer „schnell mal anrufen".

Es gibt sogar Krankheiten, die mit den vervielfachten Kommunikationsmöglichkeiten zusammenhängen:

- Psychologen sprechen von der **Informationsangst**: Damit ist die Angst gemeint, irgendwelche wichtigen Informationen nicht zu erhalten. Sie plagt viele Manager. Ihr Ausmaß trat mit der Weiterentwicklung technischer Kommunikationsmöglichkeiten wie Internet und Email erst richtig zu Tage (*siehe dazu Kapitel 7*).
- Gesundheitsschäden durch Elektrosmog beim Telefonieren mit Handy sind wissenschaftlich nicht belegt, es wird jedoch geraten, keine Dauergespräche zu führen.

Nicht zuletzt nervt das ständige Gepiepe und Geklingel, so dass es auch schon handyfreie Zonen gibt, z. B. in Restaurants. In Flugzeugen ist Telefonieren verboten.

> Die persönliche zwischenmenschliche Kommunikation wird durch die technisch unterstützte Kommunikation zurückgedrängt, ohne dass die neuen Mittel wirklichen Ersatz bieten können: Der moderne Mensch sitzt zwischen Handys, Anrufbeantwortern, sprechenden Computern und Bildtelefonen im Cyberspace, und ist in der künstlichen, virtuellen Realität um ihn herum – allein.

BEI TOTALAUSFALL IHRER IUK-TECHNIK SIND VIELE UNTERNEHMEN NUR WENIGE TAGE ÜBERLEBENSFÄHIG.

TELEFONIEREN IST KOMPLIZIERTER GEWORDEN: OFT MUSS SOGAR DIE KLINGELLAUTSTÄRKE MIT BESTIMMTEN PROGRAMMIERENDEN TASTENDRÜCKEN EINGESTELLT WERDEN – FRÜHER GENÜGTE DAS DREHEN EINES RÄDCHENS.

ES STEHT ZU BEFÜRCHTEN, DASS EINE NEUE ZWEI-KLASSEN-GESELLSCHAFT VON USERN UND LOSERN ENTSTEHT (EINGEDEUTSCHTES ENGLISCH FÜR: NUTZER UND VERLIERER).

7. Technischer Austausch und Vernetzung

Surfen, e-mailen, chatten, posten, auf Anrufbeantworter sprechen, sich eine Fahrkarte ziehen, am Computer arbeiten: Das alles sind kommunikative Tätigkeiten, die mit Computern – oder anderen Maschinen – zu tun haben. Was bedeuten sie im Einzelnen? Wie werden sie technisch ermöglicht?

An der Verschiedenartigkeit der genannten kommunikativen Aktionen wird deutlich, dass zu ihrer Beschreibung eine technische Disziplin nicht ausreicht. Die in Kapitel 6 thematisierte Telekommunikation ist nur ein Teilaspekt. Andererseits ist es aber nicht einfach, die einzelnen Fächer voneinander abzugrenzen:

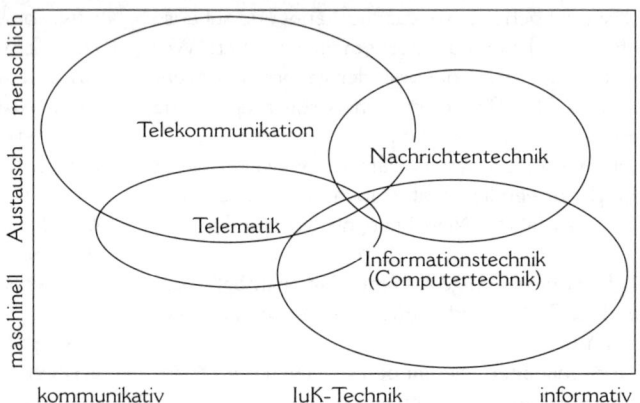

Informations- und Kommunikationstechnik (IuK-Technik) ist ein Sammelbegriff für alle computergestützten Techniken zur Aufnahme, Übertragung und Abgabe von Zeichen, Sprache, Bildern oder Filmen.

IuK-Technik verschmilzt immer mehr mit **Telekommunikation** und den anderen Teildisziplinen:

- 1970 sind **Nachrichtentechnik** und **Informationstechnik** (IT) noch getrennte Gebiete.
- 1980 begründen sie das gemeinsame Gebiet der **Telematik**.
- Seit 1990 verschmelzen Telematik, Grafik, Video- und Audiotechnik zu einem gemeinsamen Gebiet: **Multimedia**.

Alle genannten Bereiche bedienen sich wiederum unterschiedlicher Zusammenstellungen von Elektronik, Informatik und Datentechnik. Außerdem benötigt man für die Entwicklung anwendungsreifer Systeme Designer, Ergonomen, Programmierer und Systemtechniker. Berücksichtigt werden müssen Gesetze (z. B. zum Datenschutz), physikalische Eigenschaften von Stoffen und sogar das Wetter.

Nicht zuletzt handelt es sich bei all diesen Bereichen um bedeutende Wirtschaftszweige. Denn mit Entwicklung und Aufbau, Gebrauch und Anwendung der genannten Techniken lässt sich Geld verdienen. Konkurrenzdruck treibt die Entwicklung neuer Geräte, Dienste, Netze und Anwendungsmöglichkeiten immer schneller voran; schneller Wandel kennzeichnet die betreffenden Branchen.

7.1 Computer und Kommunikation

Aus technischer Kommunikation sind Computer inzwischen nicht mehr wegzudenken. Sie sind die bedeutendste Erfindung auf dem Weg zur modernen Informationsgesellschaft. Obwohl zu Kriegszwecken entwickelt – u. a. um Geschossbahnen von Flugkörpern vorherbestimmen zu können – ergriff ihre Verbreitung sehr schnell alle gesellschaftlichen Bereiche.

Die Geschichte des Computers

Die Entwicklung des Computers erfolgte in mehreren Stufen:

KONRAD ZUSE baute im Auftrag der Militärs 1940 eine erste elektromechanische Rechenmaschine: Z1. Bald darauf entstanden die ersten elektronischen Computer. Alle konnten jedoch nur festgelegte, vorher eingebaute Operationen verrichten. Entscheidend für den Fortschritt der Computertechnik war JOHN VON NEUMANN mit seinem **speicherprogrammierbaren Computer**: Da ab jetzt beliebige Programme in den Speicher geladen werden können, wird der Computer zur universellen Maschine – alles was programmierbar ist, kann das „Elektronengehirn" bearbeiten.

Die Computer wurden immer schneller, kleiner und leistungsfähiger; heute ersetzen sie nicht nur Kopfrechnen und Schreibmaschine, sondern übernehmen die Steuerung in Fabrik, Telefon, Waschmaschine oder Operationssaal.

Z3, DER BESTE ZUSE-COMPUTER, WAR MEHRERE KLEIDERSCHRÄNKE GROSS. HEUTE LÄSST SICH EIN VIELFACHES DER Z3-RECHENLEISTUNG IN JEDEM TASCHENRECHNER UNTERBRINGEN.

Das digitale Prinzip

Entscheidendes Merkmal aller Computer ist die **Digitalität**: Computer können nur mit zwei Zuständen umgehen – entweder fließt Strom („1"), oder nicht („0"). Aus unterschiedlicher Aneinanderreihung dieser Zustände (den sog. **Bits**) entstehen Zahlen und Buchstaben. Um alle möglichen Zeichen darstellen zu können, benötigt man acht Bits. Eine solche Einheit von acht Bits wird **Byte** genannt.

Im Zuge der Ausbreitung des Computers werden auch die Unterhaltungsmedien – Fernsehen, Hörfunk oder die Hifi-Anlage – digitalisiert. Ihre Verknüpfung mit dem Computer soll ganz neue, multimediale und virtuelle Welten erschließen. Solche künstlichen Realitäten prägen das Bild dessen, was man sich unter der Zukunft vorstellt, ob sie nun mit euphorischen *one world, one future*-Gedanken oder mit stirnrunzelnder bis düster-panischer Weltuntergangsstimmung erwartet werden (*siehe auch Kapitel 6.4*).

DIE DATENÜBERTRAGUNGSGESCHWINDIGKEIT ZWISCHEN COMPUTERN ODER IN EINEM NETZWERK WIRD IN BIT ODER BYTE PRO SEKUNDE ANGEGEBEN, DIE BEZEICHNUNGEN KILO-, MEGA-, GIGA-BYTE SIND GEBRÄUCHLICH. EIN KBYTE ENTSPRICHT JEDOCH NICHT 1000 BYTE, SONDERN 1024 BYTE!

Die Kommunikation von Computern

Für einen Computer spielt es im Prinzip keine Rolle, woher er die Daten nimmt, mit denen er arbeitet. Sie können

- aus computereigenem Speicher kommen,
- über Benutzerschnittstellen direkt eingegeben werden,
- über eine Telefonleitung übertragen werden.

Im Computer werden sie dann zur Verarbeitung in den **Prozessor**, das Herz des Computers, geschickt. Damit es dabei kein Chaos gibt, kommuniziert der Prozessor mit den Peripheriegeräten (Speichermedien, Benutzerschnittstellen oder Datenübertragungseinrichtungen) und teilt ihnen seine Rechenleistung der Reihe nach zu.

Aus technischer Sicht findet in jedem Computer Kommunikation statt. Diese besteht nur aus hin und her fließendem Strom. Dabei werden sowohl die zu bearbeitenden Daten umhergeschickt, als auch Informationen, wo diese herkommen, hin sollen und wozu sie gebraucht werden – jeweils auf getrennten Wegen.

Arten von Computern

Es gibt sehr unterschiedliche Computer. Nach Größe und Leistungsfähigkeit gegliedert ergibt sich ein Bild ihrer unterschiedlichen Aufgaben:

- **Superrechner** gibt es nur wenige auf der Welt in Universitäten und Forschungszentren. Bei ihnen sind oft mehrere hundert Prozessoren zusammengeschaltet. Solche Forschungsrechner werden zur Berechnung großer Modellversuche benutzt, z. B. bei Studien zur Erderwärmung.
- **Großrechner** sind meist Steuerungscomputer, z. B. für Netzwerke oder in Raumfahrtzentren. Sie sind immer noch so groß wie Kühlschränke.
- **Personalcomputer** (PCs) sind das, was man sich unter Computern vorstellt. Ihr Kennzeichen ist die Universalität. Nur sie haben den typischen Aufbau mit Gehäuse (Tower), Bildschirm und Ein-/Ausgabegeräten.
- **Laptops** oder **Notebooks** sind PCs im Aktenkoffer-Format. Sie haben den gleichen Funktionsumfang.
- **Palmtops** und elektronische Kalender dienen als elektronisches Notizbuch und haben oft eine Anschlussmöglichkeit an PCs für den Datenaustausch.
- **Prozessoren** in aller Art von technischen Geräten dienen der „intelligenten" Steuerung von Haushaltsgeräten und Autos. Kleine Computerchips sorgen hier für ordnungsgemäße, situationsangepasste Funktion.

7.2 Mensch-Maschine-Kommunikation

Die Mensch-Maschine-Kommunikation (MMK) umfasst den Informationsaustausch und die Interaktion zwischen Menschen und technischen Geräten allgemein, sowie speziell zwischen Computern und Personen. Es sollen zwei völlig unterschiedliche Systeme kommunizieren.

Probleme dabei sind:

1. geeignete Möglichkeiten für eine Art Dialog zu finden – physikalisch und logisch,
2. den unterschiedlichen „Partnern" gerecht zu werden (der Computer benötigt z. B. eindeutige Befehle, der Mensch unkomplizierte, gewohnte Arbeitsvorgänge),
3. Menschen nicht zu Sklaven der Maschine zu machen.

Geldautomat: „Bitte geben Sie Ihre Karte ein!" ...
„Geben Sie jetzt Ihre Geheimzahl ein." ... (...)
„Bitte entnehmen Sie Ihre Karte." ...
„Bitte entnehmen Sie Ihr Geld!"

ZIGARETTEN- ODER FAHRKARTENAUTO- MATEN BEINHALTEN EBENSO MENSCH- MASCHINE- SCHNITTSTELLEN WIE TELEFONE.

Schnittstellen

Eine **Mensch-Maschine-Schnittstelle** ist die Kommunikationseinrichtung (das Verbindungsmedium) zwischen einem menschlichen Benutzer und einem Computersystem, wobei insbesondere auf die Verwendung der physikalischen Ein- und Ausgabeeinrichtungen Bezug genommen wird (englisch: *man-machine-interface*).

EINE SCHNITTSTELLE IST EINE „TRENN- STELLE". IN DER TECHNIK HAT DAS WORT JEDOCH DIE BEDEUTUNG „VER- BINDUNGSGLIED". DIES LIEGT AN DER MISSVERSTÄNDLI- CHEN, ABER ÜBLI- CHEN ÜBERSETZUNG DES ENGLISCHEN „INTERFACE" MIT „SCHNITTSTELLE".

Übliche Schnittstellen	
zur Eingabe	*zur Ausgabe*
Knöpfe, Hebel, Tastatur,	Anzeigen:
Maus, Joystick	– analog (Zifferblatt, Zeiger)
Scanner, Kamera	– digital (Display)
Sensoren, Lichtschranken	Drucker
Kartenleser	Bildschirm, Projektor
Mikrofon	Lautsprecher

Darüber hinaus sind immer ausgeklügeltere Einrichtungen erhältlich, um eine Wechselwirkung zwischen Mensch und Computer zu ermöglichen. Manche lassen sich kaum in obige Systematik eingliedern, da sie beide Elemente besitzen: **touch-screens** (auf Berührung reagierende Bildschirme) oder moderne Haussteuerungsanlagen, mit denen jedes Haushaltsgerät gesteuert werden kann (*zur Domotik S. 157*).

Alle Benutzungsschnittstellen zu verknüpfen, zu steuern und erfolgte Eingaben sinnvoll weiterverarbeiten zu können – dazu dient die Benutzeroberfläche.

BESONDERS AUSGE- KLÜGELTE MMIS: COCKPITS, VIRTUAL- REALITY-EINRICH- TUNGEN (DATEN- HANDSCHUH, DATENHELM...), HERZ-LUNGEN- MASCHINEN

Benutzeroberflächen

◆ Eine Benutzeroberfläche ist Teil des Computerbetriebssystems und gibt auf der logischen Ebene die Art und Weise vor, wie Befehle und Daten in den Computer eingegeben werden können. Sie ist das, was man am Bildschirm sieht, wenn der Computer eingeschaltet ist.

Arten von Benutzeroberflächen:

- **Befehlsoberfläche**, *remember and type*-Oberfläche: Hier muss der Benutzer alle Befehle, die er der Maschine zum jeweiligen Zeitpunkt geben kann, im Kopf haben oder im Handbuch nachschlagen, und über die Tastatur eingeben. Das einzig sichtbare auf dem Bildschirm ist die Eingabeaufforderung (englisch: *prompt*), z. B.

```
C:\>_
```

- **Menügesteuerte Benutzerführung**: Dem Benutzer werden die momentan machbaren Befehle angezeigt, er kann sie per Auswahl eingeben.

```
Wählen Sie eine Option:
    (1) Neue Datei erstellen
    (2) Bestehende Datei öffnen
    (3) Einstellungen ändern
    (4) Programm beenden

Eingabe:_
```

- **Grafische Oberfläche (GUI)**: Sie soll ein realitätsnahes, weil objektorientiertes Arbeiten ermöglichen: Der Benutzer findet auf dem Bildschirm Papierkorb, Briefkasten, Telefon usw. Er kann über die nächste Aktion selbst entscheiden. Die sog. Fenstertechnik spielt eine bedeutende Rolle. Der Benutzer agiert auf mehreren Ebenen und verfolgt alle Vorgänge parallel.

- **Interaktive multimediale Benutzeroberfläche**: Sie erweitert die GUI durch Musik, Animationen, Videos und individuelle Reaktionen auf Aktionen des Benutzers.

- **Nichtvisuelle Benutzeroberflächen**: Es gibt eine Reihe weiterer Benutzer-„Oberflächen", die keinen Bildschirm als Anzeigegerät haben, z. B. fühlbare „Anzeigen" in Brailleschrift für Blinde oder reine Audioschnittstellen mit Spracherkennung bei Sprachboxsystemen.

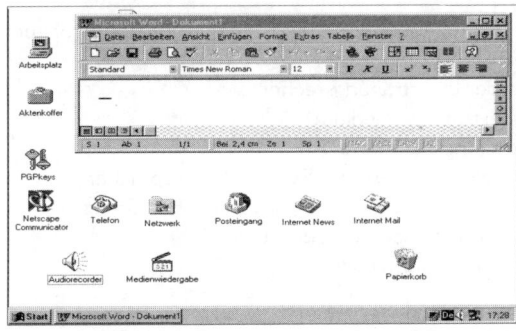

Die Erstellung von benutzerfreundlichen System- und Programmoberflächen ist eine eigene Wissenschaft. Dabei geht es vor allem um *menschengerechte* **Technik- und Programmgestaltung**:
- Vermeidung monotoner Dialogformen,
- leichte und intuitive Bedienung für den Anfänger,
- schnelle und kompakte Bedienung für den Profi.

Durch das Eindringen von Computern in alle Lebensbereiche müssen auch Menschen mit Maschinen umgehen, die das bisher nicht brauchten. Wer kennt nicht das Bild der älteren Dame, die ratlos vor dem Fahrkartenautomat steht. Die MMK hat eine doppelte Aufgabe: den Umgang mit Computern möglichst einfach zu machen und zusätzlich die Akzeptanz der allgegenwärtigen Geräte zu erhöhen. Ein bewusster Umgang mit gesundem Misstrauen ist dennoch angebracht.

EINE GROSSE BEDEUTUNG HAT DIE WYSIWYG-TECHNIK: WHAT YOU SEE IS WHAT YOU GET: ALLES ERSCHEINT IN DERSELBEN FORM AUF DEM BILDSCHIRM, WIE ES NACHHER AUSGEDRUCKT AUSSIEHT. DAS IST NICHT SELBSTVERSTÄNDLICH.

7.3 Datenübertragung und Kommunikation

Dieser Abschnitt beschreibt die technische Kommunikation im engsten Sinne: Kommunikation von Maschinen untereinander. Dabei ist von Datenübertragung (DÜ), Datenfernübertragung (DFÜ) und von Datenfernverarbeitung (DFV) die Rede.

DÜ ist der Vorgang, Daten (Texte, Steuerungsbefehle, Bilder, Sprache, Messergebnisse) zwischen zwei Datenendeinrichtungen (DEE, z. B. Computer) mithilfe von Datenübertragungseinrichtungen (DÜE, z. B. Modems oder Netzwerkkarten) über ein Medium (z. B. ein Kabel) zu übertragen. Dies kann sich auf „Verschicken" in eine Richtung beschränken oder eine abgestimmte Hin-und-her-Übertragung erfordern.

Bei der **DFÜ** wird zusätzlich davon ausgegangen, dass größere Entfernungen mit Unterstützung weiterer (Telekommunikations-) Einrichtungen überbrückt werden.

DFV beinhaltet außerdem Zugriff, Steuerung und Arbeiten auf entfernten Computern.

Faktoren der Übertragungstechnik sind:
- das Übertragungsmedium
- Übertragungsparameter
- das Regelwerk (Normen, Standards, Absprachen)
- Komprimierung (Umgehung physikalischer Grenzen)
- die Anordnung der Computer (*siehe 7.3*)
- Schutzmechanismen (*siehe 7.4*)

Übertragungsmedien

Dies sind die physikalischen Leitungen für den Datentransport. Immer werden **elektromagnetische Wellen** übertragen. Dabei gibt es entweder Kabelverbindungen oder Funkverbindungen (*siehe S. 66*):
- verdrillte Kupferkabel (zweiadriges Telefonkabel)
- Koaxialkabel (eine Ader umhüllt die andere)
- Lichtleiter (Glasfaserkabel für LASER-Übertragung)
- Luft bzw. leerer Raum (für Funkwellen)

Lichtleiter haben den Vorteil, dass sie gegenüber Umwelteinflüssen nicht störanfällig sowie nicht anzapfbar sind.

Übertragungsparameter

- **Analoge Übertragung**: Sprache wird durch ein Mikrofon im Telefonhörer in schwankende elektrische Spannung umgesetzt. Der Verlauf dieser Schwingungen gelangt an den Lautsprecher im Hörer der anderen Seite, und wird dort wieder in akustische Schwingung zurückgewandelt.
- **Digitale Übertragung**: Bei ihr werden die Daten in digitaler Form, wie sie auch der Computer verarbeitet, übertragen. Es wird also keine schwankende Spannung durch den Draht geschickt, sondern Stromimpulse entsprechend der zu übertragenden Bitfolge (0 = kein Strom, 1 = Strom).
- **Synchrone Übertragung**: Das Übertragungsnetz gibt die Geschwindigkeit vor, alle Stationen bekommen über einen Extrakanal einen Takt übermittelt, in den die Daten eingepasst werden.
- **Asynchrone Übertragung**: Der Sender teilt dem Empfänger eigenständig den Übertragungstakt mit („ein Bit ist 2 ms lang, dann kommt eine Pause von 0,5 ms und dann das nächste Bit"); zwischendurch wird immer wieder überprüft, ob beide DÜE noch synchron sind.
- **Leitungsverbindung** findet beim Telefonieren statt: Durch Wählen einer Nummer wird eine Verbindung hergestellt, die während des Gesprächs erhalten bleibt. Die Leitung ist währenddessen besetzt.

- **Paketvermittlung:** Sie findet bei Computernetzen Anwendung. Eine zu übermittelnde Datei wird in viele kleine Teile, sog. Pakete aufgeteilt. Diese werden mit der Empfängeradresse versehen und von Rechner zu Rechner weitergeleitet, bis sie am Ziel sind. So können über eine Leitung kurz nacheinander viele verschiedene Pakete geschickt werden.

DAS INTERNET IST EIN PARADEBEISPIEL FÜR PAKETVERMITTLUNG.

EIN PAKET HAT Z. B. DIE GRÖSSE VON 8000 BYTES.

 Paketvermittlung ist wesentlich aufwändiger, aber die vorhandenen Leitungen werden effizienter genutzt.

- **Simplex-Kanal:** Die Übertragung ist prinzipiell nur in einer Richtung möglich (Pager).
- **Halb-Duplex-Kanal:** Übertragung abwechselnd in die eine oder andere Richtung (Sprechfunk).
- **Duplex-Kanal:** Übertragung gleichzeitig in beide Richtungen (Telefon).
- **Multiplex-Technik:** Sie erlaubt, mehrere Gespräche gleichzeitig über dasselbe Kabel zu führen, indem diese digitalisiert werden und jedes einzelne dann so schnell übertragen wird, dass dazwischen noch viel Platz für andere Gespräche ist. Der Reihe nach wird so von jedem ein „Scheibchen" übertragen. Am anderen Ende der Multiplexstrecke wird jedes Telefonat wieder zusammengesetzt. Die Gesprächspartner merken davon nichts. Dafür ist eine ausgeklügelte computerisierte Technik notwendig.

DURCH ZWEI SIMPLEX- ODER HALBDUPLEXKANÄLE KANN EINE VOLLDUPLEXVERBINDUNG VORGETÄUSCHT WERDEN (MOBILTELEFON).

Das Regelwerk

Ohne genaueste Regeln und Normen ist technische Kommunikation auf Computerbasis undenkbar. Solche Normen sind aber nur sinnvoll, wenn sie von *allen* Herstellern kommunikationstechnischer Produkte angewendet werden. Denn was nützt es, wenn jeder Hersteller eigenen Standards hat und seine Geräte mit denen anderer Hersteller nicht kompatibel sind? Man könnte nur mit jemandem kommunizieren, der das gleiche Fabrikat verwendet.

Es gibt eine Reihe von Organisationen, die Normen auf nationaler oder internationaler Ebene entwickeln:

ANSI	*American National Standards Institute* – US-amerikanisches Normeninstitut
ETSI	Europäisches Normeninstitut
ITU-TSS	Internationales Normeninstitut der UNO
ISO	*International Standardization Organization* – Internationales Normungsinstitut
DIN	Deutsche Industrie Norm

FRÜHERER NAME DER ITU-TSS: CITT (COMITE CONSULTATIF INTERNATIONAL TELEFONIQUE ET TELEGRAFIQUE)

79

MANCHE NORMEN
ENTSTEHEN, WEIL
EINE FIRMA ALS
MARKTFÜHRER IHR
SYSTEM DURCH-
SETZT. DAS SIND
SOG. QUASI-
STANDARDS

Häufig werden Normen von einer Organisation erarbeitet und dann von anderen mit eigenem Namen übernommen. Oder es konkurrieren verschiedene Systeme, wie z. B. bei der Festlegung des Standards für Digitalfernsehen.

Am wichtigsten sind die als Empfehlungen herausgegebenen Normen der ITU-TSS.

Beispiele für ITU-Empfehlungen:
V-Serie: Regelungen im analogen Telefonnetz
V.32: Datenübertragungsgeschwindigkeit bis 9.600 bps
V.90: Datenübertragung mit 57.600 bps
V.42bis: Fehlerkorrektur und Datenkompression
X-Serie: Regelungen für Datennetze
I-Serie: Regelungen für das digitale ISDN-Netz

DER ANHANG „BIS"
STEHT FÜR DAS
FRANZÖSISCHE „B".
DIE ITU (INTERNA-
TIONAL TELECOM-
MUNICATIONS
UNION) KENNZEICH-
NET SO ERGÄNZUN-
GEN ZUR URSPRÜNG-
LICHEN NORM.

Die Regeln schreiben neben den physikalischen Kenngrößen einer Übertragung (Stromstärke, Spannung) auch ein **Übertragungsprotokoll** fest, d. h. die Art, wie die Übertragung abgewickelt wird und was damit überhaupt bewerkstelligt werden kann. Jedes Protokoll kann eine bestimmte oder auch mehrere Schichten der Übertragung beschreiben.

Übertragungsprotokolle:
telnet Protokoll*: damit lässt sich auf einem entfernten Computer so arbeiten, als wäre es der eigene*
PPP (point to point protocol)*: dient der Verbindung zweier entfernter Rechner*
Ethernet-Protokoll*: beschreibt das Funktionieren eines Netzwerksystems z. B. eines LANs*
TCP/IP *(transmission controll protocol/internet protocol): das Internet-Protokoll; legt fest, wie Datenbewegungen und -anforderungen im Internet ablaufen*
Z-Modem-Protokoll*: Protokoll zur Übertragung von Dateien über analoge Telefonleitungen zwischen zwei privaten Computern*

Komprimierung

Wenn ein handschriftlicher Brief gefaxt werden soll, so wird das Blatt beim Einscannen in schmalen Zeilen Punkt für Punkt abgetastet. Für Stellen, die beschrieben (=dunkel) sind, wird z. B. eine 1 übertragen, an unbeschriebenen (=hell) eine 0. Es wäre jedoch unnötig, bei vollkommen weißen Zeilen lauter „Nullen" zu übertragen, stattdessen wird dann „ganze Zeile 0" oder „25 × 0" gesendet: Die Daten werden komprimiert. Die Information über die Art der Komprimierung muss natürlich auch übermittelt werden, damit die Gegenstelle alles wieder richtig dekomprimieren kann. Mit solchen Verfahren werden Kosten und Übertragungszeit gespart.

IM COMPUTER
SELBST WERDEN
KOMPRESSIONSVER-
FAHREN ZUM SPAREN
VON SPEICHERPLATZ
VERWENDET.

7.4 IuK-Netzwerke

IuK-Netzwerke bestehen aus Computern, die auf irgendeine Weise untereinander verbunden sind und kommunizieren, also Daten austauschen.

Eine derartige Vernetzung ist sinnvoll
- zur effizienten Nutzung verschiedener Computer,
- bei Verwendung gleicher Daten an verteilten Orten,
- wenn diese Daten immer aktuell sein müssen.

Die ersten Computernetzwerke, die weitere Entfernungen überbrückten, waren Buchungs- und Reservierungssysteme von Reiseveranstaltern, wie das „START"-Netz von Lufthansa, DB und TUI (seit 1979). Die Vorteile eines solchen Systems liegen auf der Hand.

Unterscheidungsmerkmale von Netzwerken

- **Ausdehnung:**
  LAN (*local area network*), innerhalb eines Gebäudes, Komplexes oder Geländes,
  MAN (*metropolitan area network*), innerhalb einer Stadt,
  WAN (*wide area network*), in einer Anzahl von Ländern,
  GAN (*global area network*) global, Satellitennetz.
  Die beiden letzten Gruppen verlieren an Bedeutung, da sie in das ohnehin globale aufstrebende **Internet** aufgehen oder von diesem ersetzt werden. Viele Firmen nutzen das Internet für ihre globale Kommunikation. LANs spielen eine sehr große Rolle in fast jeder Einrichtung, von Behörden über Universitäten bis zu Banken und allen anderen Unternehmungen.

- **Rollenverteilung:**
  Slave-Host-Netz: Ein Computer (*host*, Wirt) hat die Steuerungsmacht des ganzen Netzwerkes. Er teilt den *slaves* („Sklaven"), die selbst fast nichts können, seine Rechenleistung der Reihe nach zu.

  Client-Server-Netz: Es gibt einen oder mehrere Hauptcomputer (*server*), die Datenbanken, Dienste wie Speicherplatz für eigene Daten, e-mail, Drucker oder *gateways* in andere Netze anbieten. Vom eigenen Computer (*client*, Kunde) aus kann man auf diese Ressourcen zugreifen. Server stellen also Dienste zur Verfügung. Dies ist das heute übliche Verfahren.

- **Netztopologien**
  Unter Topologie wird hier die Art der Verbindung der Computer untereinander verstanden. Die Strukturen entsprechen genau denen auf S. 28, mit Ausnahme der

COMPUTER IM NETZWERK SIND ÜBER EIGENS GEBAUTE KABEL VERBUNDEN ODER ÜBER SOG. STANDLEITUNGEN: TELEFONLEITUNGEN, DIE PERMANENT „ONLINE" SIND.

DIE INTERNET-TECHNIK WIRD AUCH VERMEHRT IN LANs EINGESETZT. SOLCHE NETZE NENNT MAN INTRANETS.

AUCH WENN ZWEI COMPUTER MIT EINEM KABEL VERBUNDEN WERDEN, ENTSTEHT EIN KLEINES NETZWERK

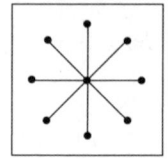
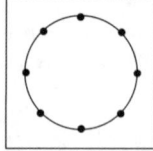
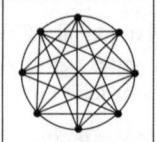
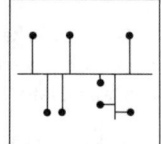

| Sterntopologie | Ringtopologie | Maschentopologie | Bustopologie |

BUS-NETZE ARBEITEN MEIST AUF BASIS DES SOG. ETHERNET-PROTOKOLLS.

Bus-Topologie. Diese ist nur für Maschinenkommunikation geeignet und sehr verbreitet; sie bietet viele Vorteile: einfache Erweiterung bei laufendem System, größere Ausdehnung, geringen Verkabelungsaufwand. Aneinandergeknüpfte Teilnetze aus den verschiedenen Topologien sind bei Computernetzen üblich.

Offenes oder geschlossenes Netzwerk?
Bei der Planung von Netzwerken ist zu klären: Soll das Netzwerk auf das Firmengelände beschränkt sein (= **geschlossenes System**), oder soll es von außen, z. B. über das Telefonnetz, Zugänge in das interne Netz geben oder dieses über weitere Netze mithilfe eines *gateways* – auch für Hacker – erreichbar sein (=**offenes System**)? Offene Systeme überwiegen bei weitem. Nur in speziellen besonders sicherheitskritischen Anlagen gibt es geschlossene Netze. Die Globalisierung und Dezentralisierung macht es notwendig, dass man von überallher an „seine Daten" herankommt.

NETZWERKVERBIN-DUNGEN SIND AUCH VON UNTERWEGS MÖGLICH: MIT NOTEBOOK UND SPEZIELLEM HANDY WÄHLT MAN SICH ÜBER DAS MOBIL-ODER SATELLITENTE-LEFONNETZ IN DAS GEWÜNSCHTE COMPUTERNETZ-WERK EIN.

Netzwerkanbindung
Meist werden die Computer über **Netzwerkkarten** an das Netz angeschlossen: In den Computer wird ein zusätzliches Bauteil eingesetzt, dass eine Kabelbuchse für das Netzwerkkabel hat. Wenn der Computer eingeschaltet ist und die Netzsoftware geladen hat, kann er die Ressourcen des Netzes nutzen. Will man dagegen von Zuhause aus auf ein Netzwerk, z. B. das Internet, zugreifen, muss der eigene Computer über ein **Modem** oder eine ISDN-Karte verfügen. Das sind DÜEs für analoge bzw. digitale Datenübertragung. Ein Modem (MOdulator-DEModulator) wandelt digitale Computersignale in analoge (Piepsen und Rauschen) um, die per Telefonnetz übertragen werden können.
Bei ISDN ist dies nicht nötig: Über das Telefonnetz wählt man eine Nummer, unter der sich ein **Gatewaycomputer** meldet. Mit speziellen Programmen greift man nun z. B. auf das Firmennetz zu und kann, nachdem man sich angemeldet hat, auf die Ressourcen desselben zugreifen. Dabei fallen Telefongebühren an.

7.5 Datensicherheit und Datenschutz

Der Chef einer Forschungsabteilung überlegt, ob er die Pläne für das neue Projekt per E-Mail an seine Leute senden soll. Es könnte ja sein, dass ein Schnüffler der Konkurrenz die Briefe bei der Übertragung liest oder verändert, sich die Namen der Adressaten merkt – oder dass die Daten wegen eine Fehlers erst gar nicht ankommen...

LESEN UND MANIPULIEREN VON E-MAILS IST FÜR HACKER KEIN PROBLEM.

Sicherung vor kriminellen Handlungen

Es muss sichergestellt werden, dass Daten von unberechtigten Personen nicht eingesehen, missbraucht, verändert oder zerstört werden können; und zwar sowohl bei der Speicherung in Computern als auch bei Übertragungen. Mittel hierzu sind Verfahren der

COMPUTERVIREN SORGEN IMMER WIEDER FÜR ANGST UND SCHRECKEN. ES SIND KLEINE PROGRAMME, DIE ETWA AUS DEM INTERNET UNBEMERKT DEN PC „BEFALLEN" UND Z. B. DATEN LÖSCHEN.

- **Authentizitätssicherung** durch PINs, Passwörter, Chipkarten oder Passbilder, Fingerabdrücke, Iris-Abtastung, digitale Signatur (*siehe Beispiel unten*)
- **Kryptographie** (Verschlüsselung von Texten, Nachrichten und Bildern) mithilfe von Codes. Bei **symmetrischer Verschlüsselung** wird ein Dokument mit dem gleichen Schlüssel kodiert und dekodiert. – Die Übermittlung des Schlüssels ist dabei ein Problem. Alle derartigen Schlüssel sind mit genügend Rechnerkapazität zu „knacken" – je länger der Code, desto schwieriger. Mit heutigen Computern schwer zu „knacken" sind Daten, die in **asymmetrischer Verschlüsselung** codiert sind.

„GEHEIME TEXTE" KÖNNEN AUCH VERSCHLÜSSELT WERDEN, INDEM MAN SIE IN DIGITALEN BILDERN VERSTECKT.

- Absicherung gegen Hackerangriffe, z. B. durch **firewalls** („Feuerschutzmauern"). Das sind „Pförtner"-Computer, die unautorisiertes Eindringen in ein internes Netz erkennen und verhindern sollen, beispielsweise indem sie das 100fache Ausprobieren von Passwörtern registrieren und unterbinden.

Asymmetrische Verschlüsselung:
Zu jeder Person gehören zwei Schlüssel in Datenform, Keys genannt: ein geheimer, privater, den nur der entsprechende Mensch selbst kennen darf, und ein zugehöriger öffentlicher, den jeder kennen muss, der eine verschlüsselte Mail versenden will: Sie wird mit diesem, öffentlichen, Key des Empfängers kodiert. Nur dessen privater Key macht die Mail wieder lesbar. Umgekehrt funktionieren die Keys als **digitale Unterschrift:** *eine mit einem privaten Key verschlüsselte Mail ist garantiert vom Absender, wenn sie sich mit dem öffentlichen Key entschlüsseln und lesen lässt. Werden beide Keys kombiniert, so besitzt man eine sehr sichere und geschützte Kommunikationsmöglichkeit.*

DIE KEYS KÖNNEN AUF CHIPKARTEN GESPEICHERT SEIN ODER ALS SPEZIELLE DATEIEN AUF DEM COMPUTER. ES GIBT ZENTRALSERVER, DIE DIE ÖFFENTLICHEN KEYS VERWALTEN.

Sicherung vor Fehlern der Technik

Bei EDV-Anlagen können immer Fehler auftreten, z. B.
– Übertragungsfehler: Sie entstehen durch „Missverständnisse" bei der DÜ. Davor schützen Fehlererkennungsprotokolle, die tatsächlich aufgetretene Fehler erkennen und eine Wiederholung fordern *(siehe S. 98)*.
– Programmierungsfehler: Fehler in Programmen können belanglos sein, aber auch dazu führen, dass Computer ausfallen. Schlimm ist dies bei Steuerungscomputern (für Ampeln, Flugzeuge, Kernkraftwerke). Solche Systeme haben einen Ersatzcomputer, der ständig läuft und notfalls die Steuerung übernimmt.

Sicherung vor Umgebungseinflüssen

Computersysteme sind sehr empfindlich. Bei wichtigen Anlagen ist daher ein Schutz vor Umgebungseinflüssen unumgänglich. Das reicht von Schutzeinrichtungen gegen Stromausfall, Überspannung (Blitzschlag) und Manipulation der Geräte bis hin zu Feuer-, Erdbeben- und Raumklimaschutz.

Datenschutz

Sehr viele Daten sind über jeden von uns bei einer Unzahl von Behörden und Firmen gespeichert: bei Finanzamt, Polizei, Krankenkasse, Versicherungen, Banken, Telefongesellschaften, Versandhäusern wird jeder einzelne Geschäftsvorgang genau abgespeichert.

Wer welche Daten erheben, speichern oder weitergeben darf und wann löschen muss, all dies ist in verschiedenen Gesetzen (z. B. im Bundesdatenschutzgesetz) geregelt. Dabei gelten die Prinzipien: Sparsamkeit und Zweckgebundenheit: Es dürfen nur wirklich notwendige Daten gespeichert werden. Wozu dies geschieht, muss eindeutig erklärt werden. Der Zugriff auf die Daten muss geschützt sein.

Datenschutzgesetze wurden entwickelt, um den Schutz der Intimsphäre des Menschen zu gewährleisten. Jeder soll wissen können, was über ihn wo gespeichert ist, und es soll garantiert werden, dass mit den Daten richtig umgegangen wird.

Datenschutz und Datensicherheit haben teils gleiche Ziele (Daten geheim halten durch Verschlüsselung), teils aber auch konträre: Je genauer Daten über jeden einzelnen Vorgang gespeichert sind, desto besser lässt sich zwar Missbrauch erkennen und bekämpfen, desto kritischer ist aber auch deren pures Vorhandensein. Das Bild vom **gläsernen Kunden** (Bürger, Benutzer) verdeutlicht die Befürchtung, dass der Datenschutz auf der Strecke bleibt.

7.6 Das Internet

Internet kommt von **inter-network** und bedeutete ursprünglich die technische Möglichkeit, unterschiedliche Netzwerksysteme und Computer verknüpfen und unter ihnen Daten austauschen zu können.

Was ist das Internet?

Das Internet ist ein Konglomerat aus unterschiedlichsten öffentlichen, staatlich geförderten und privaten Netzwerken, die untereinander verknüpft sind und damit einen unbegrenzten Datenaustausch zulassen. Sie sind über Standleitungen verbunden. Nicht jeder mit jedem, aber so, dass jeder beteiligte Computer auf unterschiedlichen Wegen über Zwischenstationen von den anderen erreicht werden kann.

Woher kommt das Internet?

Die *Advanced Research Projects Agency* (ARPA), eine US-militärische Forschungsbehörde, entwickelte Möglichkeiten der Verknüpfung unterschiedlicher Computer und Netzwerke untereinander. So entstanden schon in den 60er-Jahren die Voraussetzungen für eine fast beliebige Verbindung vorhandener Netze. Durch ständige Erweiterung des zunächst gebauten ARPAnets durch Universitäts- und andere Netze entstand nach und nach das, was heute Internet genannt wird.

Was leistet das Internet?

Das Internet erfüllt folgende Funktionen:
– Kommunikationsfunktion
– Informationsfunktion
– Unterhaltungsfunktion
– Geschäftsmittlerfunktion

Die letzten beiden Funktionen ergeben sich dabei aus den ersten zwei. Das Internet wandelt sich immer mehr zu einem universalen Austauschmittel, mit dem schriftliche, sprachliche und bildliche Kommunikation zwischen zwei bis zu beliebig vielen Leuten möglich ist. Auf der Basis entsprechender Übertragungsprotokolle stehen verschiedene Dienste zur Verfügung.

Information im Internet

Im populärsten Teil des Internet, dem **world wide web** (www), werden von Organisationen, Firmen oder Privatpersonen Daten zu jedem nur erdenklichen Thema auf Computern gespeichert und im Internet als **homepage** oder **site** veröffentlicht. Mit speziellen Programmen, den sog.

IN DEUTSCHLAND GEHÖRT ZUM INTERNET Z. B. DAS DEUTSCHE FORSCHUNGSNETZWERK DFN, DAS DIE UNIVERSITÄTEN UNTEREINANDER VERBINDET, ABER AUCH SOG. BACKBONE-NETZWERKE DER TELEFONGESELLSCHAFTEN

MILITÄRISCHER VORTEIL DES INTERNET: BEI ZERSTÖRUNG EINER LEITUNG SUCHEN SICH DIE DATEN EINEN ANDEREN WEG; DIE NETZFUNKTION IST NICHT BEEINTRÄCHTIGT.

DAS INTERNET IST AMERIKANISCHE ERFINDUNG. IN ANDEREN LÄNDERN – AUCH IN DEUTSCHLAND – SPIELT ES NOCH KEINE SO BEDEUTENDE ROLLE WIE DORT. DIE DATENWEGE FÜR DAS INTERNET SIND IN DEN USA WESENTLICH BESSER AUSGEBAUT ALS BEI UNS.

Browsern, kann man in diesem digitalen Datenmeer aus Dokumenten „surfen", sich mehr oder weniger gezielt Informationen abrufen.

Hypertext

Er ist mit die Ursache für die steigende Popularität des Internet. Durch Klicken auf farbige Wörter in einem Internet-Dokument, **link** genannt, hüpft der Surfer an eine andere Stelle im Netz. Das kann im gleichen Dokument sein, aber auch in einem beliebigen Dokument, das irgendwo im Internet gespeichert ist.

Charakteristika des Hypertext:
- Die lineare Struktur eines Textes wird aufgehoben.
- Interaktives Lesen ist möglich.
- Ein Text beschränkt sich nicht auf ein Buch etc., sondern setzt sich aus beliebigen Texten zusammen.
- Ständiges Hin-und-her-Hüpfen erschwert die Orientierung. .

Kommunikation im Internet

- **Datenaustausch:** Ein weiterer Dienst des Internet wird durch das ftp (*file transfer protocol*) ermöglicht – der Datenaustausch beliebiger Dateien zwischen zwei Rechnern. Dazu gibt es viele ftp-Server, auf denen z. B. Programme gespeichert sind, die man sich auf den eigenen Computer herunterladen kann (*download*).
- **E-Mail:** E-Mails sind Briefe in elektronischer Form, die über das Internet in Sekundenschnelle den Empfänger erreichen. Diese elektronische Post kann nur an Leute verschickt werden, die bei einem sog. Mail-Server registriert sind und dadurch eine E-Mail-Adresse haben, an die der Absender seine Mail richten kann.

- **Diskussion:** In einem speziellen Teil des Internet, dem **Usenet**, sind auf verschiedenen Servern elektronische schwarze Bretter gespeichert. Diese sind in hunderte von themenbezogenen Gruppen, die **newsgroups**, gegliedert. Mit Newsreader-Programmen kann man sich anschauen, was jemand zu einem Thema sagt, und auch selbst Nachrichten anbringen, **posten**, die dann von jedem gelesen werden können.
- **Chat:** Wie im *Usenet* gibt es viele Diskussionsgruppen, hier Kanäle genannt. *chatten* (schwätzen) geht jedoch in Echtzeit, also live, vor sich. Mit Chatprogrammen klinkt man sich in einen Kanal ein und unterhält sich mit den ebenfalls Anwesenden schriftlich (n:n), über Bildschirm und Tastatur.

- **Internet-Telefonie**: Über das Internet kann auch digitalisierte Sprache übertragen werden. Dies ermöglicht Telefonate über Internet – Voraussetzung dafür sind Telefonier-Programme und zwei ans Internet angeschlossenen Multimedia-Computer. Inzwischen ist es technisch machbar, aus dem Internet einen normalen Telefonanschluss anzurufen oder umgekehrt. Der Vorteil der Internettelefonie: Sie ist preiswerter, besonders für weltweite Ferngespräche.

WENN ES NACH DEM WILLEN DER INTERNET-TELEFONIE-VERMARKTER GEHT, WIRD 2003 EIN DRITTEL DER TELEFONATE ÜBER DAS INTERNET GEFÜHRT WERDEN.

Kommunikationskultur im Web

Bei schriftlicher Kommunikation wie dem *chat* ist es schwieriger als im Gespräch, Emotionen auszudrücken, geschweige denn, durch Mimik oder Gestik deutlich zu machen. Auch ist Schreiben unvergleichlich mühsamer als Reden. Beides führt dazu, dass sich beim *chatten* eigene Ausdrucksweisen entwickelt haben – spezielle Abkürzungen und so genannte *smilies* (*emoticons*).

lol	*laughing out loud*, Ausdruck für lautes Lachen
rotfl	*rolling on the floor loughing*, zu Deutsch
rabul	(rollt-auf-Boden-und-lacht),
btw	*by the way*; übrigens
fyi	*for your information*; zur Information
brb	*be right back* (bin gleich zurück)
tnx	*thanks*; danke
cu	*see you*; tschüss
Groß schreiben wird als SCHREIEN interpretiert.	

Mit der Rechtschreibung nimmt man es beim *chat* nicht sehr genau; oft werden die Dinge einfach so geschrieben, wie sie ausgesprochen werden. (tru statt *through*). Die Verhaltensregeln im Netz werden **Netiquette** genannt. Sie übertragen die Anstandsregeln eines Gruppengesprächs auf ein Gespräch im Netz.

Kommunikation als Sucht

Neben den bisher beschriebenen Diensten gibt es weitere, die auf diesen aufbauen. So ist es beispielsweise möglich, über das Internet mit anderen Surfern zu spielen. Oder man begibt sich in den Cyberspace, das virtuelle, künstliche Computeruniversum, **MUD** genannt (***multiple user dungeon***, wörtl.: Verlies für mehrere Benutzer). Da dieser Raum von Menschen aus Fleisch und Blut nicht betreten werden kann, legt der Surfer sich eine virtuelle Persönlich-

EMOTIONEN:
:-) LÄCHELN
;-) AUGENZWINKERN
(MEIST: IRONIE)
:-D AUSLACHEN
:-> SARKASMUS
':-/ SEHR SKEPTISCH
:-(SCHADE
(:-... WEINEN
8-O ENTSETZEN

AUSSEHEN/
VERHALTEN:
(:-) GLATZKOPF
=:-(PUNKER
8-) BRILLENTRÄGER
B:-) SONNENBRILLE
(IN DIE STIRN GEZOGEN)
:-{) SCHNAUZER
:-{} LIPPENSTIFT
:-~) ERKÄLTET
#*) VÖLLIG BETRUNKEN
I-| SCHLÄFT
(-: LINKSHÄNDER
(ODER AUSTRALIER)
*<:-) WEIHNACHTSMANN
[:] ROBOTER

keit zu, **Avatar** genannt. Sie kann mit beliebigen Eigenschaften und Körperteilen ausgestattet werden. Mit dieser Puppe läuft man per Tastatur im Cyberspace umher und trifft andere Avatare, mit denen man *chatten*, oder auch gemeinsam auf die Suche nach weiteren Partnern gehen kann. Dadurch, dass jeder eine Fantasie- bzw. Wunsch-Identität hat, sind bisher unbekannte Rollenspiele möglich, ähnlich wie beim *chatten*, aber in gesteigerter Form.

So wie Computerspiele allgemein die Tendenz haben, süchtig zu machen, ist es auch bei MUDs: Kommunikation scheint hier zur Sucht zu werden. Oder ist es die Suche nach wirklicher, persönlicher Kommunikation, welche die Menschen dazu veranlasst, dafür viele Stunden vor dem Computer auszuharren?

8. Kommunikations-Störungen

Anfang der 70er Jahre erlebte eine Lerngruppe in den USA, geleitet von der aus Deutschland emigrierten Psychologin RUTH COHN (*1912) etwa Folgendes: *Martha schildert ihre Probleme mit dem extrem pflichtbewussten Vater. Max bewegt sich dabei unruhig hin und her. Gleichzeitig geht Erika ganz leise ans Fenster und schließt es. Da unterbricht RUTH COHN die Sitzung: „Damit wir alle am selben Thema arbeiten, gilt die Regel: ‚Störungen haben Vorrang'. Martha, bitte warte so lange." Daraufhin erklärt Erika: „Es zieht! Kann das Fenster zu bleiben?" Max betont, dass ihn die Probleme von Martha nicht interessierten. Die Unterbrechung selbst wird jetzt zum Thema – eine ganze Sitzung lang, bis auch Max das Thema akzeptiert.*

Dieses Verfahren überrascht. Wieso Störungen den Vorrang geben?
Meist empfindet doch jeder Störungen als lästig und versucht, sie möglichst schnell zu beseitigen. In R. COHNS System der **Themenzentrierten Interaktion** (TZI) dagegen sind Störungen ein kreativer Anlass, an der Grundhaltung aller Teilnehmer zu arbeiten: Achtung vor der Gefühlswelt des Einzelnen, aber zugleich der Versuch, mittels eines gemeinsamen Sach-Themas zu einem Personbezug als Gruppe, als „wir", zu kommen – in der jeweiligen Umwelt (als „situativer" Kreis angedeutet). Der Personbezug ist hier wichtiger als das Sach-Thema, genauer: Das Thema wird als gemeinsames Thema erst ernst genommen, wenn das „Wir" stimmt.

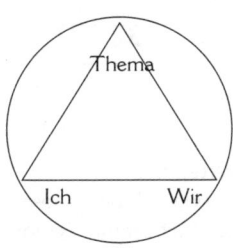

Man mag einwenden, dass dies zwar für eine gruppendynamische Sitzung stimme, im Alltag aber die Zeit dränge. Entscheidungen müssten rechtzeitig fallen. Störungen könnten deshalb nur selten „basisdemokratisch" ausdiskutiert werden.
Jedoch: Regeln gibt es auch bei TZI. Diese werden von der „situationsmächtigen Trainerin" kontrolliert. Ähnlich gibt es in jeder Kommunikationskultur **Normen**, Traditionen, Benimm-Regeln, Bräuche und Sitten, an die man sich hält. Diese aber sind keine Naturgesetze, sondern letztlich soziale **Verträge**. Unter neuen Bedingungen können, ja müssen neue Verträge geschlossen werden, damit neue Probleme kreativ gelöst werden können. Hinter den gerade gültigen Normen steht immer eine „Metaregel", wer Störungen feststellt und wie dann zu verfahren ist. Instinktiv geschieht das meistens negativ durch Ausgrenzung oder Aggression, angeleitet durch „Maß-Gebende". Durch Lehren wie TZI ändert sich das in unserer Kultur zunehmend: Jeder ist *chairperson*, jeder ist „maßgebend".

Der Umgang mit Kommunikationsstörungen ist Angelegenheit derer, die sich gestört fühlen. Wenn jeder das, was ihn stört, sagen kann und will, aber auch bei der „Regelung" der Störung nicht nur normativ, sondern kreativ mitarbeitet, ist er bereits kommunikativ.

8.1 Störungsquellen

Wenn es darum ging, Störungen zu erkennen und zu beseitigen, stand in der Vergangenheit meistens der einzelne
Mensch im Blickfeld. Auch heute noch machen Gruppen
gerne Einzelne zum „**Sündenbock**", u. a. beim „Mobbing",
wenn die „Meute" einen Einzelnen umstellt, „verbellt" und
„zur Strecke bringt". Jedoch haben Soziologie und Sozialpsychologie gezeigt, dass Kommunikationsstörungen auch
aus der Organisationsstruktur von **Gruppen** entstehen können. Bezieht man die technischen Medien ein, gibt es drei
Ausgangspunkte für Kommunikationen und neun Felder, in
denen Störungsarten auftreten können:

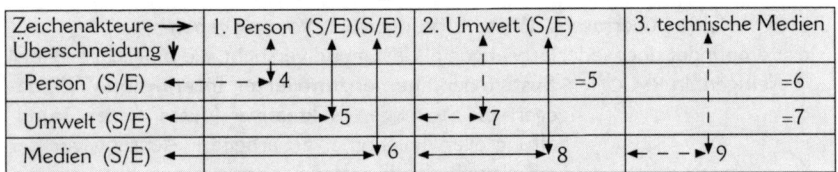

Zeichenakteure → Überschneidung ↓	1. Person (S/E)(S/E)	2. Umwelt (S/E)	3. technische Medien
Person (S/E) ←	– – ↱4	ǀ =5	ǀ =6
Umwelt (S/E) ←	↱5	← – ↱7	ǀ =7
Medien (S/E) ←	↱6	↱8	← – –↱9

Störungsfelder im Bereich Kommunikation
(S = Sender, E = Empfänger)

Störungsquellen „in" den Zeichenakteuren
Jeder Akteur (1–3) kann schon beim Senden Mängel haben,
also keine verständlichen Zeichen für die Kommunikation
hervorbringen, z. B. ein Stummer. Auch beim Empfang können Schwierigkeiten bei jedem Akteur vorliegen: eine Um-
welt-Gruppe registriert ausschließlich Schäden an Tieren,
nie an Menschen; ein Mikrofon nimmt nur Frequenzen über
2000 Herz auf. Dies sind Mängel in **Bedingungen** für Kommunikation, nicht Störungen des interaktiven Vollzugs
selbst (4–9). Leiblich bedingte „Behinderungen" sind unge-
wollte Hindernisse für das Kommunizieren. Bei Menschengruppen und Medien, auch bei gewollten Eigenheiten einer
Person (z. B. ständigem Nörgeln) sprechen wir von kommunikativer **Inkompetenz**.

Störungen „zwischen" den Zeichenakteuren
Diese „Überschneidungen" sind die eigentlichen Störungen
des Kommunikations-Prozesses. Sehr häufig kommen sie
zwischen **Personen** vor (4), z. B. wenn in einem Konfliktge-
spräch jemand türenschlagend hinausrennt oder wenn
Fremde die Sitzung unterbrechen.

*Die Nachbarschaft wird durch den Lärm einer neuen Dis-
co gestört. Es folgen Protestanrufe, Verhandlungen –
dann die Kontaktaufnahme mit einem Rechtsanwalt.*

Unter „**Umwelt**" ist Vielfältiges zu verstehen – alle kollektiven Kulturen, von denen wir uns umgeben fühlen: Familie und Freundeskreis, Nachbarschaft und Beruf, Freizeit- und Interessengruppen, Klassen und Stände, Wirtschaft und Politik, Religion, Recht und Medizin. Selbst das, was im ökologischen Sinn als „Umwelt", als „Landschaft" bezeichnet wird, ist kulturell bestimmt. All diese „Umwelten" können als Sender und Empfänger mangelnde kommunikative Kompetenz haben (2), mehr noch: kommunikative Prozesse mit anderen „Umwelten" (7), Personen usw. (5, 8) stören.

ENVIRONMENT (ENGL): UMWELT, MILIEU, SOZIALES UMFELD HOME ENVIRONMENT: HÄUSLICHES MILIEU

Ich wähle die Telefonnummer eines Freundes, mir antwortet nur der Fax-Ton. Habe ich falsch gewählt? Kann sein Gerät nicht umschalten?

Bei **Medien** spricht man von falschen Programmen, mangelnder Hard- oder Software (3), Fehlermeldungen im Netzwerk (9). Manchmal werden solche Begriffe als Metaphern auf menschliches Verhalten übertragen: etwas ist „programmiert", eine „Kurzschlusshandlung" usw. In Film und Fernsehen, Radio und Telekommunikation macht man auch die Macher – oder die Empfänger – (6) für „imkompetente Handhabung", „Störungen", verantwortlich. Oft streiten Gruppen, Parteien mit Medien-Instituten (8) über falsche Information und unzureichende Kommunikation.

Diese Störungsbegriffe arbeiten mit drei **stillschweigenden Voraussetzungen**:
– „Störungsfreie Kommunikation" wird als gemeinsames dauerndes Bemühen um **Verständigung** (Konsens) gedacht – auch bei Konflikten. „Kontakt" allein reicht nicht.
– Bezüglich der „Zeichen" ist vorausgesetzt, dass sie mehr sind als nur formale, äußere Elemente: dass sie „etwas" bedeuten, einen **Inhalt** anzeigen.
– Die Bewertung „Störung" verlangt immer nach einer „**Entstörung**", oft Kommunikationstherapie genannt.

Soziale Kommunikationsstörung

Die TZI-Sitzung lässt Martha keine Ruhe. Sie fragt Max: „Was hat Dich denn an meinem Problem mit meinem Vater gestört?" Max entschuldigt sich: „Ich habe gerade im PC ein neues Betriebssystem installiert. Seitdem spielt die Soundkarte verrückt. Und morgen muss ich eine Democassette liefern." Martha lacht: „Ja, es ist schwierig, für TZI auch mal Technisches beiseite zu legen und sich auf die Gruppe zu konzentrieren. Könnte ich doch meinem Vater so einfach eine neue ,Soundkarte' einsetzen!"

TECHNIK MACHT MENSCHEN VERSTÄNDLICH – ABER NUR MANCHMAL UND NUR ZUM TEIL.

Technik kennt *eine* Wirklichkeit, daher lassen sich Maschinen reparieren. Bei sozialen Kommunikationsstörungen ist das schwieriger. Denn jeder Mensch konstruiert sich seine eigene, sehr komplexe Welt im Kopf und im Bauch (Gefühl). Doch worauf basiert die eigene **Wirklichkeitskonstruktion** und wie beeinflusst sie die der anderen?

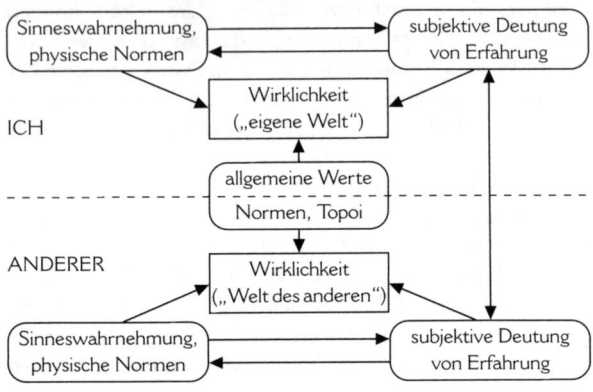

OB EIN GLAS BIER HALB LEER ODER HALB VOLL IST, LÄSST SICH NACHMESSEN. PHYSIKALISCHE MESSUNG KANN UNSERE SINNLICHE WAHRNEHMUNG KORRIGIEREN. INNERE WERTMASSSTÄBE, DIE POSITIVE ODER NEGATIVE GRUNDEINSTELLUNG IN DER INTERPRETATION DER SITUATION, DER MITMENSCHEN, DES LEBENS WIRD DAS KAUM ÄNDERN – ES SEI DENN, WIR SIND NICHT NUR GEGENÜBER ANDEREN KRITISCH.

Wir unterliegen den **Normen** unseres Körpers, ebenso auch den Normen unserer soziokulturellen Herkunft, also unserer Erziehung und den Einflüssen der Umgebung. Hierbei spielen die sogenannten „Topoi" der jeweiligen Zeit eine Rolle. **Topos** (*griech*. Ort) ist mit „Allgemeinplatz" gut übersetzt. Das sind Denkmuster, die scheinbar jedermann einleuchten. Heute sind das z. B. Begriffe wie „umweltbewusst" oder „Sicherung von Arbeitsplätzen". Vor einiger Zeit – in manchen Ländern noch heute – waren es Worte wie „Nation", „Ehre" und „Häuslichkeit". Die sozialen Muster prägen unsere Wahrnehmung nicht weniger stark als unsere Organe.

Aus den visuellen Normen unseres Sehorgans entsteht z. B. die optische Täuschung, die eine **Wahrnehmungsstörung** ist. Aber auch soziale Denkmuster – z. B. dass Biertrinker gemütlich seien – können zu falschen Schlüssen führen. Solche Muster führen auch zu widersprüchlichen Zeugenaussagen.

Sind das nun schon **Kommunikationsstörungen**? Doch erst dann, wenn wir uns mit anderen Menschen austauschen und im Kontrast zu deren „Vorurteilen" und Wahrnehmungs-„Verzerrungen" stehen. Dann müssen wir unsere Wahrnehmung kritisch befragen und eventuell korrigieren. Machen wir das „öffentlich" (Entschuldigung?), kann das bei guter Argumentation andere „Muster-Abhängige" auch zu Korrekturen und Veränderungen einladen.

8.2 Mit Störungen umgehen

Weil menschliche Wahrnehmung und die Interpretation des Wahrgenommenen (samt Beurteilung) so komplex sind, hilft beim Aufeinanderprall verschieden konstruierter „Welten" der Kommunikationspartner auch nicht das Reparaturmodell für Maschinen. Die Eigenart unserer menschlichen Natur legt folgende **erste Hilfen** nahe:

Keine Wertung, aber Neugier	1. Eigene Wahrnehmungen überprüfen: *Habe ich richtig gehört – gesehen – gefühlt?*
	2. Eigene Voraussetzungen / Erwartungen reflektieren: *Ich hatte erwartet ...*
Keine Entscheidung, klärende Orientierung	3. Reformulieren: *Sie meinen also, ...* oder: *Wenn ich Sie richtig verstanden habe, ...*
	4. Nach richtiger Interpretation fragen: *Ich habe den Eindruck, dass Sie auf folgendes hinaus möchten: ...* oder: *dass Sie besondere Probleme haben mit ...*
Information	5. Eigene Interessen verdeutlichen: *Mir geht es eigentlich um etwas anderes ...*

Situationsklärung (Orientierung)

Dieses Verfahren hilft aber nur, wenn man sich nicht schon in einem Streit um Macht befindet, wie: *Meine Wertung ist richtig, nicht Deine;* oder: *Ich weiß das besser.* Ein klares Wort, dass es zunächst nur um **Orientierung** und um die Darlegung der verschiedenen Standpunkte geht, kann sogar einen Streit um Wertung erst einmal zurücknehmen, weil der andere bemerkt, dass man nicht „stur" ist und bei triftigen Gründen die Meinung ändern würde. Er wird vermutlich leichter mitarbeiten, insbesondere, wenn man vorher seine Meinung reformulierend als „verstanden", wenn auch nicht geteilt, markiert *(vgl. Perspektiveübernahme S. 34 f.; Personbezug S. 25).*

Komplementäre Verhältnisse

Gleichberechtigung gibt es nur in wenigen Situationen. Viele Situationen sind asymmetrisch. Manche Idealisten möchten das grundsätzlich abschaffen. Aber jede Gesellschaft lebt auch von **gegenseitigen Abhängigkeiten.** Dazu gehört die Sonderform der komplementären Beziehung: Lehrer und Schüler brauchen einander; auch Ärzte und ihr Personal, Automonteure und Werkmeister. Selbst wenn eine Seite dominiert, besteht doch beiderseits eine Abhängigkeit.

Wie wird man da mit Kommunikationsstörungen fertig – nur mit dem Muster der Gleichberechtigung? Manche Gruppen erwarten eher Anordnungen und können mit der „Situationsklärung" von oben wenig anfangen. Sie bedürfen eines anderen Krisenmanagements als nach dem Muster der symmetrischen Partnerschaft.

Ein Kellner des Abenddienstes hat sich für den nächsten Morgen vorgenommen, zum Reisebüro zu gehen, um seine Sommerreise nach Griechenland zu buchen. Die Hotelchefin aber verlangt kurzfristig von ihm, vormittags doch anwesend zu sein. Eine Reisegruppe habe sich zum 2. Frühstück angemeldet...

Hier liegt noch keine Störung der Kommunikation vor, es kann aber dazu kommen: wenn die Chefin einfach befiehlt oder der Kellner grob reagiert. Tatsächlich hat sich um komplementäre Konstellationen in unserer Gesellschaft ein **konventioneller Rahmen** von Regeln gebildet, in dem die notwendigen Abhängigkeiten unproblematisch sind. „Übergriffe" über den Rahmen in den privaten Bereich hinein können aber zu erheblichen Störungen bis hin zu rechtlichen Konsequenzen führen. Außerhalb des Rahmens gilt nämlich das Gesetz der gleichberechtigten Partnerschaft. Wenn die Hotelchefin den Kellner also höflich fragt oder bittet, ob er trotz seiner Freizeit auch morgen kommen kann, dürfte kaum eine Störung der Kommunikation entstehen. Jede Situation hat eigene Riten.

8.3 Störungen sprachlicher Verständigung

Michael hat gerade sein Vordiplom als Ingenieur bestanden, da verunglückt er im Regen mit seinem Motorrad. Trotz Helm ist die Kopfverletzung so schwer, dass sein motorisches Sprachzentrum gestört ist. Die Ärzte wissen nicht, ob er jemals wieder richtig sprechen kann. Er hat eine sogenannte Aphasie (Sprachverlust).

Sprachbezogene Störungen eines Menschen sind kommunikativ besonders wichtig. Es handelt sich um Feld 1 (*vgl. Kap. 8.1*) der personenbezogenen Störungen. Es umfasst die Fähigkeit, Sprachsignale zu empfangen und zu verarbeiten (z. B. hören, verstehen), und auch die Fähigkeit, Sprachlaute zu artikulieren und Bedeutungen in Worte kleiden zu können: zu sprechen.

Wichtige Sprach- und Sprech-Störungen

<table>
<tr><td rowspan="1">körperliche Ebene</td><td>

Nervensystem samt Gehirn (Zellen, Bahnen, Zentren)
- Wahrnehmung (sensorischer Bereich):
  keine Sprachwahrnehmung (*sensorische Aphasie*)
  Hörstummheit (*auditive Agnosie*)
- Erzeugung (motorischer Bereich):
  keine Sprachproduktion (*motorische Aphasie*)
  Störung der Sprechbewegung (*Dysartrie*)
- Sprachentwicklung:
  Sprachentwicklungsstörung bzw. -behinderung
Atmung (*Respiration*)
  Störung, z. B. hektische Atmung
Gehör
  audiogene Störung, z. B. partielle Taubheit
Stimmapparat (Phonationsmängel)
- Kehlkopfverletzungen, -asymmetrien, -fehlstellungen:
  Stummheit, Stimmlosigkeit (*Aphonie*)
  zu leise Stimme (*Phonasthenie*)
- Fehlfunktionen der Stimmlippen:
  misstönende Stimme (*hyperkinetische Dysphonie*)
  Versagen der Stimme (Folge der Überspannung)
Artikulationsorgane (Lippen, Zunge, Mundraum, Nase)
  Stammeln (z. B. ‚T' statt ‚R', Lispeln), Näseln

</td></tr>
</table>

MANCHE „HACKER"
SPRECHEN MIT
IHREN MITMEN-
SCHEN SO NÜCH-
TERN UND SCHNELL,
ALS WÜRDEN SIE
DATEN IN EINEN PC
EINGEBEN UND
WUNDERN SICH
DANN, WENN SIE
NICHT VERSTANDEN
WERDEN.

---

psycho-physische Ebene

Redefluss
  Stottern *(Balbuties)* und Poltern *(Tachyphemie)*
  Schnellsprechen ohne Pause *(Tachylalie)*
Satzbau
  Syntaxmängel (Teil des *Dysgrammatismus*)
Schreiben / Lesen
  Lese-Rechtschreibschwäche

Mentale Ebene

Lautdifferenzierung (phonologisch)
  Nuscheln, phonologische Hörstörung, z. B. bei
  Chinesen das Vertauschen von ‚L' und ‚R'
Sprechausdruck (*Prosodie*)
  falsche Wortbetonung, z. B. bei Ausländern
  falscher Satzakzent, z. B. falsches Sinnwort
  oder letztes Satzwort bei Radiosprechern
Sprach / Sprech-Zeichenbedeutung *(Semantik)*
  Zuordnungs-Schwäche, Sinnverstehen
  Fehler in der Ergänzung zur Sinngestalt
Gedächtnis *(mnestisch)*
  Vergesslichkeit
Kontakt und Partnerzuwendung
  Mängel der Konzentration, des Hörverstehens
  Sprechangst (*Logophobie*)
  Neurose: Sprachverweigerung (*Mutismus*)
  Kontaktverweigerung (*Autismus*)

WARUM DIE MEN-
SCHEN SO WENIG
BEHALTEN KÖNNEN,
WAS SIE LESEN, IST,
DASS SIE SO WENIG
SELBST DENKEN
—
LICHTENBERG

95

8.4 Professionelle Störungsbehandlung

Mit der zunehmenden Bedeutung von Kommunikation entstanden immer mehr helfende Berufe zur Störungsbehandlung.

Therapierende (heilende) Berufszweige

Diese ältesten Professionen widmen sich besonders der **Sprechfähigkeit** des Menschen. Es gibt Fachleute in

– der Sprachheilpädagogik, Sprachheillehre, Sprachbehindertenpädagogik, Sprach- und Sprechtherapie,
– der Atem-, Sprech- und Stimmlehre,
– Phoniatrie (Fachärzte) und Logopädie (Hilfsfach),
– klinischer Sprechwissenschaft,
– klinischer Linguistik,
– klinischer Psychologie.

Der therapeutische Ansatz setzt aber voraus, dass „objektive" Normen gelten – wie es ja die körperlichen (somatischen) Bedingungen weitgehend sind. Ob psychische „Normen" so eingeordnet werden können, oder gar andere Kommunikationsmuster, ist gut zu prüfen. Nicht alles, was vom Gewohnten abweicht, darf als „zu therapieren" oder als „krank" bezeichnet werden. Hier ist Vorsicht insbesondere gegenüber vielen neueren psychologischen Schulen anzuraten.

Orientierende und bildende Berufe

Eine andere uralte Tradition fragt weniger nach ‚krank' oder ‚gesund', sondern nach Chaos oder Ordnung und der Klarheit der Lebenskräfte, der **positiven Einstellung**. Der Mythos vom Turmbau zu Babel mit der Sprachenverwirrung sagt nach heutiger Theologie aus, dass Kommunikation zusammenbricht, wenn der Ichbezug überhand nimmt und zwischen Menschen kein überzeitlicher (transzendentaler) **Sinn** gesucht wird. Diese Störung wird überwunden in dem Modell, dass sich im kreativ-wohlwollenden Geist Gottes alle „Fremden" verstehen (Pfingstmythos). Unterschiedliche Wege zur sinnvollen Strukturierung von Unübersichtlichem und zur Orientierung durch Kommunikation entwickeln
– Philosophie
– Theologie
– Pädagogik und Andragogik (Erwachsenenbildung)
– Psychologische Schulen (z. B. TZI)
– Soziologie.

Helfende und organisierende Berufsfelder

Hier geht es um den praktischen Umgang mit Störungen der Kommunikation, angefangen vom Krisenmanagement bis hin zur organisierten Ausbildung, um Störungen kreativ zu beheben.

Diese Berufe widmen sich vor allem Störungen in der **Bedeutungsvermittlung**, d. h. primär den inhaltlichen Aspekten und ihren Abhängigkeiten von formalen Aspekten (damit sind auch die Störungsfelder 2 = Umwelt intern, 6 = Person Medien, 7 = Umwelt Umwelt und 8 = Umwelt Medien teilweise erfasst; *vgl. Abbildung auf S. 90*):

- Rechtspflege und Rechtsprechung,
- Organisationsentwicklung,
- Betriebswirtschaft,
- Verwaltungswissenschaft (wenn kundenorientiert),
- Sprechwissenschaft und Sprecherziehung,
- Sprachwissenschaft und Sprachlehrforschung,
- Sozialpsychologie,
- Journalistik und Medienmanagement,
- Politik,
- Kunst.

Die Einteilung in diese drei Gruppen ist keine ausschließende Zuordnung. Manche Disziplinen spielen in allen drei Berufsfeldern eine Rolle, z. B. die Atem-, Sprech- und Stimmlehre, die Sprecherziehung und viele psychologische Schulen.

DIE ORGANISATIONSKULTUR ERGIBT SICH AUS DEM VERHALTEN DER ORGANISATIONSMITGLIEDER, SIE BEEINFLUSST ES ABER AUCH.

8.5 Technische Entstörung

🌣 *Der Kellner hat Ende Oktober seine Reise nach Griechenland durchgesetzt. Natürlich war ihm bekannt, dass dort anders geschrieben wird, aber dass auch die Straßennamen nicht zu entziffern sind – das irritiert ihn sehr. Er dachte eigentlich, dass Englisch ihm in jedem Falle helfen würde; jetzt aber muss er wegen jeder Aufschrift fragen. Sein Plan, im nächsten Jahr nach Korea zu fliegen, gerät ins Wanken. Dort lassen sich ja nicht einmal Buchstaben erkennen!*

Schrift als „technisches" Hindernis? Dieser Gedanke scheint außergewöhnlich zu sein. Denn Schrift ist die erste Kulturtechnik zur Überwindung von Raum und Zeit. Wer „Störungen" der Schrift – Unleserlichkeit oder Fremdheit – beseitigen will, muss die „Codes" kennen. Deswegen galten seit jeher „Schriftkundige" nach den Dolmetschern als ein besonderer Stand der „Vermittler".

🌣 *Ein Wissenschaftler aus Köln hat für einen Kongress in Boston (USA) ein Videoband vorbereitet, auf dem er Eigenheiten der Kommunikationsdistanzen zeigen will. Europäer treten im Gespräch mit Arabern immer weiter zurück – einer fällt sogar rückwärts in einen Gartenteich – weil sie deren Kör-*

DAS GEFLÜGELTE RAD ODER EIN HELM MIT FLÜGELN IST NOCH HEUTE DAS ABZEICHEN MANCHER POST-INSTITUTE: SYMBOL DES ANTIKEN GÖTTERBOTEN HERMES, DER AUCH SCHUTZPATRON DER DOLMETSCHER UND DER BRIEFSCHREIBEBÜROS WAR UND IST: VERMITTLUNG ZWISCHEN JENSEITIGUNERKLÄRLICHEN UND VERSTÄNDLICHMENSCHLICHEN „CODES".

pernähe vermeiden. Als der Wissenschaftler das Band während des Kongresses abspielt, sieht man nur Streifen. Er weiß nichts von der abweichenden US-Norm.

Die vorangegangenen Beispiele verdeutlichen, dass es Kommunikationsstörungen gibt, die behoben werden können – etwa durch Lernen oder eine andere (technische) Einstellung – und solche, die nicht behoben werden können. Im letzteren Fall spricht man von **Inkompatibilität**.

Häufig besteht durch entsprechende Normungen die Möglichkeit, dass eigentlich inkompatible Geräte auf dem „kleinsten gemeinsamen Nenner" doch zusammen arbeiten. Sehr unterschiedliche Modems können so Daten austauschen – mit sehr geringer Geschwindigkeit. Im Beispiel Videoband war eine derartige Entstörung nicht möglich.

Auch wenn die Geräte kompatibel sind, kann es zu Störungen kommen: durch falsche Bedienung oder fehlerhafte Geräte. Durch Automatisierung der Bedienung und Fehleridentifikation wird jeweils versucht, diese Fehler zu umgehen oder zu erkennen.

Eine weitere Fehlerquelle ist die Datenübertragung, besonders bei hohen Geschwindigkeiten. Diese können durch **Fehlererkennungsprotokolle** entdeckt und behoben werden: Dazu werden die zu übertragenden Daten in Blöcke von z. B. 8 Byte zerlegt. Hinter jeden Block werden 2 Bytes zur Absicherung gestellt. Sie bilden eine Art Quersumme. Das Empfangsgerät rechnet diese Quersumme aus den empfangen 8 Bytes nach. Stimmt sie nicht mit der gesendeten überein, wird eine Wiederholung des Blockes gefordert.

Bei einer Faxübertragung ist diese extreme Genauigkeit nicht erforderlich, Kopien sind immer schlechter als ihr Original. Faxgeräte erlauben daher eine gewisse **Fehlertoleranz**, d. h., es wird nicht bei jedem erkannten Fehler wiederholt. Das übertragene Bild leidet darunter nur unwesentlich.

Obwohl das Nachfragen im Gespräch durchaus üblich ist, ja nicht einmal als Störung empfunden wird, gibt es im persönlichen Austausch nur eine geringe Fehlertoleranz. Allenfalls Diplomaten sind wohl in der Lage, so zu reden, dass jeder das versteht, was er hören möchte.

Es gibt eine dritte Möglichkeit der Entstörung: Man **gewöhnt** sich an die Störungen soweit, dass sie schließlich gar nicht mehr als solche wahrgenommen bzw. als „normal" akzeptiert werden. Das ist im Umgang mit Computern (Mensch-Maschine Kommunikation) nicht selten zu beobachten…

III. Praxisfelder

Was die kleine Momo konnte wie kein anderer, das war Zuhören. Das ist doch nichts Besonderes, wird nun vielleicht mancher Leser sagen, zuhören kann doch jeder.

Aber das ist ein Irrtum. Wirklich zuhören können nur ganz wenige Menschen. Und so wie Momo sich aufs Zuhören verstand, war es ganz und gar einmalig.

Momo konnte so zuhören, dass dummen Leuten plötzlich sehr gescheite Gedanken kamen. Nicht etwa, weil sie etwas sagte oder fragte, was den anderen auf solche Gedanken brachte, nein, sie saß nur da und hörte einfach zu, mit aller Aufmerksamkeit und aller Anteilnahme. Dabei schaute sie den anderen mit ihren großen, dunklen Augen an, und der Betreffende fühlte, wie in ihm auf einmal Gedanken auftauchten, von denen er nie geahnt hatte, dass sie in ihm steckten.

Sie konnte so zuhören, dass ratlose oder unentschlossene Leute auf einmal ganz genau wussten, was sie wollten. Oder dass Schüchterne sich plötzlich frei und mutig fühlten. Oder dass Unglückliche und Bedrückte zuversichtlich und froh wurden.

MICHAEL ENDE, „Momo"

9. Persönlichkeit im Kommunikationsstress

Welche Qualitäten kennzeichnen eine kommunikative Persönlichkeit? Die wichtigsten davon wurden im Kapitel 3 skizziert (*vgl. S. 32ff.*).

Qualitäten kommunikativer Persönlichkeit
– Offenheit
– Sensibilität gegenüber Personen und Situationen
– Mut zu kommunikativen Vorleistungen
– Perspektive-Übernahme und Empathie
– Rollendistanz und Ambiguitätstoleranz
– Selbst-Konzept und Ich-Identität
– Sicht der Gemeinschaft als Kommunikationsaufgabe

Bei der Erarbeitung mögen diese Qualitäten als einleuchtende Orientierung erlebt worden sein. Jetzt in der Wiederholung wirken diese „Zeichen", zumal wenn sie als „wichtig" deklariert werden, auf die Lesenden auch appellativ, mahnend – wie die dritte Funktion im BÜHLERschen Zeichenmodell (neben dem orientierenden „Sachbezug" und dem emotional wirkendem „Selbstausdruck", vgl. S. 23). Mit „Appell" steht der **Anforderungs-Stress** unserer alltäglichen Kommunikation am Horizont und die damit verbundene Emotionalität.

Einer Klassenlehrerin steht eine Versammlung mit den Eltern ihrer 8. Klasse bevor. Sie hat den Eindruck, dass einige Eltern sich zu wenig um ihre Kinder kümmern. Andere dagegen sind zu ehrgeizig und meinen, dass ihre Tochter / ihr Sohn zu wenig beachtet werden. Gerade hat sie einen Anruf von einer Mutter bekommen: Die Rollenverteilung für ein Theaterstück sei falsch, ihr Sohn dürfe nicht mit einer Statistenrolle abgespeist werden. Außerdem befindet sich zu allem Überfluss die Tochter eines Gymnasialdirektors aus der Nachbarschaft in der Klasse, und dieser Kollege auf dem hohen Posten weiß natürlich alles besser. – Die Lehrerin ist genervt. Wie kann sie die verschiedenen Interessen der Eltern unter einen Hut bringen?

Wie soll die Lehrerin den Abend eröffnen, wenn sie schon weiß, dass alle nur darauf lauern, sie zu „zerfetzen"? Ist Angriff die beste Verteidigung? Soll sie einfach ihre Sorgen ausbreiten, auch ihren eigenen Stress bekennen? Oder soll sie nüchtern und distanziert die Situation schildern?

Tatsächlich bringt der Stress im beruflichen und familiären Alltag die eigentliche „Enthüllung" der kommunikativen Persönlichkeit, ja mehr noch: die tägliche Chance zur Entwicklung der eigenen kommunikativen Qualitäten. Dies gilt für die Pflege der Sachbezüge wie der Personbezüge. Gleichzeitig wird die Herausbildung von stress-mindernden Verhaltensmustern nötig, aber auch deren permanente Kontrolle, ob sie nur bequeme Gewohnheiten sind oder noch der eigenen Ethik entsprechen. Die Frage, ob Macht kreativ oder herrschend eingesetzt wird, bleibt.

9.1 Muster kommunikativen Verhaltens

Als Studentin hatte die Klassenlehrerin genaue Vorstellungen: Sie wollte alle Situationen neu erleben, kritisch mustern, selbstbestimmt bewerten und sich „niemals" den „spießigen" Mustern der Anderen anschließen. – Jetzt, im Stress vor dem Elternabend, wäre sie froh, ein Rezept zu haben, wie sie mit all den Nörglern und Dränglern umgehen soll …

Hilfen durch Denk-, Wert- und Handlungsmuster
Nicht jeder Mensch muss das Rad jedes Mal neu erfinden, damit er mit einem Auto fahren kann. Für die meisten Lebensvollzüge gibt es bereits **Muster.** Das gilt schon für die rein sinnliche Wahrnehmung und die Einordnung der wahrgenommenen Phänomene ins Bewusstsein. Das gilt auch für die Bewertungsmuster, nicht zuletzt für kommunikative Fertigkeiten. Alle diese Muster dienen der Erleichterung und der Schnelligkeit der Lebensprozesse. Menschen verwenden nicht nur körperbedingte und soziale, sondern auch ganz individuelle, persönlich ausgebildete Muster – aus der eigenen Erfahrung. Wem es beim Einkaufen z. B. öfters gelungen ist, den Preis herunterzuhandeln, der wird es auch in eher aussichtslosen Fällen versuchen.

Viele bewährte Muster kann man auch lernen. Die Lehrerin könnte z. B. das Muster der Situationsklärung *(vgl. S. 93)* daraufhin überprüfen, ob es ihr eine „erste Hilfe" gibt. Weiter könnte sie unter speziellen Hilfen (Kap. 10 und 11) nachsehen. Noch besser ist es, wenn sie nicht nachschlagen muss, sondern eigene bewährte Muster parat bzw. in Kommunikationstrainings erprobt und gelernt hat. Auch wenn sie neue Methoden sucht, um mit den Problemen fertig zu werden, wird sie „alte", ungünstige als Kontrastmuster im Bewusstsein haben, sich also auch durch deren Vermeidung leiten lassen.

Unflexibel durch Muster
Ein Beamter im Sozialamt erlebt Dauerstress bei seinen Beratungsgesprächen. Um die Ursachen zu finden, lässt er eine Kommunikationsexpertin eines seiner Gespräche mit Tonband aufnehmen und analysieren. Auch die Besucherin ist mit der Aufnahme einverstanden. Im Gespräch mit ihr gibt es eine Menge Verwirrungen, bis die Frau endlich ihr Ziel erreicht hat und der Antrag auf Sozialhilfe so ausgefüllt ist, dass er Aussicht auf Erfolg hat. Die spätere Analyse zeigt, dass der Beamte oft nur die Denkmuster seines Fragebogens vor Augen und im Kopf hatte, nicht aber die Probleme der Antragstellerin.

SEIT PLATO WERDEN „REZEPTE" FÜR VERHALTEN VERACHTET, NUR INNERE EINSTELLUNG SEI RICHTIG. EIN SINNVOLLES VERHÄLTNIS ZWISCHEN ELEMENTAREN MUSTERN UND EINSTELLUNG LIEFERN KOMMUNIKATIVE DIDAKTIKEN.

DIE KLASSIFIZIERUNG VON BLUTGRUPPEN WURDE ZUR BEDINGUNG FÜR LEBENSRETTENDE TRANSFUSIONEN.

STANDARDISIERTE LOTTOSCHEINE ODER WAHLZETTEL ERMÖGLICHEN SCHNELLE AUSWERTUNG. WER ABER MACHT KOMMUNIKATIVE FRAGEBÖGEN?

BEWERBUNGSSITUA-
TIONEN SIND
GEPRÄGT VOM KOM-
MUNIKATIONS-
STRESS. KANDIDA-
TEN, DIE NUR KLI-
SCHEES WIEDER-
GEBEN, FALLEN
EHER DURCH.

Im Gegensatz zur Lehrerin sieht der Beamte vom Sozialamt selbst zunächst keine Alternativen für seine Sprech-Kommunikation. Er merkt aber – anders als viele Menschen – dass er durch seine Muster auch „beschränkt" ist: durch **Denkmuster, Bewertungsmuster,** davon ausgelösten **Handlungsmustern.** Über das Zeichensystem der Sprache und des Sprechens werden diese Muster am ehesten erfassbar, denn sie wurden in ihrem Entstehen nicht zuletzt durch schriftliche oder andere Medien geprägt.

Denkmuster und Sprachformeln

Das Problem der „Allgemeinplätze" *(vgl. S. 92)* wurde bereits beschrieben: klischeehafte Formeln, wie z. B. „Alle Franzosen trinken Rotwein" oder „Deutsche Fußballfans sind gefährlich." Solche **Stereotypen** verleiten zu falschen Pauschalurteilen. Warum sind solche Allgemeinplätze aber nicht generell abschaffbar? Offenbar sind sie ein, wenn auch primitiver, erster Ansatzpunkt für „gemeinsame Meinung", um dann in einem Kommunikationsprozess – vor allem des Widerspruchs – überholt zu werden. Sie bedürfen also immer der persönlichen, kritischen Auseinandersetzung. Sie sind ein **Anreiz,** um „Persönlichkeit" zu zeigen. Durch persönliche Farben und Zusätze werden aus „Wortblasen" glaubwürdige Aussagen, die in Stresssituationen Halt geben.

Bewertungsmuster und Urteilsformeln

Ein Stereotyp ist in gewissem Maße auch ein **Urteil,** also eine Bewertung. Je nach Position wird dadurch auch Macht ausgeübt. Wenn der Beamte das erkennt, wird er wiederum eine Entscheidung treffen müssen: Stressabbau durch Machtausübung auf dem Rücken Ratsuchender oder durch Perspektiveübernahme und Verständigung. Im letzteren Fall gewinnt er an **Ambiguitätstoleranz** und wird insgesamt ruhiger.

Handlungs- und Entscheidungsmuster

BEI POLITISCHEN
WAHLEN GIBT ES
IMMER MEHR
„BEKENNENDE
WECHSELWÄHLER"
(MARKWORT, CHE-
FREDAKTEUR) STATT
ANHÄNGER VON
PARTEI-FORMELN.

Es ist ein bekannter „Topos", dass schnelles Handeln kein langes „Verhandeln" erlaube, falsche Entscheidungen nach bekannten Mustern also besser seien als zu langes Abwägen. Für die Bewusstseinsbildung von Führungskräften mag das oft gut sein, für die Abklärung von kommunikativem Verstehen sicherlich nicht. Denn die Folge von Unverständnis ist Frustration. Sie erzeugt langfristig **Vertrauensschwund** und später mehr Stress. Kraftvolle Persönlichkeiten sind immer für Neues gut, weil sie Muster ändern und erklären.

9.2 Persönlich überzeugen

In vielen Kommunikationstrainings wird „Persönlichkeit" gefordert oder „Persönlichkeitsbildung" versprochen. Im Beruf verlangen viele Führungskräfte „Persönlichkeit" von ihren Mitarbeitern. Sie meinen damit oft nur Belastungsfähigkeit. Eine überzeugende Persönlichkeit besitzt mehr als das, auch mehr als eine Sammlung von Mustern: eine innere Kraft aus dem Einstehen für Werte, eine **Ethik**.

Die Einheit von Haltung, Ethik und Fertigkeit

Trotzdem: Muster sind nicht einfach zu verketzern, sondern Fertigkeiten kompetenten Handelns. Sie sind auch nicht nur eine oberflächliche Schicht der Persönlichkeit, sondern sie sind von deren innerer **Haltung** mit ausgewählt und wiederholt geübt, also als Hilfsinstrumente im Kommunikationsstress auch leicht abrufbar. Unter „Haltung" (engl. attitude) versteht die Psychologie oft grundsätzliche innere Einstellungen, die aus sozialen Mustern verallgemeinert wurden, aber auch durch Entscheidungen für Werte (Ethik) entstanden: Selbst-Konzept; Ich-Identität (vgl. S. 36).

Die lernfähige, lebendige Persönlichkeit

Muster sind immer in der Gefahr, der Situation nicht gerecht zu werden, schon im Denken als **Vorurteile** die Kommunikation zu blockieren und im Tun jemanden als „nicht lernfähig und nicht vermittelbar" zu kennzeichnen. Auch Haltungen dürfen nicht zu starr oder zu eisern konservativ sein. Eine sich umschauende, prüfende und sich dann auch verändernde Person, die als lebendig und sich entwickelnd erlebt wird, ist die beste Voraussetzung, um Kommunikationsstress zu meistern (natürlich ist damit nicht das Gegenbild gemeint, die „flippige", sich nie festlegende Person).

Durchsetzungsfähige oder reflektierte Persönlichkeit

Im Anzeigen suchen Firmen oft „durchsetzungsfähige" Kräfte. Das klingt nach Fertigkeiten im Umgang mit **Macht**, im Modell von BÜHLER (vgl. S. 23): Vorrang der Appellfunktion. Mehr Reflexion wird oft sachbezogenen Menschen zugeschrieben. Mancher Begriff von Persönlichkeit, heute oft auch „Visionär" genannt, stellt die subjektive Ausdrucksfähigkeit (Kundgabe) in den Vordergrund. Tatsächlich geht es aber bei Stress-Bewältigung in der Kommunikation um die Verbindung der Sachebene mit persönlicher Ausdrucksstärke einerseits und Durchsetzungsfähigkeit andererseits. Das kann in Phasen geschehen. Doch nur dann entsteht ein „kommunikativer Typ".

FÜR ERSTE-HILFE-LEISTUNGEN GENÜGT ES NICHT, EIN BUCH DARÜBER GELESEN ZU HABEN. ÜBUNG UND ÜBERZEUGUNG GEHÖREN ZUSAMMEN.

WENN WAHLKAMPF-LEITER IHREN POLIT-KANDIDATEN ZU ERKENNBAREN „ATTITÜDEN" RATEN, MEINEN SIE KEINE HALTUNGEN, SONDERN WIRKUNGSVOLLE GESTEN UND MUSTER.

DIE PHILOSPHIE DER „HERMENEUTIK" FASST VORURTEILE ALS IMPULS ZUM NACHDENKEN AUF. SIE NENNT DAS: VORVERSTÄNDNISSE REFLEKTIEREN UND ÜBERHOLEN.

Kommunikative „Persönlichkeiten" erstreben ein ausgewogenes Zusammenspiel von Fertigkeiten – im Denken, Urteilen und Handeln, d. h. von prüfenden, aber lernwilligen Grundhaltungen und reflektierten ethischen Prinzipien. Dies gilt für die Person- und Sachebene.

9.3 Kommunikationstypen

Die Klassenlehrerin will sich auf den Elternabend vorbereiten. Immer noch belastet sie die Frage, wie sie den Abend eröffnen und leiten soll. Gute Erfahrungen hat sie mit dem Schema gemacht, nach der Begrüßung erst Informationen über Lernstoff und Lernfortschritt zu geben und dabei allgemeine Probleme zu schildern. Aber dann bei der Diskussion: Mit welchen Typen wird sie es außer den „Schwierigen" zu tun bekommen? Natürlich besitzt die Lehrerin Erfahrung, aber welche zusätzlichen Hilfen für den Umgang mit den Eltern kann sie nutzen?

Typenbildungen

Typenbildungen zur Vereinfachung des Umganges mit Menschen gibt es schon immer: Mann – Frau, alt –jung, Freund – Feind – Fremder, kerngesund – gesund – kränklich – krank – schwerkrank usw. Auch wer sich gegen „Schubladen" wehrt, kann nicht umhin, Typen bei der Kommunikation zu berücksichtigen.

Die vier klassischen Temperamente

Sie werden mit den vier Elementen des griechischen Philosophen EMPEDOKLES (ca. 492 – 430 v. Chr.) in Verbindung gebracht und von den antiken Ärzten HIPPOKRATES (um 460 – 370 v. Chr.) und GALEN (129 – 199) benutzt. Je nachdem, welche Körperflüssigkeit – einem der vier Elemente verwandt – in einem Menschen vorherrsche, so sei er:

– Sanguiniker (Blut): fröhlich, eifrig, leidenschaftlich
– Choleriker (Galle, gelb): energisch, reizbar, wütend
– Phlegmatiker (Schleim): gemütlich, ruhig, bequem
– Melancholiker (Galle, schwarz): schwermütig, tragisch
Obwohl dieser Ansatz wissenschaftlich längst überholt ist, findet er im Alltag dennoch oft Verwendung.

Das Enneagramm

Die griechische Zahl 9 „ennéa" galt als „runde" und heilige Zahl. So schrieb man auf einen Kreis 9 Punkte und verband sie mit einem Dreieck und zwei unregelmäßigen Vierecken. Jeder Punkt stellt einen Persönlichkeitstyp dar.

Die Anfänge des **Enneagramms** werden mit mathematischen Entdeckungen aus der Zeit des PYTHAGORAS (ca. 570 – 497 v. Chr.) und der Neuplatoniker (3. – 6. Jh. n. Chr.) in Verbindung gebracht. Überliefert wurde es angeblich durch islamische Mystiker des 15. und 16. Jh., die Sufis. In die alternative Szene der Neuzeit wird es in den 20er Jahren durch GEORGE IVANOVITSCH GURDJIEFF (ca.

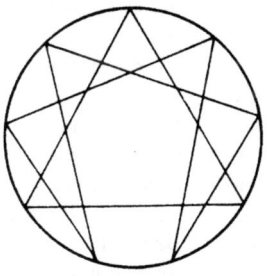

Enneagramm

1877 – 1940) eingeführt, der eine Schule „zur harmonischen Entwicklung des Menschen" gründete. Das Enneagramm wird trotz seiner mystifizierten Überlieferung wieder diskutiert, u. a. von Kommunikationslehren wie NLP *(vgl. dazu S. 124)*. Es kennt folgende **neun Typen**, die zu dritt gruppiert sind:
– die Gefühls-Triade:
   2 der Helfer   3 der Statusmensch   4 der Künstler
– die Handlungs-Triade:
   5 der Denker   6 der Loyale   7 der Vielseitige
– die Beziehungs-Triade:
   8 der Führer   9 der Friedliebende   1 der Reformer

🌑 *Beinahe hätte die Lehrerin die konkrete Vorbereitung auf den Elternabend vergessen; die alten Systeme finden ihr großes Interesse. Sie wirken so, als würden sie auf alle menschlichen Aspekte „ganzheitlich" Rücksicht nehmen. Deswegen sind sie wohl bei Esoterikern so gefragt. Die Lehrerin selbst benötigt aber etwas anderes: Persönlichkeitstheorien, die rationaler sind, zudem geeignet, ihr in kommunikativ schwierigen Situationen Hilfen zur Einschätzung der Gesprächspartner zu geben, um sogar im Streit zu einer Verständigung zu kommen.*

Psychologische Kommunikationstypen
Von diesen gibt es fast unübersichtlich viele, denn natürlich haben alle psychischen Komponenten, die eine Persönlichkeit prägen, immer eine Auswirkung auf die zwischenmenschliche Kommunikation. Man findet Typologien bei den Begründern der modernen Psychologie, also WILHELM WUNDT (1832–1920), SIGMUND FREUD (1856–1939), ALFRED ADLER (1870 – 1937), CARL GUSTAV JUNG (1875 – 1961); dann bei verhaltens-, lern- und organisationstheoretischen Schulen. Dazu kommt die große deutsch-amerikanische Gruppe der **Humanistischen Psychologie** *(hierzu gehört auch RUTH COHN, vgl. S. 89)*. Deren Ansatz wird fort-

105

IN DEN
ERFAHRUNGS-
WISSENSCHAFTEN
(EMPIRIE) UNTER-
SCHEIDET MAN
HEUTE GENAU KON-
TROLLIERT GEWON-
NENE ERGEBNISSE
(NATURWISSEN-
SCHAFTLICH) UND
LEBENSPRAKTISCH
GEWONNENE. HIER
WERDEN NUR LETZ-
TERE DARGESTELLT.
SIE SIND UMFASSEN-
DER ALS DIE DER
ENGEN, WENN AUCH
EXAKTEREN
EXPERIMENTE.

geführt von der systemischen Psychologie *(vgl. dazu Kapitel 10, insbesondere die S. 125)*. Auf all diesen basieren auch viele „Persönlichkeitsinventare", die von psychologischen Testern verwendet werden, um die sogenannte „Potentialanalyse" durchzuführen. Mit dieser möchten sie Fähigkeiten von Bewerbern und Bewerberinnen erkunden, eine angebotene Stelle auch wirklich gut auszufüllen. Sie dient nicht nur dem Arbeitgeber, sondern auch den sich Bewerbenden. Besonders wichtig ist dabei das **Sozialverhalten**, also Kommunikation, insbesondere wenn Leistungsdruck oder Konflikte den Stress erhöhen.

Grundformen der Angst nach RIEMANN

Oft entsteht Kommunikationsstress daraus, dass eine bestimmte Art von Angst überwiegt, die man vermeiden möchte. Umgekehrt schätzen manche ihr Gegenüber daraufhin ab, was es am ehesten vermeiden will bzw. wovor es Angst hat. Bei Wohlwollen versucht man diesen Bereich zu schonen. Wer hingegen kämpferisch gestimmt ist, der zielt möglicherweise auf diesen Bereich der Verwundbarkeit – und kann unberechenbare Reaktionen erwarten. Der Psychoanalytiker FRITZ RIEMANN sieht gemäß den vier Ängsten folgende **Persönlichkeitstypen**:

GEGENSATZ ZUM
HUMANISTISCHEN
ANSATZ: WERBE-
TEXTE – AUCH FÜR
SEMINARE – MIT
NUR EINEM TYP:
DEM „WINNER-"
ODER „POWER-TYP".
WAS WIRD AUS DEM
„LOSER"? IST DAS
DIE ZUKUNFT
MENSCHLICHER
KOMMUNIKATION?

schizoid
Angst vor Nähe

zwanghaft
Angst vor
Veränderung

hysterisch
Angst vor
Beständigkeit

Angst vor Distanz
depressiv

Grundformen der Angst (nach RIEMANN 1969)

Natürlich lässt sich auch lernen, mit der jeweils eigenen Angst zu leben und sie in positive Kommunikationsdynamik umzuwandeln – das ist Persönlichkeit. RIEMANNS Ansatz, der Angst einen entscheidenden Stellenwert zu geben, ist dagegen selbst tendenziell „depressiv", eben „ängstlich".

Kommunikationsstile nach SCHULZ VON THUN
Diese Stile entwickelte SCHULZ VON THUN aus seinem Modell der vier Seiten einer Nachricht *(Kap 2, S. 26)*. Er betont aber, dass jede Strömung in jedem Menschen an-

gelegt und auslösbar sei. Trotzdem habe jeder „bevorzugte Muster der Kontaktgestaltung, einhergehend mit bestimmten Vermeidungsmustern, die ihren lebensgeschichtlichen Hintergrund haben". Dazu gehört auch der Einfluss der jeweiligen Umgebung, der sozialen Systeme, in denen jeder lebt. Deswegen seien die Typ-Bezeichnungen niemals Urteile über Menschen, sondern Beschreibungen des Verhaltens, belegt auch durch viele Beispiele aus seiner psychologischen Praxis. Zudem sieht SCHULZ VON THUN in jedem Typ immer positive Lebensleistungen, die in einem **Wertequadrat** erfassbar sind. Darin zeigen die schwach ausgeprägten Werte zugleich die Richtung für eine „Kompassnadel", wohin sich eine Entwicklung der Persönlichkeit lohnen würde (**Entwicklungsquadrat**). VON THUN entdeckte acht Kommunikationsstile:

ÜBER PERSONEN
URTEILEN HEISST
GROTESKE BILDER
VON IHNEN
ZEICHNEN
—
PAVESE

– den bedürftig-abhängigen Stil,
– den helfenden Stil,
– den selbstlosen Stil,
– den aggressiv-entwertenden Stil,
– den sich beweisenden Stil,
– den bestimmend-kontrollierenden Stil,
– den sich distanzierenden Stil,
– den mitteilungsfreudig-dramatisierenden Stil.

Das Entwicklungsquadrat
Im Anschluss an HELWIG 1967 entwirft SCHULZ VON THUN für jeden Typ eine Chance, seinen Stil zu entwickeln. Ansatz ist die besonders auffällige Eigenschaft eines Menschen.

Beispiel: der sich beweisende Stil
Dort ist sicherlich das „Imponiergehabe" deutlich, also eine „entwertende Übertreibung" der sonst positiven Kraft, das eigene Können nicht zu verleugnen, es zu zeigen. Letztere steht im positiven Spannungsverhältnis zur Tugend „Eingestehen von Schwächen", also konträr zu 3; so wie 1 konträr zu 4 Selbstentwertung steht.

REIF IST, WER AUF
SICH SELBST NICHT
MEHR HEREINFÄLLT
—
HEIMITO VON
DODERER

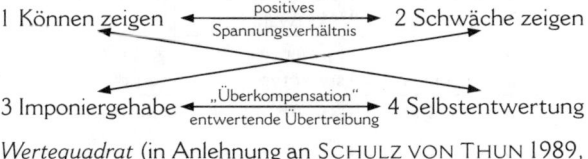

1 Können zeigen ⟷ *positives Spannungsverhältnis* ⟷ 2 Schwäche zeigen

3 Imponiergehabe ⟷ *„Überkompensation"/entwertende Übertreibung* ⟷ 4 Selbstentwertung

Wertequadrat (in Anlehnung an SCHULZ VON THUN 1989, S. 71 und 166)

Die empfohlene Entwicklungsrichtung ist hier also zu 2 hin, für den bedürftig-abhängigen Stil (4) zu 1 hin.

9.4 Sprechstile

Die Lehrerin will beim Elternabend nicht wie eine Psychologin auftreten, sondern mit den Eltern so umgehen, dass sie aus deren Zeichen ihre Einstellungen und Ziele möglichst gut erkennen und darauf eingehen kann. Sie selbst möchte sich klar und unverkrampft äußern. Sie hofft, dazu die richtige Tonlage zu treffen.

Jeder kennt den Unterschied zwischen ruhigen und lebhaften Sprechern. ERICH DRACH, professioneller Beobachter von Menschen beim alltäglichen und beruflichen Reden, unterschied die folgenden vier Sprechertypen (A–D). Ihr unterschiedlicher Sprech-Ausdruck in Ton und Sprache lässt sich am deutlichsten in Stress-Gesprächen erleben.

ERICH DRACH,
1885–1934,
SPRECHKUNDLER

Ausdruckstyp / Ausdrucksform	Typ A: Ausdrucksstärke mit Leichtigkeit	Typ B: Ausdrucksschwäche mit Leichtigkeit	Typ C: Ausdrucksstärke mit Hemmung	Typ D: Ausdrucksschwäche mit Hemmung
motorisch	stark	schwach, angedeutet	gehemmt, unvollständig	sehr schwach, schlaff
Lautstärke	mittel bis stark	mittel bis schwach	dauernd: zu laut oder in sich hinein knurrend	schwach und abnehmend
„im Stress"	brüllen	plärren	gespanntes Knarren	Steigerung der Stimmhöhe statt Lautheit
Akzentuierung	vielfach abgestuft	flach, gelegentlich zu stark	einförmig zum Sinnziel oder zum Satzschluss hin	gleichmäßig matt, klappernd
Intonation	intervallreich	beschränkte Intervalle	schematische Muster	eintönig und verhaucht
Tempo	schwungvoll bewegt	in sich gleichmäßig	abgehackt, ruckweise	zögernd abwägend, ängstlich
Wortschatz	groß	übergroß bis sehr gering	abstrakte Hauptwörter	wenig Zeitwörter (Verben)
Wortqualität	Neigung zum Bildhaftem	wahllos banal, Bildklischees	(zu) gewählte Wortwahl	reiche Palette
Satzbau	sicher und verzweigt	nachlässig, Umplanungen	formenarm, stereotyp	gut, oft verbessernd
Redeplan	überschaubar	kein „roter Faden"	klar, Abwägepausen	gut, lässt sich leicht stören
Summe	reden und einwirken auf andere macht Typ A Freude	in Stimmung: Freude am „Quasseln" ohne Rücksicht	nüchterne Zweckrede	Angst vor eigenen Worten

Die Lehrerin stellt sich vor, dass Typ A in einer Versammlung die Aufmerksamkeit der Anwesenden sicherlich am meisten fesselt, Typ D am wenigsten. B dürfte bei nüchternen Fachgesprächen gut wirken, C wenn es um Stimmung geht. Dagegen könnte D im persönlichen Gespräch viel besser wirken als A. Beim Elternabend möchte sie aber wie Typ A agieren. Vielleicht, überlegt sie, ist es ja auch möglich, jeweils auf den Sprechtyp der Eltern zu achten und daraus die richtige Reaktion abzuleiten. – Doch kann Kommunikation wirklich nach einem solchen Baukastenprinzip funktionieren? Oder gibt es noch andere, typübergreifende Prozessmuster der Kommunikation?

Der Sprechdenkprozess

In vielen Büchern von Sprachexperten wird die Ansicht vertreten, Sprechen sei die praktische Verwendung einer Menge von gespeichertem Sprachmaterial in der alltäglichen Praxis. Das entspricht in etwa dem Abruf von Teilen aus einem Baukasten. Daher die Ausdrücke „angewandte Sprache" oder „Sprachverwendung". Unsichere Sprecher glauben daher auch, sie müssten erst alles satzfertig gedacht haben, ehe sie den Mund aufmachen. Sie staunen, wie es aus Anderen herausprudelt.

Natürlich lernt jeder von Kindheit an viele Wörter und Formeln – ähnlich auch in Fremdsprachen. Dieses „Lexikon" im Kopf ist samt den grammatischen Regeln Bedingung für das Sprechen. Aber es erklärt nicht hinreichend das Vermögen, ganz neue Gedanken auszusprechen, Gefühle noch feiner zu differenzieren, manchmal sogar neue Wortschöpfungen zu bilden.

HEINRICH VON KLEIST beschreibt schon 1805 den ganz anderen Weg: „Von der allmählichen Verfertigung der Gedanken beim Reden".

KLEIST war nicht nur Dichter, sondern auch Jurist. War ihm eine Verwaltungsfrage nicht transparent, fing er an darüber zu reden – zu jemandem, der ohne Sachwissen einfach zuhörte. Seine Worte kamen zögerlich, mit Denkpausen, auch Verbesserungen, aber da Teilgefühle nun sprachlich organisiert wurden, gelangte er doch immer zu einem sachlichen Ergebnis und sah klar. Offenbar war er ein Typ, der das Herstellen und Auffinden von „Symbolen" (vgl. S. 21–23) erleben musste, und zwar in der Kommunikation: Schwerpunkt „Prozess-Erleben".

DER FRANZOSE SAGT „L'APPÈTIT VIENT EN MANGEANT", UND DIESER ERFAHRUNGSSATZ BLEIBT WAHR, WENN MAN IHN PARODIERT, UND SAGT, „L'IDÈE VIENT EN PARLANT".

—

HEINRICH VON KLEIST

DER DEUTSCHE
PSYCHOLOGE HEINZ
HECKHAUSEN ÜBER-
SETZT „FLOW" ALS
„FLUSSERLEBNIS".
DER SCHWEIZER
PÄDAGOGE HANS
AEBLI MÖCHTE DAS
LEBENDIGE „FLIES-
SEN" NICHT MISSEN
UND SAGT FLOW-
ERLEBNIS.

DA SPIELTE ICH AUF
DEM WEITEN RUND
SEINER ERDE/ UND
HATTE MEIN
ERGÖTZEN MIT DEN
MENSCHENKINDERN
—
BUCH DER SPRÜCHE
8,31 ÜBER DIE
WEISHEIT

Das Flow-Erlebnis

So heißt ein Buch, in dem der ungarisch-amerikanische Soziologe MIHALY CSIKSZENTMIHALYI (Tschiksentmihail gesprochen) einen KLEIST sehr ähnlichen Persönlichkeitstyp schildert. Bei Schachspielern, Tänzern, Bergsteigern und Chirurgen fand er als Gemeinsamkeit: **im Tun aufgehen.** Das geht körperlich und geistig; meistens ist beides kombiniert – beim Spielen, Tanzen, Klettern, Operieren usw. Offensichtlich wird dieser Typ in unserer **Erlebnisgesellschaft** immer häufiger. Ansätze zum Flow-Erleben finden sich aber bei allen Typen. Hierin liegt die Chance, die verschiedensten Typen durch gemeinsames Erleben von prozessualen Abläufen zu einer stressfreien, spielerischen Kommunikation miteinander zu bringen.

Andere wissenschaftliche Ansätze bestätigen das, z. B. die Beobachtung, dass ein **Fließgleichgewicht** von allen Systemen (Gruppen oder Individuen) angestrebt wird, um überleben zu können, also nicht ein nur konservatives Festhalten an dem, was man hat. Ähnliches benennen Systembiologen. Sie sprechen von permanenter **Autopoiesis,** d. h. von Selbsttätigkeit der Organismen. Sie umschließt das Organisieren und Heilen der eigenen Lebensvollzüge, wesentlich geprägt vom permanent fließenden Austausch, der Kooperation mit der Außenwelt, nicht vom Konkurrenzprinzip.

Die Lehrerin weiß jetzt genauer, wie sie sich auf den Elternabend vorbereiten und ihn gestalten wird:

1. *Sie besinnt sich auf ihren eigenen Typ und erkennt sich als „Helfende". Entwicklungstips: eigene Schwäche zeigen und andere auch herauszufordern. Sie wird also durchaus ihre eigenen Probleme mit der Klasse präsentieren. Beim Sprechen sieht sie Ausdrucksschwäche, gekoppelt mit -leichtigkeit. Sie wird also Sätze überlegen, mit denen sie Anforderungen an die Eltern stellt.*

2. *Sie lässt die eigene Erfahrung gelten: Ihr erstes Programmschema (vgl. S. 104) war im Ansatz richtig: ein Prozesserleben für alle. Erst Informationen über Lernstoff und Lernfortschritt geben, dabei allgemeine Probleme aufzeigen. Zusätzlich zeigen, wie jedes Elternhaus die Klassengemeinschaft beeinflusst, also mitverantwortlich ist für das Klima der Klasse.*

3. *Sie wird in der Diskussion auf die gegenseitige Ergänzung der verschiedenen Persönlichkeitstypen (Kinder und Eltern) zugunsten der Klasse hinweisen.*

4. *Sie will um Mitarbeit an einem gemeinsamen Projekt, z. B. einem Schulfest, werben.*

10. Familie und Partnerschaft

Am Samstag können Hans und Doris einmal richtig ausschlafen. Als sie gegen halb elf am Frühstückstisch sitzen, kommt Sohn Dieter, 19 Jahre, verschlafen und schniefend herein – hinter ihm ein Mädchen, etwa 18 Jahre alt, braune Haare, blinzelnd, unbekannt. Beide gehen wortlos zur Kaffeemaschine, gießen sich zwei Tassen ein. Plötzlich erinnert sich Dieter an den letzten Anpfiff seiner Mutter bei einer ähnlichen Situation. Schnell sagt er: „Kerstin, ich möchte dich meinen Eltern vorstellen." Und zu den beiden: „Das ist Kerstin Müller, sie ist im Leistungskurs Physik. Wir waren gestern in Tölz tanzen." Kerstin ist etwas erleichtert, dass das Eis gebrochen ist, denkt an „uralte" Benimm-Regeln und gibt beiden die Hand. Hans überlegt, dass Dieter zwar noch einen Fehler gemacht hat, aber immerhin ... Er wird ihn später darauf ansprechen. Jetzt will er den Morgen freundlich beginnen und sagt: „Da hat der Dieter ja Glück gehabt, dass Sie auch Physik mögen. Selten bei Frauen. Was fasziniert Sie daran?" Doris unterbricht: „Komm, Kerstin, setz' dich erstmal und frühstücke. Dann kannst du erzählen." Und zu Dieter: „Ich freue mich, dass du Kerstin mitgebracht hast. Wahrscheinlich war es gestern spät."

Es ist nicht so einfach, die besondere **Kultur** einer Familie zu kennen, geschweige denn sie zu beherzigen. Die Formen der Kommunikation sind typisch für eine bestimmte Familienstruktur – sowohl für Konflikte als auch für gelingendes, positives Leben miteinander. Sie spiegeln Muster wider, die im „**System**" dieser Familie gewachsen sind, z. B. wer Probleme zuerst anpackt, wer mehr Nähe schenkt – oder zu viel (vgl. Kapitel 3 und 9), wer immer nur belehrt und nie etwas einsieht, wer mit Alltagsstress kreativ umgehen kann und „Gemeinsames" sieht.

Störungen der Kommunikation in Familie und Partnerschaft wurden früher gerne als „Schuld" eines Einzelnen fest gemacht. Heute wissen die Menschen mehr über die Netzwerk-Struktur von Interaktionen, Reaktionen und gegenseitigen Abhängigkeiten. Abgekürzt wird das ausgedrückt in Formeln von der „Beziehungskiste" oder Hinweisen wie: „Dazu gehören immer mindestens zwei." Wenn Hans später seinem Sohn sagt, dass beim Vorstellen immer erst die Älteren angesprochen, aber die Jüngeren vorgestellt werden, kann dieser vielleicht erinnern, dass sein Vater das selbst zu selten vormachte.

Für die Kommunikation in Familie und Partnerschaft gibt es inzwischen eine große Anzahl von **Methoden**, mit dem System von Wechselwirkungen umzugehen. Solche „Schulen" sind sich aber alle darin einig, dass die Abklärung der gegenseitigen Beeinflussungen der erste Schritt ist, Probleme zu lösen.

Ein Wissen und Können um positives Denken, Fühlen und Tun „zu Hause" gehört zur Ausrüstung für das Leben. Diese private „kommunikative Kompetenz" prägt ihrerseits das öffentliche Leben.

10.1 Aktives Zuhören

ELTERN KÖNNEN
GANZ SPEZIFISCHE
KENNTNISSE ERWER-
BEN, DIE DIE KOM-
MUNIKATION ZWI-
SCHEN ELTERN UND
KINDERN – VON
BEIDEN SEITEN –
OFFEN HALTEN
—
THOMAS GORDON

VGL. „PERSONBEZUG
UND SACHBEZUG"
IN KAP. 2.2 UND
„VOLL KOMMUNIZIE-
REN" IN KAP. 1, S. 15

Das „aktive Zuhören" entwickelte THOMAS GORDON seit etwa 1970 in den USA. In Deutschland wurde er besonders mit seinem Buch „Familienkonferenz" bekannt. Aktives Zuhören basiert auf der **nicht-direktiven"** bzw. „klienten-zentrierten" Beratungsmethode (*counceling*) seines Lehrers CARL ROGERS (1942). Später schlossen sich andere Schulen dieser Gruppe an, wie etwa RUTH *COHN (vgl. Kapitel 8, TZI)*. Das aktive Zuhören wurde die Hauptmethode, um „festgefahrene" Systeme der Partnerbeziehung in psychologischer Beratung zu lösen – in Deutschland in der Gesprächspsychotherapie insbesondere von REINHARD und ANNEMARIE TAUSCH weiterentwickelt.

Worum geht es beim aktiven Zuhören?
Kein Mensch kann beim Zuhören alles „Gehörte" behalten. Deswegen filtert er – meistens so, dass das registriert wird, was interessiert und bekannt erscheint (Muster). Hier liegt schon die erste Wurzel der Missverständnisse. Damit jemand wirklich gut zuhört, also sich der Person und ihren Inhalten wirklich voll widmet, verlangt GORDON ein Zuhören, wie man es bei verliebten Paaren beobachten kann:

gegenüber dem Partner	gegenüber sich selbst
Haltung	Haltung
emotionale Wärme und positive Wertschätzung geben, d. h. zum Beispiel, nicht die eigene Verteidigung vorbereiten	die eigenen Gefühle annehmen, nicht schon bei sich als Vorwurf formulieren, vielmehr die eigene emotionale Befindlichkeit beachten (Selbstkongruenz)
handeln	handeln
emotionale Erlebnisinhalte des Partners verbalisieren, z. B.: „Du hast dich verraten / stehen gelassen gefühlt?"	die eigenen Gefühle direkt verbalisieren; z. B.: „Ich bin jetzt ratlos, wie ich das verarbeiten soll. Ich habe Angst, nur eine Kurzschluss-Antwort zu geben."

„Gebote" für aktives Zuhören

Aktives Zuhören – Verbote

Damit der Partner nicht davon abgelenkt wird, seine eigene Erlebniswelt im Reden zu entwickeln, verbieten ROGERS / GORDON den Zuhörenden folgende „Direktiven":
- werten / moralisch urteilen
- die Antwort des Anderen interpretieren
- trösten
- nachforschend fragen
- glatte Problemlösungen anbieten.

Was bleibt dann aber als Gesprächsmöglichkeit übrig?

Aktives Zuhören – Ratschläge

- Das sogenannte **paraphrasierende Verbalisieren** ist die beste „aktive" Methode der Zuhörenden: Wiederholen des Gehörten mit eigenen Worten, „reformulieren".
- Der Tonfall zeigt dabei an, dass man sich korrigieren lässt, im Sinne von: „Wenn ich richtig verstanden habe, dann empfindest / empfandest du Folgendes ..."
- Manche Beratungsschulen nennen das „Spiegeln". Man könne sogar durch ähnliche Körperhaltungen wie der Angehörte in dessen „Stimmung" geraten, um zu verstehen (engl.: *pacing* (Gleichschritt).
- Entscheidend ist das „**direkte Verbalisieren**" der Gefühle des anderen. Was das heißt, zeigt am besten der kommende Aspekt.

EMPATHIE UND ICH-IDENTITÄT

Eigener Gefühlsausdruck – Verbote

- eigene Gefühle nicht indirekt verbalisieren

  Albert hat sich mit Anna um 7 Uhr abends an der Normaluhr verabredet. Sie kommt eine halbe Stunde später. Albert legt los: „Na endlich! Du hast 'ne halbe Stunde Verspätung. Immer kommst du zu spät." Anna: „Es ging nicht anders. Überstunde. Du kannst auch mal warten." Das Ergebnis: miese Stimmung; die Aufarbeitung braucht lange.

  „Indirekte" Gefühlsäußerungen waren: der Ausruf, danach die „Feststellung", dann der Vorwurf und das generelle „immer". Bei Anna: die Feststellung, die Kurzinformation, der Appell am Schluss. Warum äußern sich beide indirekt? Die Gefühle selbst werden nicht benannt (wie im nächsten Beispiel). Der Hörer denkt sie sich, schließt sie auch aus dem Tonfall.
- sogenannte „Du-Botschaften" unterlassen
  Im Beispiel sagt keiner „ich". Das „du" herrscht besonders bei Albert vor. Es hat beurteilenden Charakter und löst Verteidigungshaltung aus.

DER TON MACHT DIE MUSIK. IN DEN TONALEN SPRACHEN – WIE IM CHINESISCHEN – VERÄNDERT DIE WORTMELODIE SOGAR DIE GESAMTE WORTBEDEUTUNG.

Eigener Gefühlsausdruck – Gebote

– eigene Gefühle direkt beschreiben (verbalisieren)

🌑 *Albert zu der verspäteten Anna: „Ich hatte schon Angst, dass du gar nicht mehr kommst. Außerdem bin ich sauer wegen dem Warten. Was war denn los?" Anna: „Ich bin auch sauer – auf den Chef: plötzliche Überstunden. Und abgehetzt bin ich, denn ich hab' mich sehr beeilt. "*

Entscheidend ist, dass die eigenen Gefühle direkt benannt werden. Das geschieht am ehesten bei **Ich-Botschaften**. Allerdings gibt es auch da Mogeleien, z. B.: „Ich kann nur mit Leuten arbeiten, die zuverlässig sind!" Trotz Ich-Formulierung ist das keine Beschreibung der eigenen Gefühle, sondern ein indirektes Urteil über andere. Keine Mogelei, sondern sehr hilfreich ist der Gebrauch von **Metaphern**: „Ich hab' mir hier die Beine in den Bauch gestanden; ich komme mir vor wie ein Eiszapfen am Nordpol ..." – Bilder benennen Emotionen.

Da im „aktiven Zuhören" (bzw. dem „Counceling") erstmalig genaue sprachliche Regeln erarbeitet wurden, die ein „Spielsystem" machtfreier Kommunikation ermöglichen sollen, gelangten diese Regeln aus der Beratung von Partnern, Ehepaaren, Familien, Lehrern usw. bald auch ins berufliche Feld *(vgl. Kapitel 11).*

METAPHER VON GRIECHISCH „META PHEREIN" = ÜBERTRAGEN; STILFIGUR, IN DER DIE BEDEUTUNG EINES UNANSCHAULICHEN BEGRIFFS IN EIN BILD ÜBERTRAGEN WIRD, Z. B. NAIV → BLAUÄUGIG; KÜNSTLICHE WORTWAHL → GEDRECHSELTE REDE

HABT DANK FÜR EURE GEDULD, WENN'S MEHR ALS EINE MEINUNG GAB

REINHARD MEY IM CHANSON „GUTE NACHT, FREUNDE"

10.2 Familienrollen und Kommunikationsspiele

In der sogenannten **Transaktionsanalyse** (TA) wird ein System von Interaktionen beschrieben, das die Partner unbewusst benutzen, um bestimmte **kommunikative Rollen** zu behalten oder anderen zuzuweisen.

🌑 *Judith (15) fährt ihren Bruder Marco (10) an: „Wenn du noch einmal mein Fahrrad nimmst, ohne zu fragen, dann kriegst du Putzdienst aufgebrummt. Ich bring dir noch bei, dich anständig zu benehmen!"*

Judith spielt sich in ihrer „Hinüber-Handlung" (Transaktion) wie ein **Elternteil** auf. Es kommt jetzt darauf an, wie Marco antwortet. Er hat drei Möglichkeiten – je nachdem, welche eigene Rolle er aktiviert.

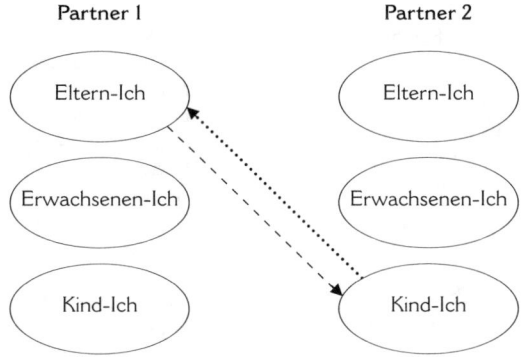

Partner 1	Partner 2
Eltern-Ich	Eltern-Ich
Erwachsenen-Ich	Erwachsenen-Ich
Kind-Ich	Kind-Ich

Ich-Zustände nach der Transaktionsanalyse

Jeder Mensch kann in der Kommunikation drei verschiedene Rollen aktivieren, die er in sich seit der Kindheit ausgebildet hat.

Judith hat gegenüber dem jüngeren Marco ihr Eltern-Ich aktiviert *(gestrichelter Pfeil)*.

- Entspricht Marco der „Vorgabe" Judiths, wird er aus dem Kind-Ich antworten: „Du hast ja recht. Tut mir leid. Aber ich musste schnell zum Klavierunterricht." Er reagiert dann „parallel" zu Judith *(Abbildung oben, punktierter Pfeil)*, bleibt das „Kind"; es gibt keinen Krach.
- Will er ihr mit gleichem Machtanspruch heimzahlen, wird er Folgendes versuchen: „Wer benimmt sich denn hier schlecht? Statt erst mal zu fragen, warum, wird gleich gemeckert. Lern' du erst mal 'nen anständigen Umgangston." *(Abbildung nächste Seite, punktierter Pfeil)*

Mit diesen Transaktionen kommen beide „über Kreuz". Marco protestiert gegen seine Rolle. Er will Judiths Position als Mutter nicht einfach hinnehmen – obwohl sie in der Sache Recht haben mag. Muss er einfach „den Spieß umdrehen" oder gibt es noch andere Formen der Zurückweisung? Der Erfinder der Transaktionsanalyse, ERIC BERNE, rät in seinem Buch „Spiele der Erwachsenen", dass man aus dem Erwachsenen-Ich argumentieren solle. Marco könne sagen:

- „Du ärgerst dich – aber ich auch, dass du nicht erst fragst, was los war. Du warst nicht da, mein Rad aber hatte einen Platten. Und das habe ich erst gemerkt, als ich dringend zum Klavierspielen musste. Natürlich frage ich dich sonst. Aber in Ausnahmen können Geschwister ruhig mal einander aushelfen. Siehst du das nicht auch so?"

Eine solche Antwort *(Balken in der Abbildung S. 116)* überkreuzt zwar immer noch die erste Transaktion, aber sie lädt den Partner auch ein, aus seinem Erwachsenen-Ich in einem partnerschaftlichen Ton miteinander zu verhandeln.

EIN BUCHTITEL VON THOMAS A. HARRIS GIBT DIE BESTE MERKFORMEL ZUR PARTNERSCHAFTLICHEN GRUNDHALTUNG DER KOMMUNIKATION: ICH BIN O.K., DU BIST O.K.

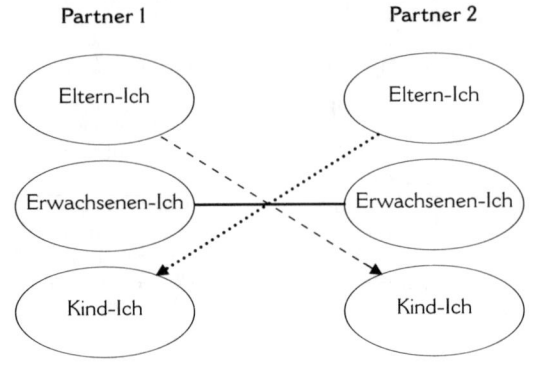

Partner 1	Partner 2
Eltern-Ich	Eltern-Ich
Erwachsenen-Ich	Erwachsenen-Ich
Kind-Ich	Kind-Ich

„Gekreuzte Transaktionen" erzeugen Konfliktpotential, **bergen** Chance, in partnerschaftliche Beziehung zu treten, wenn beide aus dem Erwachsenen-Ich transagieren.

Sind Wort und Ton ungleich, entstehen verdeckt gekreuzte Transaktionen.

Gekreuzte Transaktionen

„**Spiele in der Familie**" entstehen dann, wenn sich Transaktionen wiederholt zu Prozessmustern verdichten. Solche Beziehungs-Systeme werden auch in den Beruf übertragen und gerne wiederholt *(vgl. Kapitel 11)*.

Spiel-Formen: eine Auswahl

„Gerichtssaal":
Vater und Tochter im Streit holen die Mutter: Sie soll entscheiden. Oder: Der Eheberater soll darüber richten, wer Recht hat (ein Über-Eltern-Ich soll einem „Kind" die Eltern-Ich-Marke verleihen).

„Wer von euch wird Sieger":
Paul erzählt seiner Frau von dem Rüffel durch seinen Chef. Sie hört sich das an und sagt: „Das kannst du nicht auf dir sitzen lassen. Sag ihm mal richtig die Meinung!" (Eltern-Ich). Wenn Paul am nächsten Abend von dem Krach erzählt, hat sie ihr Ziel als „Mutter" erreicht: Das „Kind" ist ein tüchtiger Kämpfer.

„Sieh bloß, was du angerichtet hast":
Ein Mann (oder ein Manager) bittet seine Frau (seinen Mitarbeiter) um Vorschläge für eine Geldanlage. Er folgt dem Vorschlag, aber als das Ergebnis nicht befriedigend ist, heißt es: Sieh, was du angerichtet hast. Ziel ist: die eigene Position des Eltern-Ich in Isolation zu bewahren und die Verantwortung nicht zu teilen.

„Ja-aber-Spiel":
Jemand bittet um Ratschläge, verwirft aber alle mit der verdeckten Gegenbotschaft: Wehe, ihr seid gescheiter als ich.

◆ In allen „Spielen", die zu keinem „balancierten Vertrag" kommen, hat mindestens eine Seite den Gedanken: du bist nicht o.k.

„Das ist nicht mein Problem!"
Dies ist eine ganz besondere Spielform. Entdeckt wurde sie von THOMAS GORDON, aber von der Transaktionsanalyse kann sie differenziert werden. GORDON beschreibt eine **legitime**, ja sogar notwendige Spielart:

● *Wenn Geschwister im Streit die Mutter als Richterin anrufen, kann diese sagen: „Das ist nicht mein Problem. Ich will euch aber helfen, zu erkennen, worum es geht (klärendes Beschreiben), dann könnt ihr überlegen, wie ihr euch einigt, denn es ist euer Problem."* Sie will nicht „Helferin-Befriedigung" spüren, aber wohl das nötige Spiel des „Erwachsen-Werdens" als „neutrale Beobachterin" begleiten.

Das **illegitime** Spiel dieser Art:

● *Fußballtrainer A hat seinem Kollegen B durch Doping-Unterstellungen in einer Zeitung geschadet. B verlangt eine Richtigstellung. A drückt sich: „Das ist sein Problem." A selbst hat das Problem aber erzeugt, will nur Eltern-Ich spielen. Sagt auch der Fußballverband, obwohl es beim Doping um zentrale Verbandswerte geht: „Das geht uns nichts an", schaut also weg, dann kann dieses Verhalten Werte aushöhlen.*

10.3 Rückmeldung oder „Feedback"

● *Wortfetzen aus Familien-Streitereien:*
„Du hast meinen Kamm kaputt gemacht!" „Was willst du eigentlich mit deiner blühenden Phantasie!?" „Du tust wieder ganz unschuldig!" „Und du spielst mal wieder die Kommissarin ohne Beweise!" „Du bist 'n Blödmann!" „Und du 'ne alte Ziege!" „Ihr seid beide Streithähne!" „Jetzt misch dich nicht ein. Du hältst immer zu ihm." „Ich habe nur keine Lust auf euren täglichen Streit. Könnt Ihr eure Probleme nicht etwas sachlicher austragen?"

Alle Äußerungen – mit Ausnahme der letzten – sind Einschätzungen der anderen Person. Psychologen nennen das auch **Attribution** = Zuschreibung einer Eigenschaft. Manche dieser „Du-Botschaften" sind verletzend. Sie geben die Gefühle der Senderperson nur indirekt wieder. Gemeinsam ist ihnen der Charakter einer „Rückmeldung" auf das Verhalten eines anderen.

In der Kommunikationstheorie ist für eine überlegte, nicht spontane Rückmeldung der englische Name **Feedback** (wörtlich: Rückfütterung) üblich. Warum? Deutsche verbinden mit dem Gedanken des „mal die Meinung sagen" meistens das Bild eines leichten Wutausbruchs. Diese Assoziation ruft ein schlechtes Gewissen hervor und die Scheu, überhaupt mal „jemandem Bescheid zu sagen". Daher geschehen solche „Rückkoppelungen" zu selten und – obwohl für das Zusammenleben dringend erforderlich – oft zu spät, dann aber in meist aggressivem Stil und Ton.

KEIN INDIVIDUUM IST SICH SELBST GENUG; DAS INDIVIDUUM KANN NUR IN EINEM ES UMGEBENDEN FELD LEBEN. DAS INDIVIDUUM IST UNVERMEIDLICH IN JEDEM AUGENBLICK TEIL EINES FELDES — FRITZ PERLS

Unter „**Feedback**" wird in der Kommunikations-Fachsprache eine formalisierte „Rückmeldung an jemand andern" verstanden, die das gegenseitige Verhältnis im Miteinander-Umgehen (Kommunikation) abklären und fördern soll. Das kommunikative System wird so in einem „Fließgleichgewicht" gehalten.

Um verletzendes Verhalten möglichst auszuschließen, ist unter dem Einfluss der „Spielregeln für positive Kommunikation" von ROGERS, GORDON, der TA und anderer Schulen (z. B. der Gestaltpsychologie von FRITZ PERLS) ein festes **Formular für Feedback** entstanden. Es wird in seiner strengen und meistens recht ausführlichen Form nur in psychologischen Beratungen oder Trainingsgruppen angewendet. Für Partnerschaft und Familie, für Freundes- oder Kollegenkreis genügen einige knappe Merksätze.

VOR JEDEM FEEDBACK IST EINE ÜBERPRÜFUNG DER EIGENEN WAHRNEHMUNG SINNVOLL — VGL. KAP. 8.2

Kurzregeln für ein optimales Feedback

1. den **Sachverhalt** beschreiben, ohne zu interpretieren

„Ich habe beobachtet dass Sie seit 15 Minuten reden und kein anderer dran kommt."

2. die persönlichen **Gefühle** direkt oder als subjektiven Eindruck verbalisieren

„Ich wurde immer nervöser und habe mich über die lange Einleitung geärgert."

„Das machte auf mich den Eindruck, als wollten Sie keine Diskussion."

3. den persönlichen **Wunsch** oder die eigene Vorstellung benennen

„Ich wünschte mir, dass wir auch mal nach unserer Meinung gefragt würden."

"Es wäre schön, wenn wir schneller zu einem Meinungsaustausch kämen."

"Ich könnte mir vorstellen, dass eine Begrenzung der Redezeit sinnvoll wäre."

Bedingungen für das Geben eines Feedbacks

- Für ein gutes „Ankommen" des Feedback ist es am besten, wenn die Bereitschaft zum Empfang des Feedback vorher eingeholt wird, z. B.: „Ich möchte Ihnen gerne sagen, wie Sie (bei der Sitzung ... / seit einiger Zeit / jetzt) auf mich gewirkt haben. Sind sie einverstanden?" Erst bei Zustimmung beginnt das Feedback.

- Allerdings gibt es im Alltag Situationen, in denen es wichtiger ist, nicht „hinterm Berg zu halten", als erst diese Bedingung erfüllt zu sehen. Dann sollte man mit einer Einleitung über sein augenblickliches Gefühl starten. R. COHN nennt das ein „Blitzlicht". Beispiel: „Ich bin im Augenblick sehr unzufrieden". Danach folgt 1. bis 3. *(siehe S. 118)*.

- Eine weitere Bedingung: Feedback sollte nur unter vier Augen gegeben werden. Niemand will sich vor anderen blamiert fühlen. Image-Verlust wird in allen Kulturen als besonders schmerzhaft empfunden.

- Von dieser Bedingung gibt es Ausnahmen: In der Familie ist es üblich, Feedback vor mehreren zu empfangen oder zu geben. Das kann auch im Beruf bei einer Gruppe nötig sein, die sich gut kennt und an einem gemeinsamen Thema arbeitet (die Beispiele oben setzen eine solche Runde voraus).

DAS AUSEINANDER-STREBENDE VEREI-NIGT SICH, AUS DEM VERSCHIEDENEN ERGIBT SICH DIE SCHÖNSTE HARMO-NIE, UND ALLES ENTSTEHT AUF DEM WEGE DES STREITES

—

HERAKLIT (544–464 V. CHR.)

Ein Feedback empfangen

Ratsam sind z. B. die folgenden Reaktionsweisen:

- sich nicht verteidigen, aber laut sagen: „Danke! Interessant, wie Sie das sehen" o. Ä.

- sich über die Offenheit freuen, aber denken: Ich bin nicht auf der Welt, um nur so zu sein, wie *ihr* wollt.

10.4 Indirekte Kommunikation

Elke sitzt am Computer, Ernst bereitet das Abendessen vor. Da verkündet die Stimme aus dem Fernseher den Beginn der Abendnachrichten. Stillschweigend schaltet Elke ihren PC aus, Sohn Jany kommt von seinen Schularbeiten an den Tisch, Ernst bringt den Tee aus der Küche und alle fangen an, zu essen.

Alle wissen: Werden die Nachrichten angestellt, dann ist das Abendessen bereit. Man findet sich zur Runde am Familientisch, ohne direkte Einladung. **Indirekte Signale** organisieren die Kommunikation der meisten Familien mehr als direkte. Wenn z. B. die Mutter Jany deutlich machen will, er solle nicht so schlürfen, macht sie es einfach besonders laut vor. Dann weiß Jany schon Bescheid. Oder: Alle kennen das

KULTUR IST ZUSAMMENARBEIT

—

HENRY GEORGE, AMERIKANISCHER SOZIALPHILOSOPH (1839–1997)

Thema, über das sich der Großvater besonders erregt – und vermeiden es. Wenn überlegt wird, welche der Bekannten von Ernst zum Geburtstag eingeladen werden sollen, blockiert Elke die Nachricht an Norbert mit den Worten: „Der redet dann wieder nur über Berufliches". Das ist zwar „direkt", aber gleichzeitig spürt Ernst dabei die an ihn gerichtete „indirekte" Botschaft: Es wäre schön, wenn auch du nicht nur über den Betrieb reden würdest!

Direkt oder indirekt?

Beim „aktiven Zuhören" wird besonderer Wert auf das „direkte" Ausdrücken der Gefühle gelegt. Warum und wann nun doch eine positive Bedeutung des Indirekten? Es geht um verschiedene Situationen, aber immer darum, dem Partner die Kommunikation zu erleichtern.

„DIREKT" = UNMITTELBAR, „DIREKTIV" = VERHALTENSREGELN GEBEND

– In **konfliktnahen Situationen** bringen Du-Botschaften (indirekte Äußerungen) den Partner in eine Haltung der Verteidigung; andererseits sollen die eigenen Gefühle nicht unterdrückt werden: also empfiehlt sich „direktes" Verbalisieren. Dann fühlt sich das Gegenüber nicht „dirigiert".

– In **„ungespannten" Alltagsabläufen** würde es eine Belastung des Partners sein, wenn die indirekte Auslösung konventioneller Bedeutungen jedes Mal zusätzlich beschrieben und direkt erklärt würde – wie teilweise in der TA oder anderen Psychologien. Es gibt **Grenzen der Kommunikationsanalyse**. Gewohnte Bilder und Formeln des Alltags müssen nicht ohne Not wissenschaftlich zerlegt werden. Nur dann, wenn das Chaos des Missverstehens sich vor die alltäglichen Lebensabläufe schiebt, ist die Analyse der Begriffsmerkmale und die Abklärung der Situation erforderlich. Das eigentliche Leben geschieht aber nicht im Zergliedern, sondern im Anwenden der leicht zur Verfügung stehenden Bilder und Gewohnheiten des Alltags. Sie „indirekt", gleichsam „en passant", einzusetzen oder einzufordern, entspricht einem positiven, "leichten" **Spiel** der Kommunikation – solange diese nicht gestört ist.

IHR MÜSST DICHTUNG EINMAL ATMEND UND WARM AM HERZEN GESPÜRT HABEN, EHE WIR SIE ZU ANATOMISIEREN ANFANGEN
—
STEFAN ZWEIG

Die „leichte" Beziehung zu den Partnern und die daraus entstehende gemeinsame Sache ist der Mittelpunkt vertrauter Kommunikation, nicht die dogmatische Anwendung einer bestimmten Methode.

Symbolische Interaktion im weiten Sinn

In Kapitel 1.3 wurde deutlich: „Zeichen" sind immer zusammengesetzt aus dem „Bezeichnenden" (materielle Form) und dem „Bezeichneten" (bedeuteter Inhalt). Viele verwenden für Wörter und alle anderen Zeichen, z. B. eine Geste, das griechische Wort „Symbol". Sprachwissenschaftler meinen damit nur Wörter, die im Lexikon stehen.

„Symbolische Interaktion" im **Alltag** verwendet den erwähnten weitesten Symbolbegriff. Dort wird die herkömmlichste Bedeutung eines allgemeinen Zeichens erst einmal „indirekt" ausgespielt. Nur wenn die Bedeutung unverständlich ist, wird sie immer „direkter" angesteuert, immer genauer erklärt. Dieses „**Gesetz der vertikalen Zeichenökonomie**" sagt, dass zuerst zwar die traditionelle, klischeehafte Bedeutung aktualisiert wird. Bei Missverstehen beginnen aber analysierende Schritte in die Tiefe. Merkmale des Unterschieds zu anderen Symbolen werden immer genauer, rationaler und direkter, aber gleichzeitig auch immer abstrakter und wissenschaftlicher formuliert.

BÜHLER SAGT IM ORGANON-MODELL DAZU: EIN SPRACHZEICHEN IST SYMBOL KRAFT SEINER ZUORDNUNG ZU GEGENSTÄNDEN UND SACHVERHALTEN

—

VGL. KAP. 2.3

Das „**Gesetz horizontaler Zeichenökonomie**" will dagegen die Leichtigkeit der indirekten Bedeutungsanspielung bewahren und nicht gleich die Tiefe der Bedeutungsanalyse bemühen. Wie zum Beispiel?

Ein Schweizer und ein Hamburger unterhalten sich über einen als ungeschickt geltenden Kollegen ihrer Firma. Der Schweizer: „Der ist halt ein ‚Chaib'." Der Hamburger: „Was ist das?" Der Schweizer definiert nicht direkt, sondern übersetzt „horizontal": „Er hat ein Brett vor dem Kopf."
Ein beiden Personen bekanntes Alltagsbild hat geholfen. Dieser Wechsel von einer Symbolsprache in eine andere – ohne „Tiefenbohrung" – ist in der Familie oder unter Bekannten der häufigste Ausweg bei Unverständnis. Fachleute nennen das „**Code Switching**".

WIE WIR SEIT KLEISTS „MARIONETTENTHEATER" WISSEN, IST DAS, WORUM MAN SICH ABSICHTSVOLL BEMÜHT, NICHT MEHR DASSELBE WIE DAS, WAS VON SELBST GESCHIEHT

—

FRIEDEMANN SCHULZ VON THUN

Codes indirekter Kommunikation

- **Humor**: Oft können verfahrene Situationen besser durch einen Witz als durch direktes Moralisieren oder gar wissenschaftliche Analyse gelöst worden. Wenn jemand auf seinen Prinzipien herumreitet, kann eine „indirekte" lustige Anspielung auf ähnliche Fälle seinen Machtanspruch ohne Krampf relativieren.
- **Körpersprache**: „Extraverbale" Signale verraten oft die echten Gefühle eines Partners. Sie können auch als indirekte Kommunikationsmethode bewusst eingesetzt wer-

WAS EINE PERSON IM NONVERBALEN BEREICH TUT, GILT FÜR GEWÖHNLICH DER PERSON, DIE AUSGESPROCHEN ODER UNAUSGESPROCHEN BETEILIGT IST

—

FRITZ PERLS

WÄHREND EINES
BESUCHES BEI EINEM
EXPERTEN FÜR NON-
VERBALES VERHAL-
TEN SIEHT MILTON
ERICKSON EINE
SKULPTUR, DIE ER
BEWUNDERT.
WÄHREND DES
GESPRÄCHS SCHAUT
ER NIE HIN, DAMIT
KEINER MERKT, WIE
GERNE ER DAS
KUNSTWERK
BESÄSSE. BEIM
ABSCHIED SAGT DER
GASTGEBER: SIE
KÖNNEN DIE SKULP-
TUR HABEN.

den: Wer nachahmt, was der Partner körperlich tut, wird dessen Gefühle eher verstehen.

- **Akustik:** Ausdrucksmittel der Stimme, also akustische Merkmale, wirken beim Gespräch stets mit *(vgl. S. 47).* Müssten wir deren indirekte Botschaften immer zusätzlich verbalisieren, wie etwa ein Romanschreiber, wäre das Leben sehr anstrengend – und langweilig. Je intimer man sich kennt, um so leichter entschlüsselt man diese Signale (para- und extraverbal = nonverbal).

- **Indirekte Sprechakte:** Sagt Elke während des Abendessens: „Mir ist kalt", können das die anderen im Raum auch als Aufforderung verstehen, das Fenster zu schließen. Linguisten haben dazu viele Bücher verfasst. Indirekte Sprechakte im Alltag zur erkennen und – falls nötig – in direkte zu übersetzen, ist eine häufige Aufgabe der Kommunikation.

- **Erzählen:** Geschichten, Erlebnisse, Beispiele, Stories oder Anekdoten zeigen oft viel deutlicher, „was los ist", als Analysen. Das gilt nicht nur für Familien, sondern auch für Schulen, Betriebe, ja sogar Konzerne.

- **Riten:** Das Beispiel von Ernst, Elke und Jany zeigt ebenso wie die Musterbildung *(vgl. Kap. 9.1):* Gewohnheiten erleichtern das Leben. Werden sie zu rituellen Abläufen, ermöglichen sie noch mehr indirekte Kommunikation. Trotz der Gefahr ihrer Erstarrung gilt, was FRITZ PERLS sagt: „Wenn bei einer Veranstaltung keinerlei Ritual wäre – kein Toast, kein Händedruck, keine Rede, keine Prozession, keine Zeremonie irgendwelcher Art –, die ganze Sache erschiene bedeutungslos und banal. Das Ritual ... vereint die Menschen."

- **Sachziele:** Gemeinsame Projekte sind Basis vieler indirekt fließender Kommunikationen, manchmal letzter „Kitt": Solange gemeinsam am neuen Haus gebaut wird, geht alles gut. In der anschließenden Zeit der Ruhe beginnt oft die Trennung.

- **Kunst:** Vom Musikhören oder -machen über Theater und Literatur bis zu bildender Kunst und Artistik gilt: Kunst integriert Sachebene und Personebene, indirekte und direkte, analoge und digitale Kommunikation. Sie kann starke Kräfte entbinden, Partnerschaft zu pflegen.

10.5 Die Kunst gelingender Kommunikation

Für diese Kunst sind **integrative Konzepte** nötig, d. h. die Verbindung von indirekten und direkten, von emotionalen und rationalen Kommunikationen. Sie können Menschen handlungsfähig machen. Natürlich sind diese Konzepte nicht „perfekt" – jedes hat seine Vor- und Nachteile. Ein Problem liegt schon darin, dass die meisten Konzepte aus therapeutischen Ansätzen gewonnen wurden und vom Grenzfall der Krankheit nun ein Ideal von Normalität aufbauen, es zum Muster für den Alltag machen. Dadurch werden hier und da einzelne Aspekte stärker zum Brennpunkt, andere dagegen ausgeblendet (z. B. politische Einflüsse). Die meisten Konzepte gehen davon aus, dass die Familie oder wenigstens die Lebenspartnerschaft die primäre Kommunikationsgemeinschaft ist. Daran orientieren sich sogar Wohngemeinschaften oder Arbeitsgruppen *(vgl. Kapitel 11)*. Hier gibt es noch viel Klärungsbedarf und die Notwendigkeit der kritischen Mitarbeit der Anwender solcher Konzepte.

Die Gestaltpsychologie

Anne hört auf dem Heimweg aus einem Fenster ein paar Tonfetzen einer Klarinette. Sie bleibt stehen, versucht die Melodie zu erkennen. Da entdeckt sie auf dem Pflaster ein paar – offensichtlich von Kindern gemalte – bunte Striche. Sie versucht, darin eine Figur zu entdecken.

Schon Anfang dieses Jahrhunderts haben Psychologen wie WERTHEIMER erkannt, dass unsere Wahrnehmung immer darauf aus ist, vereinzelte Elemente zu einer **Sinngestalt** zu verbinden. KURT LEWIN entdeckte in den 20er Jahren, dass das auch für unsere „Gefühlsfetzen" gilt. Daraus entwickeln wir Einschätzungs-Gestalten für uns selbst und andere. Diese subjektiven Wertungen halten wir aber meistens für „objektiv". FRITZ PERLS (1893 – 1970) entwickelte eine Methode, die daraus entstehenden Konflikte der Person mit sich und ihrer Umwelt zu ändern. Sie sollte ihr Selbst sich gegenüber sitzend vorstellen („**heißer Stuhl**") und diesem „Ich" von außen die Meinung sagen. Die Person würde durch Ehrlichkeit entdecken, wie sie spontan in ihrem Beziehungsfeld handelt und dabei unbewusst Hilfen *(support)* einsetzt, die eine sinnvolle Gestaltung dieses Feldes versuchen.

Das „Ich" ist immer in gestalt-empfangender und -gebender Kommunikation mit seiner Umwelt. Wer das realisiert, kann sein „Jetzt" voll ausgestalten.

DER MENSCH, DER IN LEBENDIGEM KONTAKT MIT DER GESELLSCHAFT LEBEN KANN, DER SICH WEDER VON IHR VERSCHLINGEN LÄSST NOCH SICH VÖLLIG AUS IHR ZURÜCKZIEHT, IST EIN GUT INTEGRIERTER MENSCH

—

FRITZ PERLS

Neurolinguistisches Programmieren (NLP)

⟩ *RICHARD BANDLER studierte Anfang der 70er Jahre an der Universität Santa Cruz, California. Bei F. PERLS hatte er die Gestalttherapie gelernt und war mit 22 Jahren selbst ein guter Therapeut. Da er auch Mathematik und Informatik studierte, wollte er seine intuitiven Heilerfolge auf Regeln zurückführen. Gerade hatte der junge Linguist JOHN GRINDER ein Lehrbuch zur „Transformationsgrammatik" publiziert. BANDLER bat ihn: „Sie haben gezeigt, wie man im normalen Sprechen von Menschen komplexe Muster auffinden kann. Finden Sie das auch für meine Therapie, um sie andere zu lehren."*

GRINDER ließ sich darauf ein, aber lernte erst selbst die Therapie. Dazu verwendeten sie noch die Methoden anderer intuitiver Erfolgsheiler in den USA, etwa MILTON ERICKSONs (1902 – 1980) Hypnose, des „Vaters" der modernen Kommunikationstherapie. Auch die Familientherapeutin VIRGINIA SATIR fragten sie nach ihren Methoden. SATIR sagte nur: „Man hat es im Bauch". Aber BANDLER und GRINDER wollten klar beschreibbare Muster der therapeutischen Kommunikation dieser „Zauberer" gewinnen. Sie bildeten **Methoden-Modelle**, damit Menschen

– ihr inneres Erleben bewusster, „mit sich versöhnt", organisieren,
– es nach außen sinnlich wahrnehmbar, aber nachvollziehbar, vermitteln und
– so zu geglückten Kommunikationen kommen.

Diese Modelle konnte man lehren, auch für den Alltag. Der Name **NLP** wirkt oft so wie das ganze Programm: etwas mystisch („neuro" meint aber lediglich, dass die Modelle Entsprechungen im Nervensystem haben; „linguistisch" meint die Bedeutung der Sprachmuster), gleichzeitig aber auch technisch wegen des „Programmierens". Tatsächlich sind viel mehr „direktive" Methoden im Einsatz als z. B. beim Aktiven Zuhören. Andererseits ist die Grundorientierung des NLP: Entwicklung der Persönlichkeit mit höchstem Respekt vor deren eigenen Zielen und „aufklärendes" Bewusstwerden der damit verbundenen Werte und Emotionen. Sie ist daher weniger „systemisch", hilft aber zunehmend, wie „Einzelne in Systemen" lernen.

Die Balint-Methode

Sie entstand als Selbsthilfe für Ärzte. MICHAEL BALINT (1896 – 1970) entdeckte, dass die gegenseitige Beeinflussung auch im Feld „Arzt – Patient" erfolgt – sogar so, dass körperliche und seelische Stimmungen des Patienten den

EINE PERSÖNLICHKEIT IST DER AUSGANGS- UND FLUCHTPUNKT ALLES DESSEN, WAS GESAGT WIRD UND DESSEN, WIE ES GESAGT WIRD

—

ROBERT MUSIL

Arzt ergreifen können und umgekehrt. Um die in der Zeitnot des ärztlichen Alltags immer kurzen, blitzlichtartigen Begegnungen auch bewusster entschlüsseln zu können, treffen sich Ärzte regelmäßig, erzählen solche Fälle, besonders jene körperlichen Empfindungen („Sensationen"), die sie dabei hatten. Oft spiegeln sich dann ähnliche Empfindungen bei den zuhörenden Kollegen wieder. Sie berichten diese und so entsteht ein gemeinsames Bild wie in einem Prisma, welche Zustände wohl beim Patienten vorliegen und wie sie auch jenseits der „Kopfarbeit" auf allen Ebenen (ganzheitlich) positiv gestaltet werden können – eine neue „Poetik" leib-seelischer Kommunikation.

„POETIK" AUS DEM GRIECHISCHEN POIÉO = MACHEN, SCHAFFEN; HEUTE: LEHRE VON DEN METHODEN DER DICHTKUNST ALS „VERDICHTERIN" VON ZEITSTRÖMUNGEN UND EMPFINDUNGEN

▷ In Familien, Sippen, Kleingruppen haben oft Frauen ein solch **körperlich-seelisch-verstehendes Sensorium**. Es wäre gut, wenn auch funktionelle Denker sich diese ganzheitliche Kommunikation erschließen würden.

Systemische Familientherapie

Sie entwickelte sich seit etwa 1950 in den USA und breitete sich in den 70er Jahren weltweit aus. Heute ist sie ein Gegenpol zur traditionellen Psychologie, in der das Individuum, der Einzelmensch, im Mittelpunkt steht. Die Familientherapie berücksichtigt dagegen auch die **interpersonalen Einflüsse** ab drei Personen. Darüber hinaus betrachtet sie die Familie als ein System mit einer mehrere Generationen zurückliegenden Geschichte, einer gemeinsamen Zukunft. Familien werden vor allem geprägt durch **Wachstumsprozesse** – biologische und geistige. Deswegen orientieren sich die meisten Schulen der Familientherapie nicht nur an Modellen funktionierender Kommunikation, sondern am **Organismus-Modell**: So wie Zellen und Körperteile in einem lebendigen Organismus eingebunden sind, so auch der Einzelne in seinen Familienverbund. Dazu gehört die Umwelt der Familie (linguistisch: Kontext), also nicht nur Großeltern und Verwandtschaft, sondern auch Freunde, Nachbarn, Berufsumfeld usw.

▷ Die systemische Familientherapie hat – zeitgemäß – das ökologische Paradigma auch für die Kommunikation entdeckt. Eine Gefahr besteht darin, dass der Ansatz rein materiell-biologistisch bleibt. Andererseits gibt es Tendenzen, auch mentale und ethische Aspekte einzubeziehen. In diesem Fall kann der Ansatz den besonderen menschlichen Fähigkeiten – zu hoffen, zu lieben, „positiv zu denken" – gerecht werden.

11. Beruf – Bildung – Freizeit

Anne möchte Architektur studieren. Sie sammelt Pläne älterer Siedlungsformen in Europa. Auch das kleinste Dorf besitzt immer eine Kirche und ein Wirtshaus, ringsum stehen die Wohnhäuser. Größere Siedlungen weisen Rathaus, Schule und Spital auf. Die Stadt hat zusätzlich Viertel mit Handwerkern und Händlern sowie Quartiere für die Stadtwache; das alles umgeben von Stadtmauern und Schutzwällen. Aber in der Neuzeit wird alles anders: Es entstehen Theater und Museen, eigene Vergnügungsviertel, große Bildungs- und Forschungsinstitute. Noch stärker der Wandel im 19. Jh.: Große Betriebe siedeln in eigenen Industrievierteln. Sportstätten für die Freizeit, Lokale für Vereine und Parteien bilden eine neue Struktur. Dazwischen große Straßen, Kanäle, Bahntrassen und Flughäfen als Handels- und Lieferwege. Uwe, Soziologe, freut sich: „Da siehst du, wie die Kommunikation der Menschen zu Stein geworden ist." Anne ergänzt: „… und die Wege ihrer Kontakte zu Stahl, Asphalt und Draht – alles überspült von Krach und Lärm." Ist das die Kultur der Kommunikation?

Der Streit um den Begriff der **Kommunikationskultur** beginnt mit der Frage nach den zu kommunizierenden Werten. In neuen „Zentren" stehen andere „Tempel": Banken und Versicherungen, Konsummeilen, Parkhäuser, Show-Paläste und Medienzentren – getrennt davon die durch Hallen und Parkplätze gekennzeichneten Industriegebiete. Allen gemeinsam ist die Verwaltung von Schnelligkeit, Umsatzmenge und öffentlicher Bewertung (durch Börsenkurse, Zuschauerquoten, Wahlergebnisse).

Mittelpunkt unseres Kommunikationserlebens ist ein neues Verhältnis von **Privatheit** und **Öffentlichkeit**. Als Single oder als private Gruppe (Paar, Freunde, Familie) wollen wir in öffentlichen Räumen lockere Kontakte erleben und auch gesehen werden. Das Ziel vieler ist, „bekannt" zu sein, vielleicht sogar „prominent" – aber doch nicht so wie „Diana", gejagt von Enthüllern des Privaten. Das sind die zwei Seiten des neuen Konsumenten-Ideals „öffentlicher" Kommunikation: außer Haus (an)erkannt zu sein, aber doch jederzeit eine Rückzugsmöglichkeit in die Unverbindlichkeit des Privaten zu behalten. Im Beruf ist das anders: Dort zählt Verbindlichkeit. das „Konsumentenspiel" wird dort schneller durchschaut, es gilt das „Leistungsspiel". Aber die Ziele sind ähnlich: Die innerbetriebliche Anerkennung wird für viele zum Lebenssinn. Und man fürchtet sich davor, in der Arbeit nicht „zu Hause" zu sein, Entfremdung oder gar Ausgrenzung zu erleben.

Die Kommunikationsideale unserer Gesellschaft sind schwer zu verbinden: Öffentlicher Erfolg, aber Schutz der Privatheit; eingreifen können ins öffentliche „Internet", aber anonym bleiben, um freie Macht des Einwirkens zu bewahren; mittels „home page" sich zwar öffentlich machen, Kontakte aber über Sonder-Nummern kanalisieren. Arbeitsplatz und Büro sind Verbindungsstellen zwischen privater und öffentlicher Kommunikation: Der Einzelne entscheidet, was er aus der Privatsphäre in eine (seine) begrenzte Öffentlichkeit einbringt.

11.1 Konventionen beherrschen

Was ist eine „Konvention"? Der lateinische Begriff *conventio* meint „Übereinkunft, Vereinbarung". Im Deutschen hat „Konvention" zwei Bedeutungen:

- (seltener) **ausdrückliche Vereinbarung**, Vertrag. Dazu gehört z. B. die Genfer Konvention aller Staaten 1864 über die Einrichtung des „Roten Kreuzes". In der Sprache gehören hierzu jene Benennungen, die durch bewusste „Setzung" eingerichtet wurden, wie z. B. der Geldname „Euro" oder viele fachsprachliche Bezeichnungen. Manche Abmachungen sind „Rechte".

- (häufiger) durch **Gewohnheit** entstandene Regel des Umgangs, soziale Verhaltensnorm.
  Dazu gehören jene sprachlichen Konventionen, die man pragmatisch (durch „Gebrauch") übernimmt. Solche „üblichen Verhaltensweisen" gibt es vor allem in der Kommunikation, z. B. Gruß und Gegengruß. Im Folgenden sind derartige gemeint. Sie sind „soziale" Muster, also mehr als die „persönlichen Muster" *(vgl. Kapitel 9.1)*. Auch sie erleichtern die Kommunikation und werden oft unbewusst oder indirekt *(vgl. Kapitel 10.4)* eingesetzt.

Höflichkeit

🔵 *Ein Kommunikationstrainer ist vom Leiter der Personalentwicklung eines Verlages eingeladen, an einem Assessment-Center teilzunehmen. Er soll mit beobachten, wie sechs Bewerber für zwei Stellen die Aufgaben dieses „Einschätzungsverfahrens" bewältigen. Zu den Tests gehören u. a. ein Rollenspiel über die Verteilung von Mehrarbeit, eine Diskussion über das Verhalten gegenüber einem neuen Vorgesetzten und eine Selbstpräsentation. Im Kontaktverhalten soll sich zeigen, wer den Aufgaben der Stelle gewachsen ist und gut in die Betriebskultur passt.*
Der Trainer betritt früh um acht Uhr den vorgesehenen Raum. Einige sind bereits anwesend, nicht aber die Bekannten aus der Personalentwicklung. Da rutscht es aus dem Trainer heraus: „Ist noch niemand da?" Über die Antwort wundert er sich dann schon nicht mehr: „Wir Niemande sind schon da!" Der Trainer für Kommunikation kann sich nur noch entschuldigen...

Die Beherrschung der **Umgangsformen** ist in jeder Gesellschaft eine wichtige Basis der Kommunikation. In unserem Kulturkreis sollte man z. B. mit Messer und Gabel umgehen können – und zwar so, dass man weder den Nachbarn mit dem Ellbogen bedrängt noch die Tischkante als Hebelpunkt

GEWOHNHEIT HEISST DIE GROSSE LENKERIN DES LEBENS. DAHER SOLLEN WIR UNS AUF ALLE WEISE ERSTREBEN, GUTE GEWOHNHEITEN EINZUIMPFEN.

—

FRANCIS BACON

ADOLF FREIHERR VON KNIGGE (1752–1796) GAB SEINEM BERÜHMTEN REGELWERK FÜR GUTES BENEHMEN DEN TITEL: ÜBER DEN UMGANG MIT MENSCHEN.

für den Arm verwendet. Vor Anderen mit dem Zahnstocher im offenen Mund herumzustochern zeugt von ähnlich „schlechter Kinderstube" wie das Verhalten des Gastgebers, der vergisst, das Glas zu erheben, damit alle trinken können oder der ungeduldigen Gäste, die einfach mit dem Essen anfangen. Rauchen während des Essens ist „out".

Die Regeln der Höflichkeit (Etikette, Anstand, Sitte) richten sich auch nach der jeweiligen „Umgebung", im Werbedeutsch: nach der **Zielgruppe**. Deswegen gelten die Regeln von "Benimmbüchern" nicht immer und überall. Wichtiger als das Wissen um solche Regeln ist das Bemühen, die Gefühle eines anderen nicht zu verletzen (konventionelle Anstandsformel auf Englisch: *don't hurt the feelings of other people*). Unsere Großeltern nannten das „Herzensbildung".

◆ Respekt vor den Gefühlen jedes Menschen und höfliches Benehmen sind Grundlagen der privaten, aber auch der öffentlichen Kommunikation.

Organisationsregeln für Kommunikation

Schon die Tischsitten organisieren die Kommunikation von Gruppen. Immer, wenn mehrere Menschen zusammen sind, bedarf es solcher Regeln. Meistens richtet man sich nach überkommenen Konventionen. Die Formen können aber auch beschlossen werden.

Die Beobachter des Assessement-Center haben sich gegenseitig vorgestellt. Als die Mitarbeiter aus der Personalentwicklung nun die Bewerber in den Raum führen, vermeidet der Leiter das allgemeine Händeschütteln und beginnt: „Guten Morgen. Ich darf sie alle herzlich zu unserem Assessement-Center begrüßen. Mich kennen Sie ja bereits: Max Berger. Bitte nehmen Sie doch Platz." Dies geschieht. Es entsteht eine erwartungsvolle Stille. Herr Berger fährt fort: „Meine Kollegin, Frau Müller, wird unseren Bewerbern zunächst die Beobachter bekannt machen, damit das erste Eis gebrochen wird. Dann werden sich die Bewerber selbst kurz vorstellen. Zuletzt erkläre ich die Tagesordnung, wie wir vorgehen wollen. Fragen sind stets möglich. Sind sie mit dem Verfahren einverstanden?" Als alle nicken: „Frau Müller, wenn sie bitte anfangen?"

Eine Modifikation der Regeln ist also möglich, entweder durch den „Situationsmanager" oder als Beschluss aller. Stets aber wird die erwartete Konvention hintergründig mitgedacht und Teile davon werden auch realisiert.

Standardisierungen von Kommunikationsformen sind erforderlich, damit man sich gegenseitig versteht. Zunächst entstehen solche Normen ungesteuert in intensiv miteinander kommunizierenden Gruppen. Das ist auch der Ursprung für die Standards von Dialekten, Soziolekten und **Sprachregeln** überhaupt. Ähnliches gilt für Briefformen, Anreden, Formeln der Eröffnung und die Beendigung von Telefonaten, für Notrufe, E-Mails usw. Sobald sich Abweichungen von diesen noch flexiblen, nicht sanktionierten Normen häufen und zu viel Kräfteverlust droht, erwächst (gemäß dem Gesetz der vertikalen Zeichenökonomie, *vgl. Kapitel 10.4*) das Bedürfnis nach einer **amtlichen Norm**. Solche amtliche Regeln gibt es inzwischen nicht nur für die Rechtschreibung, sondern sogar für Papierformate oder technische Geräte, damit die Systeme zusammen passen, also „kompatibel" sind. So entstanden die Deutsche Industrie-Norm (DIN) und Normen anderer Länder, jetzt die EU-Norm.

Innerhalb von **Verwaltungen** gibt es ganz genaue Vorschriften, wie Eingaben und Anträge zu behandeln sind, wie Informationen, verbindliche „Bescheide" oder „Erlasse" aussehen müssen. Ganz sicher sind immer Absender, Adressat, der Gegenstand und auch die Zeit zu erfassen. All das sind Kommunikationsformen, die freilich gelegentlich so erstarren – wie alle Muster –, dass sie revidiert werden müssen. Heute spricht man von „Entbürokratisierung" und „Verwaltungsreform". Hierbei gilt es vor allem, die Vorschriften den menschlichen Anforderungen anzugleichen und nicht, wie bisher, Kunden und Mitarbeiter um jeden Preis den – oft sinnvollen – Papiervorschriften zu unterwerfen. Deswegen werden sachliche **Argumentationen** im Publikumsverkehr der Verwaltungsbeamten (oder der Angestellten in Betrieben) immer wichtiger, auch die **Zivilcourage** der Beamten, Vorschriften nicht zur eigenen Sicherung zu benutzen, sondern zugunsten der Kunden; später dann, die mutigen eigenen Entscheidungen auch zu vertreten.

Bei **Führungskräften** – die in jeder Branche (Fachgebiet, Geschäftszweig) immer auch Aufgaben der Verwaltung wahrnehmen – wird das Gespräch mit den Mitarbeitern immer wichtiger. Deshalb wird in den Management-Lehren mindestens das „Jahresgespräch" gefordert. Es kann auch ein „Zielvereinbarungsgespräch" werden. Hierfür gibt es immer mehr „Leitfäden", damit Ängste davor reduziert werden (bei Mitarbeitern *und* Führungskräften) und jeder den Vorteil gemeinsamer Abmachungen positiv erlebt.

KONRAD DUDENS ERSTES „VOLLSTÄNDIGES ORTHOGRAPHISCHES WÖRTERBUCH DER DEUTSCHEN SPRACHE" ERSCHIEN 1880 UND BESCHRIEB DIE KONVENTIONEN DES SCHREIBENS. DIE AUFREGUNG UM DIE NEUE RECHTSCHREIBUNG AB 1998 ZEIGT DIE BEDEUTUNG DIESER ART VON KOMMUNIKATIONSNORMEN.

DIE BÜROKRATISCHE ARGUMENTATION BESTAND VOR ALLEM AUS DREI BEHAUPTUNGEN: DAS WAR NOCH NIE SO; DAS WAR SCHON IMMER SO; DAS GEHT NICHT. EINE SACHLICHE ARGUMENTATION BEGRÜNDET BEHAUPTUNGEN RATIONAL.

Geschäftsordnungen

Die Beobachter des Assessement-Center (AC) befinden sich mitten in der Auswertung des Rollenspiels „Wer bekommt den neuen Dienstwagen?". Ein Beobachter teilt mit, dass ihm die Selbstbelobigungen des Kandidaten Helmut gar nicht gefallen haben. Da hebt Frau Müller beide Hände. Als sie nicht gleich dran kommt, ruft sie: „Zur Geschäftsordnung!" Alle wissen, das hat Vorrang, und hören zu. Frau Müller: „Wir hatten doch anfangs beschlossen, die Bewertungen von der Beobachtung zu trennen. Die letzte Aussage aber bewertet." Der Sprecher stimmt zu und korrigiert sich.

In den Bereichen der sozialen Kommunikation sind Organisationsregeln besonders hilfreich. Eine der wichtigsten ist die **Geschäftsordnung**. Sie kann durch Abmachung jeweils beschlossen werden. In den meisten Gremien, wie etwa Gemeinderäten, Innungen, Vereinen usw. liegt sie gedruckt vor. Geschäftsordnungen sind Regeln der Kommunikation mit Vorrang. Sie können auch nicht durch einfache Mehrheiten geändert werden. Meistens sind sie in der **Satzung** des Gremiums verankert; diese verlangt für solche Änderungen ein Verfahren, das die Beteiligung aller Mitglieder, der „Basis", sichert. Zum Beispiel wird eine Einladung mit vier Wochen Frist und Vorlage der zu beschließenden Texte verlangt. Bei Abstimmungen gilt eine „qualifizierte" Mehrheit, z. B. 50 % der Anwesenden (nicht der Eingeladenen) und zusätzlich eine Stimme. Änderungen der Satzung müssen zudem dem Amtsgericht gemeldet werden *(siehe Vereinsrecht im Bürgerlichen Gesetzbuch, BGB §§ 21-79)*.

Gibt es nun **allgemein gültige Regeln** für Sitzungen und Versammlungen? Nein und ja – die meisten Regeln sind nicht geschrieben, sondern **Gewohnheitsrecht**. Allerdings gibt es auch Regeln im **öffentlichen Recht**. In der „Satzung" unseres Staates, dem Grundgesetz, ist die Meinungs- und Versammlungsfreiheit verankert. Außer dem BGB gibt es ein Versammlungsgesetz vom 24.7.1953. Nach einer Mischung dieser Quellen richten sich heutzutage alle Gremien, die keine eigene Ordnung haben. Das können Vorstandskonferenzen in Firmen ebenso sein wie Versammlungen von Vereinen oder Beratungen von Schulklassen. Eine gewisse Richtlinie gibt auch die Geschäftsordnung des **Deutschen Bundestages**. Sie hat allerdings viele sehr spezielle Bestimmungen, die für die konventionellen Verfahren von Diskussionen nicht helfen *(zum Muster konventioneller Geschäftsordnungen vgl. S. 139)*.

DAS VERFAHREN DER AMTSENTHEBUNG EINES PRÄSIDENTEN DER USA (IMPEACHMENT) VERLANGT LAUT GESCHÄFTSORDNUNG DES SENATS EINE STIMMENMEHRHEIT VON 2/3 DER ANWESENDEN.

JEDER HAT DAS RECHT, SEINE MEINUNG IN WORT, SCHRIFT UND BILD FREI ZU ÄUSSERN UND ZU VERBREITEN —
ARTIKEL 5, GRUNDGESETZ VOM 23.5.1949

◇ Menschengruppen formen die Art und Weise ihres Kommunizierens in der Gruppe und mit anderen Gruppen zu Konventionen, zu ungeschriebenen und geschriebenen Regeln, Normen, Gewohnheitsrecht und öffentlichem Recht. Sie wollen damit Sicherheit und Schnelligkeit, Effektivität und Leichtigkeit erreichen.

Die formalisierten Muster sozialer Kommunikation erzeugen auch Schematisierungen (Stereotypen, Routinen; *vgl. Kap. 9.1*) im Fühlen, Denken und Handeln von Gruppen gegenüber anderen Gruppen. Eine **Überprüfung** der kollektiven Muster ist immer angesagt, wenn Probleme und Konflikte auftreten. Veränderungen sind in großen Gruppen aber nur schwer durchzusetzen. Es bedarf dazu entweder langer Zeit oder eines Wechsels der Gesellschaftsstruktur oder starker Leitfiguren.

DEUTLICH UNTERSCHEIDEN SICH DIE MUSTER ÖFFENTLICHER KOMMUNIKATION IN DER NS-ZEIT, IN DER DDR UND IN DER BUNDESREPUBLIK. SIE PRÄGTEN NICHT NUR DIE UNTERSCHIEDE IM POLITISCHEN DENKEN UND HANDELN, SONDERN Z. B. AUCH DIE ARCHITEKTUR UND STÄDTEPLANUNG.

11.2 Gelernte Sprachgewohnheiten veredeln

Die **Soziolinguistik** hat gezeigt, dass unsere Sprache – und teilweise auch unser Denken – vor allem durch die sozialen Gruppen, in denen wir aufwachsen, geprägt ist.

● *Dem Kommunikationstrainer fällt Frau Kweiyt (27) durch ihr Sprechen auf. Sie wirkt ziemlich kurz in ihren Aussagen, verwendet kaum die Begriffe der betriebswirtschaftlichen Fachsprache, dafür aber umso mehr Bilder. Auffällig sind auch ihre singende Satzmelodie und viele Pausen im Satz, weshalb sie auch öfter unterbrochen wird. Bei der Bewertung meint einer der Beobachter: „Sie kommt wohl aus einfachem Milieu. Die Soziolinguisten haben doch gezeigt, dass dort die Sprache weniger entwickelt ist: mehr Pausen, weniger Fachwörter, stereotype Satzmelodie, kurze Sätze usw."*
Der Trainer widerspricht: „Diese Theorien sind längst überholt. Jeder Rhetoriktrainer weiß, dass gerade diese Merkmale eine hohe Kompetenz in mündlicher Kommunikation zeigen. Es sind Fähigkeiten praktischer Berufe, aber auch solche von Kindern aus großen Familien oder aus Kulturen, in denen das Erzählen noch nicht vom Fernsehen erschlagen wurde. Wo kommt die Dame denn her?" – Später stellt sich heraus, dass die Mutter von Frau Kweiyt Finnin ist. Bei der Kandidatenbewertung amüsiert sich der Trainer: „Ich habe es ja geahnt. Finnen haben eine starke Erzählkultur und machen lange Pausen. Das zeigen empirische Studien. Die Dame dürfte im Kundenkontakt recht gut ankommen. Sie überfährt niemanden."

SPRACHE FOLGT HÄUFIG GRUPPENSTANDARDS. „STANDARD" URSPRÜNGLICH ENGLISCH „MASSSTAB, EINHEITSMASS", LEHNWORT IM DEUTSCHEN: „DURCH VEREINHEITLICHUNG FESTER MASSSTAB, ANERKANNTE DURCHSCHNITTSQUALITÄT"

Die Einflüsse der gesellschaftlichen Umwelt auf die Formen der verbalen Kommunikation sind erheblich. Oft kann man an der Aussprache und den Dialekteinflüssen erkennen, wo jemand aufwuchs bzw. wie seine **Mutter-Sprache** ist. Darauf gibt es Reaktionen, manchmal freundlich, manchmal ausgrenzend. Das gilt auch für berufliche „Jargons" („Fachchinesisch"), die dann ihren Einfluss auf die Sprache der Gesamtgesellschaft haben. Erst seit der Computersprache versteht man unter „Schnittstellen" nicht etwas Trennendes, sondern etwas Verbindendes. Wie kann die ältere Generation mit solchem **Sprachwandel** fertig werden?

Sprachwandel entsteht u. a., weil aus sogenannten „Varietäten", d. h. Subsystemen einer Sprache (z. B. Deutsch) neue allgemeine Regeln in die bisherigen Konventionen eindringen und sich neue „Standards" bilden.

Dabei spielt auch das Ansehen, die **Reputation von Sprachgewohnheiten** eine Rolle. Zur Zeit NAPOLEONS gerieten französische Ausdrücke ins Berlinische, auch ins Bayerische usw. Heute wird das amerikanische Englisch sowohl in der Werbung als auch in vielen öffentlichen Medien verwendet, um zu beweisen, dass die Firma bzw. der Sender dessen „Live-Kultur" besitzt.

Mit diesen Einflüssen befassen sich Soziophonetik, Soziolinguistik und Sprachsoziologie. Eine wichtige Methode war die **Ethnografie der Kommunikation** (*griech*.: ethnos „Volk", graphein „schreiben"). Die sprachlichen Regularitäten einer Stammes- oder einer Volksgruppe wurden beobachtet und aus ihnen auf den Einfluss in das „Alltagswissen" (Denken und Fühlen) in dieser Gruppe geschlossen. Dahinter steht die Theorie WILHELM VON HUMBOLDTS und die sogenannte SAPIR-WHORF-Hypothese (zwei USA-Linguisten), wonach die Sprache einer Gemeinschaft auch das Denken ihrer Mitglieder prägt und steuert. Ähnlich auch das Wissen der sowjetischen kulturhistorischen Schule (WYGOTSKI, LEONT'EV), die Wirklichkeit werde nie „an sich", sondern immer schon in der für diese Sprache typischen Sicht und Interpretation wahrgenommen.

Heute hat sich die Ethno-Methodologie gewandelt und in die **Netzwerkforschung** ausgeweitet. Sie zeigt z. B., dass Menschen in ihrer Freizeit nur Gruppen aufsuchen, in denen sie leicht und sympathisch kommunizieren können. Diese kontaktieren dann andere Gruppen, bilden Netzwerke aus Konventionen und Idealen und erzeugen von da einen allgemeinen sozialen Wandel.

Regelbrüche – Tabu-Verletzungen – Revolutionen

Das Wort Tabu stammt aus Polynesien. Es bezeichnet Sachen und Themen, die als unantastbar („sakrosankt") gelten, als aus der Alltagskommunikation ausgeschlossen. Tabus stützen indirekt auf den „Kanon" (Liste maßgetreuer Muster) der „profanen", unproblematischen Konventionen. Die Starrheit solcher Tabus, Normen und anderer Regeln kann eine Entwicklung der Sozietät, ihre Anpassung an neue Lebensbedürfnisse verhindern, weil Neues nicht in den kommunikativen „Diskurs" geraten kann.

⭘ *In der letzten Feedback-Runde, ehe die Personalentwickler beschließen, welche Bewerber sie übernehmen wollen, spricht der Psychologe Herrn Ortner eigens an: „Bei der Diskussion in der Gruppe fiel mir auf, dass sie häufig widersprochen haben. Mein Eindruck war, dass sie sich isoliert haben und selbst nicht glücklich über ihre Rolle waren. Wollen sie das kommentieren?" – „Ja, gern! Die Runde kam mir zu lahm vor, das Thema gab zu wenig her. Da habe ich den ‚advocatus diaboli' gespielt. So kam doch Leben in die Diskussion."*

Widerspruch und Regelverletzung geschieht häufig um eines Wertes willen. Wenn „**Werte**" einer Gruppe von der großen Gemeinschaft nicht anerkannt werden, greift sie zu ähnlichen Mitteln, dem Protest. Manche Aktionen von GREENPEACE sind typisch dafür. Im obigen Beispiel lag der Grund zum Widerspruch jedoch in der Absicht, einen **Kommunikationsprozess** zu starten. Das war Arbeit am Personbezug (*vgl. Kap. 2*). Denkbar ist jedoch auch, dass Herr Ortner gerne auffallen wollte. Manche spektakulären Auftritte von sogenannten Prominenten, inszenierte Skandale und Verletzungen öffentlicher Tabus sind Produkte der Eitelkeit, um sich in Szene zu setzen oder sich gut zu vermarkten. So notwendig es ist, starre Normen in Frage zu stellen, so wichtig ist es auch, die Gründe der „Revolution" zu erkennen: Bewusstmachen von Werten und sachlichen Zwängen im Dienst an der Gemeinschaft? Anstoß von kommunikativen Prozessen (mal mit Konflikten, mal mit Unterhaltung und Spaß)? – Oder aber egoistischer Image-Gewinn? Auch solche **Ego-Spiele** können natürlich durchbrochen werden – aber dazu gehört Mut.

11.3 Organisations-Strukturen kennen

Konventionen helfen primär, dass die sozialen „Beziehungen" in der Kommunikation nicht immer neu definiert werden müssen. Die Sachbezüge sind aber nicht minder wichtig

„ADVOCATUS DIABOLI", ADVOKAT DES TEUFELS, HEISST EINE ROLLE BEI DEN HEILIGSPRECHUNGSPROZESSEN IM VATIKAN. DIESE POSITION MUSS ALLE EINWÄNDE VERTRETEN, DIE EINE HEILIGSPRECHUNG EINER PERSON VERHINDERN – UNABHÄNGIG VON DER PERSÖNLICHEN MEINUNG.

DIE „FRIEDLICHE REVOLUTION" 1989 IN DER DDR WAR EIN LEBENSRISIKO FÜR DIE TEILNEHMER. DIE AUFDECKUNG DER KORRUPTION IN DER EUROPÄISCHEN KOMMISSION DURCH PAUL VAN BUITENEN 1998 BARG FÜR IHN DAS RISIKO DER MORALISCHEN VERNICHTUNG.

(vgl. S. 23). Viele Gruppen und Institutionen haben Sachziele im Namen, z. B. Sparkasse, Sprachenschule, Baumarkt, Finanzamt, Schuster, IG Metall, Optik GmbH, Telekom, Y-Brauerei. Um diese Sachziele zu erreichen, werden Organisations-Strukturen aufgebaut, ohne deren Kenntnis und Nutzung Kommunikation nicht möglich ist.

Hierarchische Strukturen

Hierarchie heißt eigentlich „heilige Herrschaft". Der Begriff spiegelt den **pyramidenförmigen Aufbau** wieder, wie er in Priesterkulturen vom Ranghöchsten zu vielen niederen Funktionären stufenförmig absteigend gegliedert war. Obwohl dies ein typisches Modell für Monarchien („monos" *griech.* „allein") ist, also für Königshäuser und auch Diktaturen, wurde es selbst in der Demokratie nicht ganz abgelöst. Ist die Wahl einmal vorbei, gilt hier diese Ordnung – mehr oder weniger streng auch in allen größeren Gruppen, die Leistungen erbringen wollen, z. B. Unternehmen, Verwaltungen, Schulen usw. In letzter Zeit wurde das Lean Management favorisiert (schlanke Organisation), d. h. es wurden Zwischenebenen aus den Hierarchien herausgenommen – aber auch das hat seine Grenzen. Selbst in Gruppen der Freizeitgesellschaft gibt es „informelle Hierarchien", wie gruppendynamische Erkenntnisse zeigen *(vgl. S. 28 und S. 135 unten)*.

HIERARCHISCH-EINBAHNIGER KOMMUNIKATIONSPROZESS: DURCH DIE INNERBETRIEBLICHE UNTERNEHMENSKOMMUNIKATION WERDEN DIE NOTWENDIGEN ODER WÜNSCHENSWERTEN KENNTNISSE AN DIE MITARBEITER VERMITTELT, DAS VERSTÄNDNIS FÜR INNERBETRIEBLICHE UND ÜBERBETRIEBLICHE ZUSAMMENHÄNGE GESCHAFFEN UND DER WILLE ZUR ZUSAMMENARBEIT GESTÄRKT — W. SCHMEISSER

◆ Die Strukturen einer Organisation bestimmen die Wege der Kommunikation, insbesondere die der Information, der Handlungsimpulse und -koordination sowie der Bewertung bzw. Kontrolle.

Informationen *top down* oder *bottom up*?

Mit diesen Fachbegriffen werden zwei Methoden bezeichnet, die typisch für unterschiedliche Wege der Organisationsentwicklung sind. Sie gelten auch für den Informationsfluss und für Kommunikationen. In strengen Hierarchien geht der Fluss hauptsächlich von oben nach unten, *top down*. Vorteil: einheitliche Informationen und Kontrolle der Ausführung. Nachteil: kein Feedback, was unten an der sogenannten „Linie"/ „Basis" erlebt und gedacht wird, also

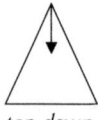
top down

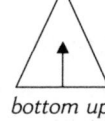
bottom up

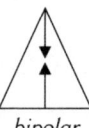
bipolar

(in Anlehnung an G. COMELLI 1985, S. 109)

einseitige Kommunikation mit wenig Flexibilität. Kommen viele Anregungen von unten nach oben, *bottom up*, z. B. bei einem effizienten Vorschlagswesen für Verbesserungen, ist die Anpassung der Institution an die Zeitentwicklungen eher gesichert, aber auch starke innerbetriebliche Konkurrenz und die Gefahr der Zersplitterung gegeben. Als am besten gilt eine Mischung beider Wege: die **bipolare Kommunikation.**

VGL. DIE PARALLELEN IN LERNKULTUREN: WELCHE METHODE STEHT ZWISCHEN FRONTALUNTERRICHT UND LAISSEZ-FAIRE-STIL?

Organisationspläne

Nach dem Assessement Center wird Frau Kweiyt eingestellt. Sie kommt ins Trainee-Programm, d. h., sie soll ein Jahr lang verschiedene Arbeitsplätze in mehreren Abteilungen kennen lernen. So wird sie später genug von der Organisation des Hauses kennen, um auch leicht quer über Abteilungen kommunizieren zu können. Sie soll in Zukunft im Kundenkontakt eingesetzt werden, zunächst aber in der Anzeigenannahme beginnen. Um diese erste Arbeitsstelle in der Stadt zu finden, bekommt sie einen Lageplan des Verlags. – Auch Herr Ortner wird übernommen. Als erfahrenem Verwaltungsmann wird ihm gleich eine feste Aufgabe übertragen. Er soll das alte Organigramm des Verlages neu fassen. Aufkäufe von kleineren Firmen und Veränderungen in der Abteilungsstruktur hatten die Orientierung, wer jetzt für was zuständig ist, zu sehr erschwert.

Lagepläne und Landkarten sind **topologische Hilfen**, um in der öffentlichen Kommunikation die richtigen Orte zu finden. Die neuen Navigationssysteme im Auto sind Hilfen zur Kommunikation. Das gilt auch für die Halle Y im Autobau, wo Motoren und Chassis verbunden werden, und für viele Montagepläne, bei denen das Zusammenwirken verschiedener materieller und menschlicher Komponenten vorgezeichnet ist. Auch die Beschreibungen von Arbeitsplätzen sind solche „Ortsbeschreibungen" mit kommunikativer Funktion, vor allem wenn darin Führungsaufgaben enthalten sind.

Ein **Organigramm** zeigt die Führungsebenen. Hier ein Muster sogenannter „einliniger" Weisungsgebundenheit:

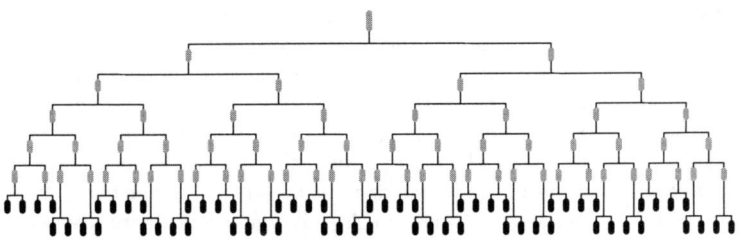

Organigramm mit acht Ebenen (SCHREIÖGG 1998, S. 166)

Ein Organigramm ist eine Übersicht, wer in einer Hierarchie wem unterstellt ist, also „abhängig" von seinen Anweisungen und Kontrollen. Es gibt „steile" Hierarchien (z. B. sieben Ebenen bei ca. 120 Personen) und „flache" (z. B. drei Ebenen). Haben Mitarbeiter immer nur einen Vorgesetzten *(vgl. Abb. auf S. 135)*, heißt das „einlinig". Heute gibt es aber komplexere Muster: Mitarbeiter haben zwei oder drei Vorgesetzte, z. B. für Verkauf, für EDV und für Werbung eines ähnlichen Produktes einer Tochterfirma. Eine Ahnung von solchen **Mehrliniensystemen** bekommen Schüler, sobald sie viele Fächer mit verschiedenen Lehrern haben. Im Beruf gibt es auch „nicht weisungsgebundene", „laterale" Kontakte mit Kollegen auf der gleichen Ebene. Die Vorgesetzten ihrerseits benötigen den Service von Mitarbeitern aus drei bis fünf verschiedenen Abteilungen und müssen sich ihrerseits mit Kollegen der gleichen Hierarchiestufe arrangieren, welche Arbeit zuerst zu machen ist. Da hilft dann auch nicht die normalerweise wichtige Regelung, dass der „Dienstweg" einzuhalten sei. Kommt etwa noch **Projektarbeit** hinzu, dann kann für Stunden oder Tage sogar ein einfacher Spezialist von der „Linie" Chef des Teams und der darin mitarbeitenden Führungskräfte werden. Kommunikation wird in unserer komplexen Gesellschaft auch zur Kunst des Organisierens.

Informelle Hierarchien

Tatsächlich stimmen offizielle Organigramme nicht immer mit der Realität überein. Bei informellen Treffs und Gesprächen erfährt man, wer „das Sagen hat".

Beim Betriebsfasching treffen sich Eva Kweiyt und Hans Ortner. Sie erzählen sich ihre Erlebnisse und betrieblichen Erfahrungen. Frau Kweiyt: „Ich sollte zu einem Training über Gesprächsführung. Aber die Chefin sagte, ich sollte sehen, wie viel zu tun sei und selbst entscheiden. Da wollte ich die andern nicht allein lassen."- Herr Ortner: „Prima Chefin, Sie mitreden zu lassen! Ich hab' ganz andere Sorgen. Mein zweiter Chef – von der EDV – hat eine zu tüchtige Sekretärin. Glauben Sie, ich komm an den ran? Inzwischen bin ich soweit, dass ich die Sachen mit ihr besprechen muss, damit sie es einsieht, wenn's brennt. Das kostet Zeit!"

Frau Kweiyts Chefin versucht, Mitverantwortung in der Gruppe zu kommunizieren. Herr Ortner erlebt einen kleinen Ausschnitt von dem, was man auch „graue Hierarchie" nennt. In den meisten Organisationen ist bekannt, wer *wirklich* Motor oder Schleusenwärter der Kommunikation ist.

11.4 Team-Prozesse kooperativ gestalten

Kommunikationen sind immer dynamische Prozesse. Direkt erlebt werden sie in „**Mikro-Öffentlichkeiten**", z. B. einer lernenden Gemeinschaft, einem beruflichen Team oder einer Freizeitgruppe. Sie werden angeregt durch verschiedene Faktoren:

- Zu den „harten" Faktoren zählen Geld, bezifferbare Leistung (z. B. Torverhältnis), Zielerreichung in der Zeit, Marktsituation usw.
- Daneben stehen „weiche" Faktoren: Gruppenklima, Anerkennung, Gerüchte, Spaß, Leistungsmotivation und Ähnliches.

Zusätzliche Anreger für kommunikative Prozesse außer Haus sind Einwirkungen aus übergeordneten Ebenen, etwa der **Mesoebene von Öffentlichkeit**, z. B. durch die Schulpolitik einer Stadt, durch Wettkampftermine des Sportverbandes, durch „Kampfziele" der Gewerkschaft. Auch von dieser Ebene wirken „weiche" Faktoren ein: der Krach zwischen Rathausfraktionen, die Profilsucht eines Sportfunktionärs, Gerüchte über neue Wertmaßstäbe.

Sach-Ziele als Impulse für kooperative Prozesse

Ziele in der Mikroebene heißen in der Regel **operative Ziele**. Sie betreffen konkretes Handeln, um schrittweise größere, langfristige Ziele der Mesoebene zu erreichen. Letztere werden in der Wirtschaft als **strategische Ziele** von den Führungsebenen vorgegeben. Sie sind notwendige „harte" Faktoren, um das Überleben einer Gruppe zu sichern. Sie existieren auch dann, wenn sie nicht ausdrücklich formuliert wurden, nämlich informell im Bewusstsein der Gruppe, gemischt mit „weichen" Faktoren. Die bewusste Abklärung und Festlegung von Zielen jeder Art dient jedem kommunikativen Prozess.

Hans Ortner hat seinen EDV-Chef endlich erreicht. Er benötigt dessen Hilfe für ein weiteres Projekt: In drei Jahren sollen die Anzeigenannahme und das Archiv umziehen, dabei völlig neu organisiert werden, auch in der EDV. Dafür soll Ortner einen Netzplan erstellen: die Stufen-Ziele der Einzelmaßnahmen und deren Zeit-Ziele, die Personalkapazitäten für die Aktionen und die Pufferzeiten aufeinander abstimmen. Er braucht Informationen über die Pläne des Vorgesetzten, über Software-Pakete für das Erstellen von Netzplänen und Unterstützung, um Mitarbeiter zu bekommen. Diese sollen dann noch kommunikativ geschult werden, denn es sind Widerstände zu erwarten.

DAS TEAM, DAS ETWAS GROSSARTIGES LEISTETE, WAR NICHT VON ANFANG AN GROSSARTIG, ES HAT GELERNT, AUSSERGEWÖHNLICHE ERGEBNISSE ZU ERZIELEN

—

PETER M. SENGE

DER LANGSAMSTE, DER SEIN ZIEL NUR NICHT AUS DEN AUGEN VERLIERET, GEHT NOCH IMMER GESCHWINDER, ALS DER OHNE ZIEL HERUMIRRET

—

LESSING, HAMBURGISCHE DRAMATURGIE

Projekte und deren **Netzpläne** sind zeitlich gestaffelte Hierarchien. Das gilt ebenso für alle Sollziele bei Projekten, natürlich auch für Lehrpläne und Qualifizierungsstufen. Sie lösen Kommunikationen aus, begleiten sie und erzeugen Konflikte, wenn sie nicht hinreichend kooperativ geplant und durchgeführt werden.

Die emotionale Seite veröffentlichter Sachziele

Da Menschen keine Maschinen sind, haben scheinbar rein sachliche Ziele trotzdem immer einen „Beziehungs-Aspekt", eine emotionale Komponente *(vgl. S. 25)*. In Teams spielt dabei das eigene **Image** oder das der Gruppe eine stärkere Rolle als in Partnerbeziehungen. Gruppen bilden immer eine kleine Öffentlichkeit und sind von einer größeren umgeben. Es gibt für Gruppen noch weniger rein sachliche Ziele als für Personen.

Kooperative Zielfindung und Zielverfolgung

Einer der schlimmsten Kommunikationsfehler ist es, bei Planungen die davon Betroffenen nicht einzubeziehen.

Am 16. 2. 99 gab es in der Salzgitter AG eine höchst turbulente Betriebsversammlung mit 7.000 Stahlarbeitern. Fusionsverhandlungen mit einer Firma in Luxemburg liefen seit zwei Monaten, aber der Betriebsrat war nicht einbezogen. Der Protest war so stark, dass der Vorstandsvorsitzende zurücktreten sollte.

Methoden, die in der Zielfindung und Zielkontrolle eine Kooperation der Partner anstreben, sind am erfolgreichsten. Der Grund liegt in der Verbindung von Sachbezug und Personbezug sowie einem Zeit-Prozess, also der Entwicklung von Kommunikation. Dabei sind Konventionen aller Art von gleicher Bedeutung wie die Rücksicht auf Strukturen der Organisation. Erst die Kombination beider zu Stufen kommunikativer Entwicklung erzeugt Fortschritt und „Landfrieden" in Öffentlichkeiten aller Art.

Wie durch „Zielvereinbarungsgespräche" mit Einzelnen etwas erreicht werden kann, so auch bei Gruppen. Hier werden gern **„informelle Verträge"** geschlossen. Sie umfassen Verhaltenskonventionen, Ziele in der Zeit, auch Kontrollen. Derartiges ist auch Voraussetzung bei **Team-Moderationen**. Dieses inzwischen wichtigste Instrument zu kooperativen Konzepten führt über eine Abfrage subjektiver Problemteile zu einer gemeinsam strukturierten Problemsicht. Über Prioritätensetzungen entsteht ein Katalog von Handlungszielen des Teams.

GERADE IN ARBEITS-
GRUPPEN IST LUST
ODER UNLUST AN
DER ARBEIT EIN
KOLLEKTIV-
PHÄNOMEN
—
ANTON HAHNE

DIE ERSTEN METHO-
DEN ZUR TEAM-
MODERATION ENT-
STANDEN IN DEN
70ER JAHREN: META-
PLAN-GESPRÄCHS-
TECHNIK, KOMMU-
NIKATIONS-WERK-
ZEUGE FÜR
PLANENDE UND
LERNENDE GRUPPEN.

Allgemeine Versammlungs- / Konferenzregeln

	Ablauf	Kommentare
Vorbereitung	Schriftliche Einladung zu Sitzung	*Fristgemäß, mit Angaben von Ort, Zeit, geplanter Tagesordnung. Nur die dort exakt genannten Punkte, evtl.mit schriftl. Vorlagen, dürfen entschieden werden.*
Startphase	Vorsitzende(r): „Ich eröffne die Versammlung / die Konferenz	*Erhält damit das Hausrecht, auch in fremden Räumen, kann aus dem Raum verweisen.*
	Begrüßung	*Falls Gäste da sind, nach Antrag Beschluss*
	Anwesenheit feststellen (evtl. Liste)	*aller, ob und zu welchen Punkten sie bleiben dürfen.*
	Beschlussfähigkeit feststellen	*Evtl. nach Mindestzahl laut Satzung.*
	Protokoll-Genehmigung	*Wenn rechtzeitig zugesandt, sonst lesen; Änderungen im Protokoll kommen ins nächste Protokoll.*
	Feststellen der Tagesordnung	*Änderungswünsche erfragen; abstimmen. Dringlichkeits-Anträge, die nachträglich auf die Tagesordnung sollen (nie Satzungsänderungen), bedürfen einer qualifizierten Mehrheit, z. B. 2/3 der Anwesenden.*
Behandlung der Tagesordnung	Vorsitzende(r): „Ich eröffne die Tagesordnung"	*oder ähnlich…*
	1. Bericht der/des Vorsitzenden und Aussprache	
	2. Weitere Berichte und Aussprache	*Worterteilung durch Vorsitzende(n)*
	3. a) Sachantrag durch Antragsteller vorlesen und begründen b) Eröffnung der Debatte, Liste der Wortmeldungen	*Vorrang für Anträge zur Geschäftsordnung (GO), Meldung mit zwei Händen, z. B.: Begrenzung der Redezeit oder Schluss der Rednerliste bzw. der Debatte.*
	c) Abstimmung: „Wir stimmen jetzt ab über …"	*Ab hier kein Antrag zur GO mehr möglich (Anträge zur GO sind automatisch genehmigt, falls keine Gegenrede folgt. Erfolgt sie, keine Debatte, sofort Abstimmung).*
	Nochmals Vorlesen des Sachantrages, dann: „Wer ist dafür? Wer dagegen? Enthaltungen? Der Antrag ist mit X gegen Y Stimmen und Z Enthaltungen angenommen / abgelehnt."	
	4. usw. weitere Sachanträge (wie oben)	*Bei Abschweifungen von Rednern bis zu 3 × Ordnungsruf „zur Sache" oder „Redezeit ist zu Ende", dann Wort-Entzug.*
	5. Verschiedenes	*Keine Beschlussanträge*
Abschluss	Erklärungen von Teilnehmern: Richtigstellung / persönliche Bemerkung Schlusswort der / des Vorsitzenden; nächster Termin, Dank und Schluss	

11.5 Macht kreativ einsetzen

Die Bedeutung von Ordnungsmacht wurde bereits in Kapitel 3.4 angesprochen, die positive oder negative Verwaltung der Macht des Einzelnen im Kapitel 8.2. **Macht von Gremien** und Gruppen ist natürlich noch gewichtiger, auch wenn sie durch Einzelne als deren Vertreter ausgeübt wird. Es ist ein Unterschied, ob ein Tadel in einer Konferenz mit 15 Personen erfolgt oder in einer vollen Schul-Aula.

Eva Kweiyt ist nach 10 Monaten in der Abteilung, die Reklamationen bearbeitet. Mit Kundenbeschwerden umzugehen, erfordert Fingerspitzengefühl. Der Kollegin Frau Zera scheint das zu fehlen. Ihre Rückantworten erzeugen oftmals neue Beschwerden. Alle sind sauer und machen ihr „Druck". Bald läuft das schönste „Mobbing" gegen sie. Frau Kweiyt als „Neue" soll auch mitmachen. Sie ist ratlos. Sie will nicht – will aber auch nicht isoliert werden. Im Gespräch mit der Abteilungsleiterin gelingt es ihr, dass diese mit Frau Zera eine Schulung vereinbart und in einem Gruppengespräch neue Solidarität schafft.

Ohne die Führungsmacht der Abteilungsleiterin wäre das nicht gelungen. Aber auch Frau Kweiyt hat Macht genutzt. Sie hat das Recht angewandt, die nächsthöhere Instanz anzurufen, nachdem die Gruppenleiterin nicht reagierte, sondern „mitmobbte". Letztere bekam so ebenfalls „Druck". Dienstweg-Vorschriften dürfen nicht als Zensur benutzt werden. Allerdings war dazu Mut nötig, denn Frau Kweiyt ist von einer guten Beurteilung abhängig. Ob hier Macht und Gegenmacht nur auf das Spiel „Sieg / Niederlage" oder auf neue kreative Lösungen im Konzept „Jeder kann gewinnen" hinauslaufen, das hängt, wie jede Mikropolitik, von drei Faktoren ab:

– Arbeit am **Personbezug**: das Image der anderen respektieren, aber auch das eigene. Nicht Sieger sein wollen, aber die eigenen Interessen wahren.

– Arbeit an der **Versachlichung**: offene Analyse der Probleme, Rechte, Interessen, Ziele. Möglichkeiten der Lösungen sammeln, rational argumentierend bewerten, neue umfassende Lösungen suchen.

– Arbeit mit der **Zeitkomponente**: viel Zeit für Image-Pflege der Gruppen und ihrer Funktionäre, aber fixe Zeitpunkte für Entscheidungen.

Die Macht von „Öffentlichkeit" (Nachbarn, obere Instanzen, Berufsgruppe, Medien) wirkt verdeckt immer mit. Sie wird wie ein Symbol der Ethik-Konventionen erlebt.

Führungskonzept und Kommunikation

Die Abteilungsleiterin bekommt bei den Ereignissen um Frau Zera Zweifel am Führungsstil der Gruppenleiterin. In einem Gespräch unter vier Augen, in dem sie das aktive Zuhören einsetzt, wird ihr die Motivation der Kollegin klar. Diese will im Beschwerden-Bereich, der ja den Kommunikationsstil des Hauses nach außen besonders symbolisiert, exzellente Leistungen vorweisen, um selbst gute Beurteilungen zu bekommen. Darüber vergisst sie, dass die Kommunikation nach innen genau so wichtig ist. Sie erkennt: Die Führungsleitlinien des Hauses zielen auf eine Balance zwischen beiden Kontakt-Ebenen.

Es gibt sehr viele und verschiedene Führungskonzepte. Dass Sachbezug **(Zielorientierung)** und Personbezug **(Mitarbeiterorientierung)** in der Kommunikation nicht in einem Kompromiss enden müssen, sondern beide hoch sein können, zeigen BLAKE / MOUTON – unabhängig von der Anerkennung des Konzeptes – an ihrem **Führungsgitter** (GRID). *Zu den Positionen:*

1/1 kaum einwirken auf Person/Sache = Laissez-faire
1/9 starker Personbezug, bequemes Arbeitstempo, gemütliches Klima
9/1 hohe Leistung ohne Rücksicht auf Atmosphäre
5/5 Kompromiss, mittlere Leistung
9/9 begeisterte Mitarbeiter, Leistung hoch, da Interessen Firma/Person weitgehend gleich, z. B. Selbstständige

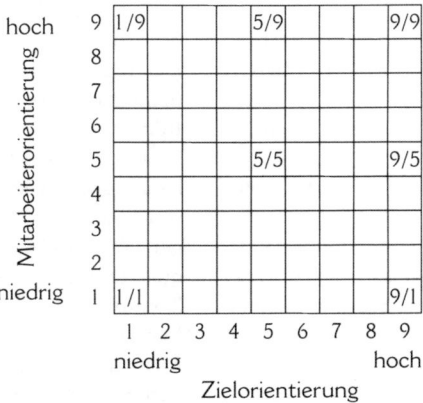

Kommunikationskomponenten-Mix
(in Anlehnung an BLAKE/MOUTON 1968)

Konkrete mündliche Kommunikationen
Führungskräfte und Mitarbeiter in Organisationen leisten laut GUTENBERG/HERBIG im Alltag u. a. folgendes: Konferenz/Besprechung leiten, teilnehmen; informieren; anweisen; schulen; diskutieren; fragen und rückfragen; telefonieren; argumentieren; präsentieren; verhandeln; werben; Beschwerden/Fragen entgegennehmen und beantworten; mahnen; Interviews, Einstellungs- und Mitarbeitergespräche durchführen; Stellung nehmen.

11.6 Kommunizieren(d) lernen

Anne hat ihre Studien über Siedlungsarchitektur im Kurs *Geografie vortragen können. Fazit: Menschen leben immer autonomer (Singles, Paare, keine Großfamilien), aber in immer größeren Siedlungsnetzen. Kein Wunder, dass Kommunikation so wichtig wurde. Dabei entdeckt sie auch die Schulen: früher die Zwergschule mit einem Lehrer für alle Jahrgänge – heute viele verschiedene Schulformen, nach Klassen oder gar Kursen mit diversen Inhalten in großen „Lernfabriken". In den Klassen selbst gibt es oft noch den „differenzierten Unterricht". Und dort, wo das für Lehrende bei großen Klassen nicht zu schaffen ist, wird unter Umständen Nachhilfe angeboten, manchmal mit Einbeziehung des PC.*

Die **Differenzierung des Wissens** entspricht seiner Zunahme – und neuen Lerngewohnheiten. Noch vor 100 Jahren war das Auswendig-Wissen wichtig, so wie heute noch bei den Sprachen. Später kam es darauf an zu wissen, wo etwas steht, um nachschlagen zu können. Heute ist die Fähigkeit gefragt, den Ort, wo etwas steht, aufzuspüren und Angebote zu vergleichen.

Der prozessuale Aspekt des Kommunizierens tritt immer mehr in den Vordergrund. **Beweglichkeit und kurzer Kontakt** sind die neuen Faktoren, die das Lernen bestimmen, kaum noch eine allseitige Bildung. Das Suchen und Finden kann auch maschinell geschehen. Nur, wer ein besonders schneller „Pfadfinder" von Wissensquellen ist, hat genügend Vergleichsmaterial. Die Bewertung erfordert jedoch qualitative Maßstäbe; diese erlernt man nicht ohne sozialen Kontakt, ohne Erfahrungsaustausch in der Gruppe, ohne Lehrer. „Kommunikation" wird schon im Lernvorgang als Mischung von technisch-sachlichem Kontakt und **menschlicher Gemeinsamkeit** erlebt.

Die Zeitkomponente spielt eine immer größere Rolle. Das **lebenslange Lernen** ist nicht nur erforderlich, sondern hat seinen ganz eigenen Reiz. Das „Flow-Erlebnis" *(vgl. S. 110)* mit der Faszination der immer neuen Entdeckungen erzeugt eine Fort- und Weiterbildungsszene, die einen eigenen großen Markt darstellt. Auch hier lernen die verschiedenen „Öffentlichkeiten" (Bildungsreferate, Volkshochschulen, Personalentwickler) auszuwählen. Derzeit geht es eher noch um das kostengünstigste Angebot. Das wird sich in Zukunft aber ändern.

 Die Qualität einer umfassenden kommunikativen Lernfähigkeit prägt zukünftig Person und Land.

Kommunikative Didaktik

Sie brachte in den 70er Jahren ein **neues Lernkonzept**: Unterricht sollte vor allem schülerorientiert sein. Das war schon in der Reformpädagogik der 20er Jahre ein Ziel, aber im Heldenwahn der Nazizeit verachtet, dann im Wiederaufbau vor lauter technischem Sachwissen vergessen worden. Die Sozialkritik der 68er-Generation erkannte, dass Menschen zum Leben in der Gesellschaft befähigt werden müssen, nicht einfach „angepasst", sondern kritisch und kommunikativ. Das gilt auch für erwachsene Lerner.

Der Ansatz von RAINER WINKEL entdeckte für solche **Unterrichtsprozesse** vier wesentliche Komponenten, ähnlich den Faktoren, die jede Kommunikation prägen:

- Inhaltsaspekt (Sachbezug): Themen laut Lehrplan (Curriculum), neben offiziellen auch eigene;
- Beziehungsaspekt (Personbezug): Interaktionen mit oder zwischen Schülern, persönliche Stellungnahmen, Hilfen, Klären von Missverständnissen, Konflikten;
- Vermittlungsaspekt (Zeichen-Wirkung): Lernimpulse und Lernmethoden geben, z. B. Experiment, Rollenspiel, Gruppen- oder Partnerarbeit, Hausarbeit, Lehrer- bzw. Schülerdarbietung, Lernmittel- bzw. Medieneinsatz;
- Störungs-Aspekt (Störungsregel bei TZI, *vgl. S. 89):* physische oder psychische Störungen, Disziplin usw.

IN KOMMUNIKA-TIONSSPIELEN FORMEN MONO-LOGISCHEN UND DIALOGISCHEN SPRECHENS ÜBEN

—

RICHTLINIEN FÜR GYMNASIUM SEKUN-DARSTUFE I, NRW 1993, AUFGABEN-SCHWERPUNKT SPRE-CHEN, JAHRGANGS-STUFEN 7 UND 8

Der **Lehr- und Lern-Prozess** steht in der Spannung von

	Analyse	und	Planung	
	Schulwirklichkeit: Abhängigkeit und Anpassung		Schulmöglichkeit: Wahrheit und Menschlichkeit	
Ist-Werte	1. Vermittlungen		1. stellvertretend entscheiden	Soll-Werte
	2. Inhaltlichkeit		2. behutsame Partizipation	
	3. Beziehungen		3. komplementäres Handeln	
	4. Störungen		4. symmetrisches Handeln	

Handlungsorientiertes Lernen

Dieses ist die folgerichtige Weiterentwicklung des kommunikativen Ansatzes. Aus konventionell geprägten unreflektierten Tätigkeiten innerhalb vorgegebener öffentlicher Strukturen kreativ handeln zu lernen, ist eines der ältesten Ziele menschlicher Bildung. Daher:

DER ISOLIERTE MENSCH VERMAG SICH EBENSOWENIG ZU BILDEN ALS DER IN SEINER FREIHEIT GEWALTSAM GEHEMMTE

—

WILHELM VON HUMBOLDT

Kommunikation fordert und fördert immer eine Verbindung kognitiv-kritischer Analyse mit affektiv gestütztem Engagement für Werte, die dem Gemeinwohl dienen. Wer sich darauf einlässt, erwirbt Bildung.

12. Anwendungen technischer Kommunikation

Angesichts der vielen Möglichkeiten technischer Kommunikation erscheint die direkte Unterhaltung zwischen Menschen geradezu veraltet – und zumindest für all diejenigen Situationen überholt, in denen sie einen hohen Aufwand zur Überwindung der räumlichen Entfernung voraussetzt. Andererseits wird die Bedeutung von direktem persönlichem Gespräch zunehmend wieder entdeckt: Kein Handy und kein Videokonferenzsystem kann das *face to face*- Gespräch, bei dem man sein Gegenüber direkt „vor der Nase" hat, gleichartig oder auch nur gleichwertig ersetzen.

⭕ *JOSEPH WEIZENBAUM, populärer Computerkritiker, auf die Frage, welche Rolle Kommunikationstechnik spielt:*

„… sie spielt eine sehr geringe Rolle. Die große gesellschaftliche Rolle der Informationstechnik liegt im Finanzwesen, also im Business. (…) Wir müssen uns eingestehen, dass die großen Probleme unserer Welt nicht deshalb so schwer sind, weil wir irgendetwas nicht wissen im Sinne von Information oder weil wir technisch nicht erreichbar wären, sondern den entscheidenden Fragen wird durch die Flucht in die Technik immer wieder ausgewichen."
(aus: Süddeutsche Zeitung)

◇ Bei vielen Informationserfordernissen (z. B. beim Austausch wissenschaftlicher Daten) spielen menschliche Beziehung und Begegnung keine oder nur eine geringe Rolle. Hier kann sich die Beschränkung auf den reinen Informationsaustausch als ausgesprochen vorteilhaft erweisen: Im Gegensatz zu Gütern und Menschen können Informationen beim Transport an jeder Stelle ihres Weges beliebig oft abgefragt und zur Verfügung gestellt werden, ohne dass etwas verloren geht. Meist bemerken dies die nachfolgenden Benutzer nicht einmal. Offensichtlich wird das z. B. beim verdeckten Abhören eines Telefons oder beim Mithören von Funkgesprächen. Und damit sieht man schon die Kehrseite engmaschiger Vernetzung und wachsenden Informationsaustausches: Es wird immer schwieriger, bestimmte Daten oder Kanäle vor unerwünschtem Zugriff zu schützen.

Zur Unterscheidung von sozialer und technisch unterstützter Kommunikation muss außerdem eins bedacht werden: „Fragen kostet nichts" ist für soziale Kommunikation eine Selbstverständlichkeit. In der technischen Kommunikation gilt dies jedoch nicht – jede technisch unterstützte Kommunikation kostet Geld. Das bedeutet andererseits: Mit jedem Kommunikationsvorgang kann der Vermittler (z. B. der Betreiber des Netzes) Geld verdienen.

Die verbundenen wirtschaftlichen Interessen erklären zum Teil die widersprüchlichen Bewertungen der Anwendung von IuK-Technik. Die gemessen an den Möglichkeiten bislang eher geringe Verbreitung zeigt neben der Tatsache, dass die Technik noch nicht ausgereift genug ist, auch, dass Personen- und Güterverkehr in vielen Fällen nicht durch Datenverkehr zu ersetzen sind.

144

12.1 Anwendung in Schule und Hochschule

In der Ausbildung sind Computer sowohl Lehrinhalt als auch Lehrinstrument. Sie können mit unterschiedlicher Zielsetzung eingesetzt werden:
- Kennenlernen des Umgangs mit Computern
- Anwendung von Computern als Lernhilfe
- Computer als Lehrerergänzung/Lehrerersatz
- Vertiefung der Computerkenntnis (Fach Informatik)

Lernprogramme
Es gibt verschiedene Arten von Computer-Lernhilfen:
- **Lernspiele** vermitteln spielerisch Erfahrungen,
- **Übungsprogramme** festigen vorhandene Kenntnisse,
- **Simulationen** verdeutlichen komplexe Vorgänge,
- **tutorielle Programme** vermitteln neue Inhalte.

Lernspiele eignen sich eher für den Gebrauch zu Hause. Bei tutoriellen Programmen ersetzt der Computer teilweise das Unterrichtsgespräch. Niemand denkt jedoch daran, den Computer als völligen Lehrerersatz zu nutzen und rein computergesteuerten Unterricht durchzuführen, bei dem jeder Schüler nur vor dem Computer sitzt.

Der Einsatz solcher Lehrmittel wird mit ihren Vorzügen gerechtfertigt, die vor allem darin liegen, dass für den Computer die individuelle Lerngeschwindigkeit des Schülers keine Rolle spielt und kein Schüler in der Masse der Klasse untergehen kann.

Den Vorzügen stehen eine Reihe von Nachteilen gegenüber: Der Schüler arbeitet der Maschine „hinterher", er lernt nicht, selbstständig zu denken, sondern sich zu fügen, Spontaneität und Kreativität werden u. U. gebrochen, emotionales, motivierendes Handeln der Lehrerin fehlt. Die künstliche Bildschirmwelt entspricht nicht dem eigentlichen Erlebnishorizont eines Kindes; vielmehr besteht die Gefahr, am Computer gelernte Modellhaftigkeit für Realität zu halten.

„Schulen ans Netz"
Von Seiten der Wirtschaft und Politik wird immer wieder die Bedeutung der neuen IuK-Techniken für die Zukunft gerade auch in Deutschland und Europa betont. Kenntnisse im Umgang mit der Technik der neuen Informations- und Kommunikationsmedien, aber auch Kritikfähigkeit und Beurteilungsvermögen seien gefragt: Diese sog. **Medienkompetenz** ist die Voraussetzung für Studium, Ausbildung und Beruf.

IN DEN ACHTZIGER JAHREN WAR DAS INTERESSE FÜR INFORMATIK SEHR GROSS. NEUE STUDIENGÄNGE WURDEN GESCHAFFEN UND UNIVERSITÄTS-FACHBEREICHE GEBAUT. HEUTE SUCHEN WIRTSCHAFTSUNTERNEHMEN HÄNDERINGEND NACH QUALIFIZIERTEM NACHWUCHS: DIE STUDENTENZAHLEN IN INFORMATIK GEHEN KONTINUIERLICH ZURÜCK.

EIN COMPUTERPROGRAMM LACHT KEINEN SCHÜLER AUS, WENN DIESER FALSCH ANTWORTET.

Im Rahmen von Projekten und Initiativen wie „Schulen ans Netz" soll Medienkompetenz gefördert werden. Das Ziel speziell dieser Initiative ist es, alle Schulen an das Internet anzuschließen. Dadurch soll den Schülern vermittelt werden:

- kritischer und effektiver Umgang mit dem Internet,
- das Internet als Lehr- und Lernmittel,
- die Nutzung des Internet für eigene Präsentation und Kommunikation.

Das Netz kann die Ausführungen des Lehrers in praxisnaher und spannender Weise ergänzen. Dies bietet sich gut in den Fremdsprachen an: Durch E-Mail-Kontakte mit Schülern in den USA gelangen z. B. vielfältige neue Elemente in den Englischunterricht.

Virtuelle Universität

Wenn auch der Ersatz des Lehrers durch den Computer nicht zur Debatte steht, so gibt es doch die Möglichkeit, den Lehrer in den Computer zu „verbannen": Virtuelle Universitäten ermöglichen ein Studieren per Internet und Computer, ohne dass man sein Haus verlassen muss. Die Professoren existieren in der Regel wirklich, allerdings sieht der Studierende seinen Professor *face to face* nur anlässlich der schriftlichen Prüfung. Ansonsten kommunizieren Studierende über E-Mail, *chat* oder Videotelefon. Derartige Einrichtungen gibt es vor allem in den USA, zunehmend auch in Europa. Sie sind eine Art multimediale Fernuniversität.

Die Inhalte werden über spezielle Vorlesungsvideos oder multimediale Programme vermittelt, die interaktiv gestaltet sind und über das Internet geladen werden (oder auf einer CD-ROM gespeichert sind). Parallel gibt es Übungspapiere, die *online* ausgefüllt werden.

Die Vorteile der virtuellen Uni:

- Der Studierende kann Seminare, Vorlesungen oder Übungen besuchen, wann er möchte.

- Bindung und Kontakte zwischen Dozent und Studierendem sind stärker als im herkömmlichen Unibetrieb.
- Gegenüber einer normalen Fernuniversität, bei der Arbeitsunterlagen per Post verschickt werden, ist die Virtuelle Uni schneller, flexibler und direkter.
- Die Vorlesung zu einem bestimmten Thema braucht nur einmal im Netz vorhanden zu sein. Sie kann von interessierten Studierenden aller Unis „gehört" werden.

12.2 Berufe in der IuK-Technik

Wer die Schule durchlaufen und Gefallen an der Arbeit an bzw. mit Computern gefunden hat, für den ergeben sich vielfältige Berufsperspektiven. Die Tätigkeiten erfordern in der Regel eine hochqualifizierte Ausbildung. Der schnelle Fortschritt im Computerbereich zwingt außerdem dazu, sich immer wieder weiterzubilden, damit die eigenen Kenntnisse nicht veralten.

Eine Firma, die Informationen, Beratung und Verkauf ihrer Produkte über Internet und Telefon anbieten möchte, müsste Dienste folgender Berufe in Anspruch nehmen:

TECHNISCHER BEREICH: GERÄTE- UND ANLAGENBAU; INFORMATIK- BEREICH: PROGRAM- MIERUNG; DIENST- LEISTUNGSBEREICH: WARTUNG, BERATUNG

Berater Telekommunikation, Internetberaterin oder IT-Berater	Beratung über die technischen Möglichkeiten und den zu erwartenden Aufwand
Netzwerk- oder Systemingenieur bzw. -techniker	Auf- und Zusammenbau der Netzwerkkomponenten und deren Inbetriebsetzung
Informations- und Telekommunikationssystem-Elektroniker	Aufbau, Testen und Wartung der Telefonanlage
Screen-Designer, Texter, Grafiker, Multimediadesigner	ansprechende Gestaltung des Internetangebotes und dessen Programmierung
Network-Operation-Technikerin, Netzwerk-, Web- oder Systemadministrator	Wartung und Verwaltungsarbeiten im Computernetzwerk
Telesales-Arbeiter, Telefonverkäufer	Beratung der Kunden über Telefon/Computer, Auftragsabwicklung
IT-Beauftragte, Projektleiter, DV-Organisatoren	Überwachung der finanziellen und kaufmännischen

FÜR VIELE TÄTIGKEITEN GIBT ES KEINE „RICHTIGE" BERUFSBEZEICHNUNG, WIE FOLGENDER ANZEIGENTEXT ZEIGT: „HOCHSCHULABSOLVENT FÜR DIE SCHNITTSTELLE ZWISCHEN SOFTWAREENTWICKLUNG UND TELEKOMMUNIKATION GESUCHT".

Für Entwicklung, Vertrieb und Service der zum Einsatz kommenden Programme und Anlagen werden gebraucht:

WENN DIE FIRMA KEINEN SOLCH GROSSEN AUFWAND TREIBEN MÖCHTE, KANN SIE IHR INTERNETANGEBOT AUCH VON ANDEREN FIRMEN ERSTELLEN LASSEN.

Software-, Anwendungs-, Webentwickler oder –ingenieure	Programmierung von Telekommunikations- und anderen Programmen
Fachinformatikerin	z. B. zur Erstellung der Programm-Steuerung einer TK-Anlage
Service-, Support- oder Help-Desk-Mitarbeiter und Kundenbetreuerin	zur Beratung und Hilfe nach dem Kauf; über Telefon oder vor Ort beim Kunden; als sogenannte *hotline*

147

Beim Kauf der Anlagen und Programme kommt man in Kontakt mit **Informationskaufleuten, Informations- und Telekommunikations-System-Kaufleuten** oder **Vertriebs- und Außendienstverkäufern** und **Assistenten**.

Insbesondere der Service- und Beraterbereich hat große Bedeutung, da die Komplexität der IuK-Techniken bei vielen Menschen zu Unsicherheit führt. Gerade für diese Tätigkeitsfelder ist das Beherrschen der sozialen Kommunikation und Erklärungsfähigkeit von überragender Bedeutung.

Sind die Anlagen installiert und laufen zuverlässig, müssen sich die Mitarbeiter daran gewöhnen und mit der neuen Technik umgehen lernen: Umschulungen und Weiterbildungsmaßnahmen sind notwendig. Meist ändern sich auch die Arbeitsabläufe bei der Einführung von IuK-Techniken völlig.

Telearbeit

Auch die herkömmlichen Arbeitsweisen und -möglichkeiten haben sich durch IuK-Technik bedeutend verändert. Völlig neuartige Beschäftigungsverhältnisse wie Telearbeit sind möglich.

Telearbeiten sind Erwerbstätigkeiten, die für Auftrag- oder Arbeitgeber zu erbringen sind und die außerhalb der bisherigen Betriebsstätten durch Computer und unter Nutzung von TK-Netzwerken und -Geräten erfolgen. Telearbeiter können den rechtlichen Status eines Selbständigen oder eines Heimarbeiters haben oder in einem besonderen Beschäftigungsverhältnis stehen.

Bei Telearbeit handelt es sich meist um Programmierarbeiten oder Dateneingaben. Aber auch normale Büroarbeit kann zunehmend in Heimarbeit vollbracht werden.

Bei der Bewertung von Telearbeit gibt es große Differenzen:

Die wichtigsten Argumente für und gegen Telearbeit:	
pro	*contra*
– flexible Arbeitseinteilung	– Arbeit, die immer gegenwärtig ist
– kein Weg zur Arbeit	– Isolierung zu Hause
– neue Chance der Erwerbsarbeit	– erneute Bindung der Frau an „Heim und Herd"
– Freiheit von betrieblichen und sozialen Regeln	– kaum Einbindung in Sozialstrukturen wie Gewerkschaften etc.
– Unabhängigkeit von Firma	– leichtere Entlassung

12.3 Anwendung in der Wirtschaft

Ganz gleich, um welche Branchen, Unternehmen und Betriebe es sich handelt – einen zentralen Bereich aller wirtschaftlichen Aktivitäten haben die neuen technischen Kommunikationsmittel durchgehend erobert: das Büro. Im Vergleich zum Büro der 70er Jahre kann man von einer wirklichen Revolution sprechen.

Das herkömmliche Büro

Büros sind Schnittstellen zwischen Innen- und Außenwelt einer Unternehmung: Informationen von Kunden, Lieferanten und Interessenten gelangen über das Büro in die Firma. Aus den einzelnen Abteilungen heraus gelangen Nachrichten über das Büro an die Empfänger. Und so bezieht sich die Arbeit dort auf eine Vielzahl kommunikativer Tätigkeiten: Briefe beantworten und schreiben – oft in großer Zahl – Kundenanfragen, Beschwerden und Bestellungen entgegennehmen und weiterleiten. Zur Unterstützung werden technische Kommunikationsmittel eingesetzt: Telefon, Fax, Anrufbeantworter, zum Schreiben der Computer. Die persönliche Kommunikation spielt eine bedeutende Rolle.

NACH SCHÄTZUNGEN DER DEUTSCHEN BANK IST DAS MARKTVOLUMEN DER IUK-TECHNIK 1997 WELTWEIT UM 2.300 MRD. MARK GESTIEGEN, ALLEIN IN EUROPA UM 640 MRD. MARK.

Neue Bürokommunikation

„Hier ist das automatische Kundenbearbeitungssystem der Firma K. Bitte geben Sie über die Tastatur ihres Telefons eine 1 ein, wenn sie eine Bestellung aufgeben möchten, eine 2, wenn sie ihre Kundendaten abhören oder ändern möchten, eine 3, wenn sie eine Beanstandung anbringen möchten." Seit den 90er Jahren übernimmt der Computer im Büro immer mehr kommunikative Tätigkeiten. Der Trend geht dahin, die gesamte geschäftliche Korrespondenz über ein und dasselbe Computersystem abzuwickeln. Für die Firma spielt es dann keine Rolle, ob ein Kunde faxt, anruft, schreibt oder ein E-Mail schickt. Die Sekretärin sitzt nur am Computer. Wenn sie selbst einen Brief schreibt, wählt der Computer automatisch den bestmöglichen Übermittlungsdienst zum Kunden aus – ob nun Fax, E-Mail oder *snail mail*, die gewöhnliche „Schnecken"post.

BEIM HOMEBANKING GIBT DER KUNDE SEINE WÜNSCHE ÜBER DAS TELEFON ODER DEN COMPUTER DIREKT IN DEN BANKCOMPUTER EIN. DAS SPART PERSONAL – UND MENSCHLICHE KOMMUNIKATION.

Die Standardisierung in der Bürokommunikation geschieht in der Regel aus wirtschaftlichen Gründen. Da die Arbeitsabläufe in der Firma ohnehin über Computer abgewickelt werden, will man alle Daten von Anfang an „im System" haben. Persönliche Kommunikation wird dabei ersetzt durch Mensch-Maschine-Kommunikation. Bürorbeit wird zur eintönigen Medienkommunikation und auf lange

Sicht überflüssig. Gleichzeitig aber ist eine gegenläufige Entwicklung hin zu Kundenorientierung und Service zu verzeichnen. In Unternehmen spielen Freundlichkeit, Kommunikationsfähigkeit und persönliche Zuwendung zunehmend wieder eine Schlüsselrolle.

Industrieanwendungen

In der Industrie werden Computer schon seit langem zur Steuerung von Maschinen und zur Optimierung von Produktionsabläufen eingesetzt. Folgende neue Anwendungsfelder ergeben sich mithilfe der Kommunikationstechnik: Wenn Lieferanten mit Produzenten in einem Computernetzwerk zusammengeschlossen sind, ist es möglich, Vorprodukte automatisch entsprechend den eingehenden Aufträgen zu bestellen. Diese werden *just in time* („genau rechtzeitig") geliefert. Das bedeutet, dass keine Lagerkosten entstehen, weil die ankommenden Teile direkt verarbeitet werden können.

Die „Zusammenschaltung" von weit auseinander liegenden Firmenteilen hat ähnliche Effekte. Aber auch innerhalb eines Betriebes führt technische Kommunikation zu Automatisierung und zur Beschleunigung der Arbeitsabläufe.

Sogenannte Scannerkassen sind in Supermärkten und Kaufhäusern sehr verbreitet: Mittels Laserstrahlen wird an jedem Produkt der Barcode abgelesen, ohne dass ein Preis eingegeben werden muss. Der Barcode ist ein Streifenmuster, das eine maschinenlesbare Nummer darstellt, anhand derer das Produkt genau identifiziert werden kann. Der Kassencomputer sucht den zu der Nummer gehörenden einprogrammierten Preis und druckt ihn auf den Bon. Gleichzeitig wird das Produkt in die „verkauft"-Liste eingetragen. Wenn im Computer die in Laden und Lager vorhandene Menge der jeweiligen Artikel gespeichert ist, kann dieser bei einem bestimmten „verkauft"-Wert automatisch dafür sorgen, dass im Regal nachgefüllt wird, oder auch eine Nachbestellung an den Lieferanten abgeben.

Solche Systeme werden auch **Workflow-Anwendungen** genannt (von *workflow* = Arbeitsablauf). Auch bei ihnen wird die Verlagerung hin zu technischer Kommunikation deutlich. In Fällen wie den beschriebenen, bei denen es nur um Sachinhalte geht („Bestellung aufgeben") scheint diese Verlagerung machbar. Man stelle sich jedoch vor, dass sämtliche Kommunikation vom Computer übernommen wird: ein nettes Wort unter Kollegen, ein gemeinsames Schimpfen über den Chef wird es dann nicht mehr geben.

12.4 IuK-Technik im öffentlichen Leben

Mit dem Einsatz von Kommunikationstechnik in Verwaltungen und Behörden, im Verkehrswesen, in der Medizin oder im Kulturbereich sind folgende Zielvorstellungen verbunden:

Ziel:	IuK-Technik übernimmt:
mehr Sicherheit	Überwachung
mehr Komfort	Steuerung
mehr Geschwindigkeit	Transport
weniger Kosten	Zentralisierung
weniger Arbeit	Automatisierung

Es kommt zum Ersatz bisheriger Arbeitskräfte durch Telekommunikationsanlagen, also von sozialer durch technische Kommunikation. Andererseits werden bei der Einführung umfangreiche sozial-kommunikative Leistungen nötig: Die Menschen müssen über Bedeutung und Funktionsweise der neuen Techniken unterrichtet werden und Vorbehalte müssen oft gegen erhebliche und manchmal berechtigte Widerstände ausgeräumt werden.
In den folgenden Bereichen hat die IuK-Technik bereits eine zentrale Bedeutung:

Verbrechensbekämpfung	Zentrale Dateien, in denen persönliche Daten, Täterprofile oder der genetische Code von Verbrechern gespeichert ist, sollen ein schnelleres Erkennen und Wiedererkennen von gesuchten Tätern ermöglichen. Polizisten haben auf die Daten europaweit direkten Zugriff.
Verkehr	Zentrale Verkehrsrechner steuern Ampeln und Geschwindigkeitsanzeigen – dem Verkehr angepasst. Im Auto sorgen satellitengesteuerte elektronische Lotsen dafür, dass man ohne Ortskenntnis den richtigen Weg findet – sie führen an Staus und Baustellen vorbei. Dies gelingt durch Kommunikation des Lotsen mit dem Verkehrsrechner über Funk.
Medizin	Ferndiagnose und sogar ferngesteuerte Operationen machen die Überführung von schwerkranken Patienten zum Spezialisten überflüssig.
Verwaltung	Wie schon mehrfach beschrieben, ersetzt der Computer den persönlichen Kontakt – selbst Unterschrift und Stempel fehlen auf amtlichenBriefen.
Kultur, Sport und Medien	In diesen Bereichen ist die globale technische Kommunikation selbstverständlich: Sportliche Großereignisse oder Interviews zwischen Menschen auf verschiedenen Kontinenten werden live im Fernsehen gezeigt, Musiker in Tokio, Berlin und New York geben gleichzeitig zusammen ein Konzert.

DIE „BÜRGERFREUNDLICHE" BEHÖRDE WIRD AN- UND ABMELDUNGEN, PASSBEANTRAGUNGEN ETC. BALD NUR NOCH ÜBER DAS INTERNET ENTGEGENNEHMEN.

DAS ELEKTRONISCHE KASSIEREN VON STRASSENBENUTZUNGSGEBÜHREN BEI FAHRENDEM AUTO, DAS SOG. ROADPRICING, ARBEITET MIT FUNKIDENTIFIZIERUNG DES VERKEHRSTEILNEHMERS – ODER ES WIRD GELD VON EINER HINTER DIE WINDSCHUTZSCHEIBE GEKLEBTEN CHIPKARTE ABGEBUCHT.

Politische Rahmenbedingungen

(1) Frau K. regelt ihre Bankgeschäfte über das Internet; dabei erwartet sie, dass die Bank ihr eine sichere Verbindung anbietet, so dass niemand ihre Überweisungen lesen oder gar zu seinen Gunsten verändern kann.

(2) Russische Mafiosi kommunizieren durch verschlüsselte E-Mails mit ihren Außenposten in Berlin. – Der Geheimdienst gelangt nicht an den Inhalt der Briefe, weil ihm die nötigen schnellen Rechner fehlen, um den Code zu knacken.

(3) Kinderschänder bieten Videos im Internet zum Download an, und keiner kann sie daran hindern – der Rechner mit diesen Inhalten steht irgendwo im Pazifik auf einer Insel.

(4) Länder mit diktatorischem Regime haben große Probleme mit dem Internet: Die Bürger können im Netz alles erfahren, aber auch Informationen über die Probleme des Landes verbreiten.

Diese Beispiele verdeutlichen das Konfliktfeld, in welches die Politik durch das Internet gestellt wird:

- Das Internet ist von der Tradition und seinem Aufbau her völlig grenzenlos; freie Meinungsäußerung ist geradezu seine Philosophie.
- Der Staat möchte das Netz nicht als Verbreitungskanal für kriminelle Machenschaften offen lassen, während die Verbreitung über alle anderen Medien verboten ist.
- Das Internet ist von seiner Idee und Konstruktion her ein Netz, bei dem Daten unverschlüsselt übertragen werden. Da aber nicht jeder möchte, dass seine E-Mails beliebig gelesen werden können, verschlüsselt er sie vor der Übertragung. Eine besondere Rolle spielt dabei das asymmetrische Verfahren *(siehe S. 83)*.
- Polizei und Geheimdienste haben ein Interesse daran, von jedem Schlüssel ein Duplikat zu erhalten, um Verbrechern auf die Spur kommen zu können.

Regelungsprobleme bei Telekommunikation

Aufgrund der globalen Struktur des Internet wurden Gesetze zur eindeutigen Regelung der oben beschriebenen Sachverhalte bisher nicht geschaffen: Es war nicht möglich, internationale allgemein gültige Regeln zu finden. Und nationale Gesetze bilden keine sinnvolle Handhabe, da jeder, der möchte, seinen Computer in einem anderen, liberaleren Land aufstellen kann, in dem z. B. deutsches rechtsradikales Gedankengut nicht verfolgt wird. Zwar gibt es technische Möglichkeiten, den Zugang von bestimmten Computern zu bestimmten anderen Computern zu sperren. Eine Sperrung ist jedoch nicht generell möglich, so dass man gegebenenfalls über Umwege an sein Ziel kommt.

◇ Die globale Struktur und unermessliche Fülle des Datenmeeres Internet machen eine generelle Inhalts- oder Zugriffskontrolle unmöglich. Um so mehr kommt es auf die Verantwortung jedes einzelnen an, offensichtlich kriminelle Seiten nicht weiter zu beachten.

Gesetze zur Telekommunikation

Trotz der beschriebenen Problematik gibt es eine Reihe von nationalen und zunehmend auch internationalen Gesetzen zur technischen Kommunikation. Diese regeln meist nur das wirtschaftliche und technologische Umfeld und – soweit möglich – auch den Datenschutz:

Deutsche Gesetze zur Telekommunikation
– Telekommunikationsgesetz (TKG)
– Informations- und Kommunikationsdienstegesetz (IuKDG – Multimediagesetz)
– Teledienstegesetz (TDG)
– Fernmeldeüberwachungsverordnung (FÜV)
– Preisangabe-Verordnung (PAngV)
– Telekommunikations-Kundenschutzverordnung (TKV)
– Bundesdatenschutzgesetz (BDSG)
– Teledienstedatenschutzgesetz (TDDSG)
– Telekommunikationsdienstunternehmen-Datenschutzverordnung (TDSV)
– Europäische Datenschutzrichtlinie 95/46/EG

Die Gesetzestitel sind weitgehend selbsterklärend. Daher wird auf eine weitere Erläuterung verzichtet.

Netzzugang für alle

Der Gesetzgeber kann, soll und darf nicht regeln, *was* kommuniziert wird, er kann und muss nur die Rahmenbedingungen und die Möglichkeiten zur Kommunikation schaffen. Wenn öffentliche Dienstleistungen nur noch über Internet angeboten werden, hat der Staat die Pflicht, jedem zu angemessenen Preisen einen Zugang zu den technischen Kommunikationsmedien zu verschaffen. Dazu beauftragt die öffentliche Hand Telekommunikationsunternehmen wie Telefongesellschaften, die in Konkurrenz zueinander hochqualitative und dennoch preiswerte Dienste und Netzzugänge anbieten sollen.

12.5 Heimanwendungen

Die Vorteile moderner Kommunikationsmedien für den Privathaushalt sind höhere Geschwindigkeit und geringere Kosten gegenüber der herkömmlichen Post. Die Nachteile: Oft sind erhebliche Anfangsinvestitionen nötig. Persönliche handschriftliche Briefe lassen sich über die neuen Dienste nicht verschicken.

Die Nutzung der neuen Kommunikationsmedien
Mit Ausnahme von Videokonferenzen kann ein Privathaushalt alle Kommunikationsdienste nutzen, die in Kapitel 6 und 7 beschrieben sind. Je nach Dienst müssen dazu folgende Voraussetzungen gegeben sein:

Fax, Modem	Wer schon einen Telefonanschluss hat, kann die Geräte ohne weitere Anmeldungen nach dem Kauf einsetzen.
Handys, Pager	Beim Kauf eines Gerätes schließt man in der Regel einen Nutzungsvertrag, der beim Handy Anschlussgebühren und meist monatliche Grundgebühren nach sich zieht.
Internet	Wer Computer, Modem und Telefonleitung besitzt, muss bei einem Provider die Zugangsberechtigung beantragen. Man erhält Benutzername und Passwort, mit denen man sich über eine Wählverbindung zum Provider in das Internet einklinkt. Neben den Ortstarif-Telefongebühren entstehen dabei monatliche Grundgebühren und/oder ein Nutzungsentgelt, das sich nach *online*-Zeit (der Zeit, für die man eine Verbindung zum Internet hat) oder übertragener Datenmenge richtet. Zugänge werden von vielen regionalen Tageszeitungen angeboten, es gibt aber auch überregionale Provider.
Bildtelefon	Dieser Dienst kann derzeit nur benutzt werden, wenn beide Kommunikationspartner ISDN-Anschlüsse haben.

FÜR DIE NUTZUNG DER GROSSEN DATENFERNLEITUNGEN (BACKBONE) DES INTERNET ZAHLT DER NUTZER NICHTS. DAS MACHT DIESES NETZ SO LUKRATIV FÜR INTERNATIONALE KOMMUNIKATION UND INFORMATIONSABFRAGE.

Online-Dienste
Neben dem Internet gibt es für den Privatanwender auch andere Möglichkeiten, am grenzenlosen Datenaustausch teilzunehmen: Online-Diensteanbieter bauen Informations- und Kommunikationsdienste ähnlich dem Internet auf. Der Unterschied besteht jedoch darin, dass diese Dienste einen gerade noch überschaubaren Umfang haben und redaktionell bearbeitet werden. Der Zugang zum Internet ist bei ihnen meist integriert. Daher fungieren die Anbieter in der Regel als Internet-Provider mit etwas mehr Service. Die Zu-

gangspreise entsprechen denen, die man für ausschließliche Internet-Provider zahlen muss. Große Dienste sind „t-online", „AOL" und „Compuserve".

Internet – gigantischer Informationspool

Das bei weitem größte Potential des Internets ist sein Informationsangebot. Straßenbahn- Bus- oder ICE-Fahrpläne, Flugpläne, Telefonnummern, Kino- und Theaterprogramme oder Bibliothekskataloge sind abrufbar. Sie alle haben insbesondere dann einen Vorteil gegenüber ihren gedruckten Pendants oder denen auf CD-ROM, wenn sie ständig aktualisiert werden und so auch kurzfristige Änderungen enthalten.

Informationen über jedes Land, jede Stadt, jede Persönlichkeit, über jede Firma oder Rockgruppe sind verfügbar. Dabei gibt es sowohl offizielle Seiten – die beispielsweise von Kommunalverwaltungen, Verlagen oder PR-Abteilungen einer Firma erstellt werden – als auch inoffizielle, die von Liebhabern, Interessenverbänden oder Fanatikern gebastelt werden. Da die Seriosität einer Internetseite oft nicht hinreichend geprüft werden kann, ist bezüglich der angebotenen Informationen oft Vorsicht angebracht. Dies soll jedoch nicht heißen, dass von Privatleuten angebotene Information generell unseriös ist: Oft sind es gerade die Hobby-Interessenten, die die informativsten Seiten zu einem Thema zusammenstellen.

Von den Informationsmedien sind die Bürger gewohnt, gefilterte und überarbeitete Nachrichten zu erhalten. Im Internet findet sich dagegen ungefilterte Information: Informations- und Meinungsfreiheit pur.

LESEN IM INTERNET IST WIE MUSIKHÖREN ÜBER TELEFON.

Suchen im Internet

Wer keine spezielle Netzadresse weiß, bei der er etwas suchen möchte, bedient sich sogenannter **Suchmaschinen**. Mit diesen Internetseiten kann das ganze Internet nach beliebigen Wörtern durchsucht werden. So findet man schnell eine Anzahl Seiten, auf denen das gesuchte Wort vorkommt. Je nach Popularität des gesuchten Wortes erhält man auch mal zehntausend Ergebnisse. Da wird es schwierig, die Übersicht zu behalten. Meist sind die Seiten nach „Besuchshäufigkeit" geordnet.

Eine Reihe von Internetanwendungen geht über das bisher Beschriebene hinaus. Homebanking und Homeshopping seien hier wegen ihrer Bedeutung behandelt.

DAS INTERNET GIBT ÜBER SICH SELBST DIE BESTE UND AKTUELLSTE AUSKUNFT, WÄHREND LITERATUR ÜBER DAS INTERNET OFT SCHON BEI ERSCHEINEN VERALTET IST.

MIT EINEM TELEBAN-
KINGMODUL IST ES
AUCH MÖGLICH,
GELD ÜBER DAS
TELEFON AUF EINE
GELDKARTE ZU
LADEN; EBENSO
ÜBER SPEZIELLE
KARTENTELEFONE.

BEI DER EINFÜH-
RUNG DES TELEBAN-
KING UNTERSCHÄTZ-
TEN DIE BANKEN
DAS INTERESSE
DARAN STARK – 1996
NUTZTEN 34 % DER
BANKKUNDEN IN
EUROPA TELEBAN-
KING, 2001 SOLLEN
ES SCHON 82 % SEIN
(INPUT)

Homebanking

Unter Homebanking versteht man die Möglichkeit, Bankgeschäfte wie Überweisungen, Kontoauszugs- oder aktuelle Kontostandsabfragen von zu Hause aus zu beliebiger Zeit zu tätigen. Dies geschieht

- mündlich über Telefon,
- über Computer und Internet, oder
- mit einem Zusatzgerät (**Telebankingmodul**) über Telefon und Wähltastatur.

Derzeit identifiziert sich der Kontoinhaber mit seiner Kontonummer und einer Geheimzahl, danach hat er Zugriff auf sein Konto. Überweisungen werden mit einer Transaktionsnummer (TAN) abgesichert: Der Kontoinhaber bekommt eine persönliche Liste mit TANs, von denen jede nur einmal benutzt werden kann. Dies geschieht, um zu verhindern, dass Unbefugte, die Kenntnis von der Geheimzahl erhalten haben, Geld vom Konto abbuchen können. Für all das wird in naher Zukunft eine Chipkarte genügen, die in das Telebankingmodul gesteckt wird.

Homebanking erspart

der Bank	dem Kunden
– Schalterpersonal und Räume	– den Weg zur Bank
– Öffnungszeiten	– Zeiteinteilung
– Kosten	– Mühe

Die Vorteile sind so groß, dass es Banken gibt, die nur aus Computern, Verwaltung und vielleicht Telefonpersonal bestehen, und die keine Schalterräume besitzen. Solche virtuellen Banken nennen sich **Direktbanken**.

Homeshopping

Unter Homeshopping versteht man die Möglichkeit, Einkäufe von zu Hause aus zu erledingen. Damit ist nicht der herkömmliche Kauf per Papierkatalog gemeint. Zwar sucht man seine Produkte auch in einem Katalog aus – dieser ist jedoch multimedial aufbereitet und entweder auf CD-Rom oder im Internet verfügbar und für die Betrachtung am Computer gedacht. Das heißt, dass die Produktbeschreibungen mit Tönen und Videos ergänzt sind, oder dass der gewünschte Pullover gleich in der Lieblingsfarbe betrachtet werden kann.

Von Büchern über Kleider und Haushaltsgeräte, Computern, Programmen und Zubehör oder Urlaubsreisen bis hin zur Pizza kann alles über das Internet bestellt oder gekauft werden. Gezahlt wird in der Regel mit Angabe der Kreditkartennummer. In den USA ist der Kauf per Internet schon alltäglich, während man im Internet-Entwicklungsland Deutschland noch den Verkäufer „aus Fleisch und Blut" vorzieht.

Kommunikation als Hobby

Das Kommunizieren über Internet – meist *chatten* – kann ein sehr zeitaufwendiges Hobby sein: Stundenlang „schwätzt" man mit Leuten, von denen man nur den Spitznamen kennt. Nicht selten wird dabei nur Unsinn ausgetauscht. Dadurch, dass die äußere Erscheinung eines Menschen (Stimme, Aussehen, Geschlecht) keine Rolle spielt und aufgrund der Anonymität wird so mancher viel offener, als er es selbst seinen Freunden gegenüber ist. Auch psychologisch ist erwiesen, dass ein Mensch alleine (vor dem Computer) wesentlich lockerer sein kann als bei Beobachtung. Es gibt bereits Ehen, die aus solchen *chat*-Freundschaften entstanden sind.

Domotik

Nicht nur Freundschaften zu schließen helfen uns Technik und Internet, auch der tägliche Haushalt kann weitgehend vom Computer übernommen werden. Möglich macht dies eine neue Wissenschaft: die Domotik.

DOMOTIK IST EIN ZUSAMMENGESETZTES KUNSTWORT AUS „DOMUS" (LAT. HAUS) UND „TELEMATIK".

- *Der Waschmaschine braucht man nur noch sagen, dass sie waschen soll. Wäscheart und -menge erkennt sie von alleine und stellt das nötige Programm ein.*
- *Der Kühlschrank warnt, wenn der Buttervorrat zur Neige geht, oder bestellt selbstständig über Internet nach.*
- *Die Gasheizung ruft bei einer schweren Störung den Kundendienst an oder vereinbart automatisch einen Inspektionstermin.*
- *Kaffeemaschine oder Toaster arbeiten von alleine. Sie stellen sich auf die morgendlichen Gewohnheiten des Benutzers ein.*

Heutzutage hat sich jeder daran gewöhnt, dass Maschinen auf Menschen reagieren (Schiebetür im Kaufhaus, Rolltreppe, Infrarot-Lichtschalter). Als Benutzer von Machinen angesprochen zu werden oder mit ihnen reden zu sollen, verursacht aber doch – noch – ein seltsames Gefühl: Maschinen können eben nicht wirklich verstehen, was man sagt. Spricht man undeutlich oder leise, begreifen sie nichts.

Viele Menschen sehen bei derartigen Szenarien eine völlige Entmündigung des Benutzers vorher. Die Entwickler und Befürworter der Domotik dagegen sprechen von einer ganz neuen Freiheit: Um die alltäglichen Dinge brauche sich niemand mehr zu kümmern, dafür könne man sich wichtigeren beruflichen oder sozialen Aufgaben widmen.

13. Kommunikation von Organisationen

Am Abend des 9. Oktober 1989: Alfons Köllner geht zum Friedensgebet in die Leipziger Michaelis-Kirche. Spannung liegt über der Stadt – in den Seitenstraßen sammeln sich die Einsatzkräfte der Betriebskampfgruppen. Aus der Kirche formiert sich ein Zug in die Innenstadt, vereinigt sich mit dem der Nicolaikirche und anderen. „Wir sind das Volk – wir sind das Volk", skandieren die Demonstranten. Bald sind es 70.000. Polizei und Staatssicherheitsdienst der DDR beobachten, fotografieren. Köllner hat Sorge um seine Frau, die erst nach der Arbeit dazu gestoßen ist, und seine Söhne. Über Lautsprecher wird eine Erklärung von sechs prominenten Leipzigern verlesen. Der Text fordert einen freien Meinungsaustausch, will einen friedlichen Dialog. Die Menge zeigt ihre Solidarität mit den Forderungen. Der Staatsapparat schweigt. Einen Monat später sind die Berliner Mauer und die Grenzen offen. Die Vereinigung Deutschlands hat begonnen.

Hier ergeben sich zwei Fragen aus diesem Geschehen:
- Wer kommunizierte dort mit wem und in welcher Weise?
- Waren da Organisationen tätig oder Massen? Wer waren die Träger, die Subjekte der Kontakte bzw. Kommunikationen?

Sicherlich kommunizierten jene, die miteinander risikobewusst Freiheit forderten, intensiv untereinander. Welcher Art war der Kontakt zu den Funktionären? War deren Schweigen, wären Kugeln von dort Kommunikation? Höchstens tödlicher Kontakt. Die Demonstration bot Gemeinsamkeit an, aber „Kommunikation" im engen Sinne des Wortes kam mit den Machthabern nicht zustande.

Obwohl die Demonstranten keine „Organisation" mit eigener Grenze und internen Verflechtungen waren, wirkten sie nicht unorganisiert. Obwohl sie kein durchorganisiertes „politisches System" waren, so wie der SED-Staat, bewirkten sie mit der „friedlichen Revolution" doch etwas höchst Politisches. Wichtig allerdings waren dabei anerkannte Symbolfiguren, die bei Übernahme von Risiko einerseits weniger gefährdet waren, andererseits diese „Rolle" aber auch als Verantwortung empfanden und so vertraten.

Das Politbüro wollte ein **geschlossenes System** regieren, mit Mauern und exakt kontrollierten Kommunikationen. Die Menschen aber wollten ein „offenes" politisches System, mit freier Kommunikation nach Art eines **lebendigen Organismus**.

Wir alle leben in Organisationen – in Beruf, Freizeit und Kultur. Die Qualität des öffentlichen Lebens hängt auch davon ab, wie **„offen"** diese Systeme kommunizieren: „intern" und „extern". Dabei geht es auch um Macht, um Politik zwischen Institutionen (Mesoebene) und um große Zusammenhänge, z. B. (Makro-)Politik zwischen Staaten.

13.1 Kommunikationsnetze

Was ist eine Organisation? Dazu zählt ein Fußballklub ebenso wie ein Staat, eine Ladenkette genauso wie ein Ministerium, auch ein Pfarrverband, eine Klinik, jedes Wirtschaftsunternehmen, eine Universität. Was haben diese gemeinsam, wie kann man „Organisation" definieren?

Organisationen als soziale Systeme

Organisationen sind zielorientierte soziale Systeme mit einem angebbaren Mitgliederkreis und strukturierter interner Kommunikation, zugleich abgegrenzt von einer Umwelt, mit der aber extern kommuniziert wird.

Der Begriff „soziales System" braucht nun seinerseits eine Erklärung. NIKLAS LUHMANN (1927 – 1998), der bekannteste deutsche Systemtheoretiker, Professor für Soziologie, gibt folgende Orientierung:

1)   Systeme

2) Maschinen Organismen soziale Systeme psychische Systeme

3)   Interaktionen Organisationen Gesellschaften

Analyseebenen für eine allgemeine Systemtheorie
(nach LUHMANN 1993, S. 16)

In seinem Buch über **soziale Systeme** nennt LUHMANN sie „selbstreferentielle Systeme, … das heißt Systeme mit der Fähigkeit, Beziehungen zu sich selbst herzustellen und diese Beziehungen zu differenzieren gegen Beziehungen zu ihrer Umwelt." In der Sprache der Kommunikationstheorie folgt daraus:

- Diese Systeme haben eine **interne Kommunikation** der Art, dass sie sich durch die Kommunikation dauernd selbst erneuern und ihre Identität durch solche Prozesse – auch der Selbstbesinnung – aktiv gestalten.
- Das geschieht auch durch **externe Kommunikation**, die aber trotz Gemeinsamkeiten mit „außen" gerade die Unterschiede zur Umwelt im Tun, Denken und Fühlen reflektiert, beschreibt und in Symbolen verdeutlicht.
- Durch beide Vorgänge entsteht eine **typische Kultur** des „offenen" sozialen Systems.
- Entscheidend ist die **Balance** von identitätsfördernder Geschlossenheit (besser: Einheit, Gemeinsamkeit) einerseits und Offenheit nach außen andererseits.

DIKTATUREN SIND ÜBERORGANISIERTE GESCHLOSSENE SYSTEME, DIE SICH ENTWEDER ABGRENZEN ODER ANDERE EROBERND EINVERLEIBEN.

EINE MODELLZEICHNUNG FÜR EIN OFFENES SYSTEM FINDET SICH IN KAP. 2 AUF S. 29.

Differenzierte Binnenstrukturen

Für eine interne Kommunikation sind Strukturen nötig, die **bipolare Informationsflüsse** möglich machen *(vgl. Abb. auf S. 134)*. Es gibt noch differenziertere Formen:

> *Im schwedischen Kalmar wurde Anfang der 70er Jahre von Volvo ein neues Motorenwerk gebaut. Die Arbeiter durften bei der Planung „partizipieren". Für die Montage gab es keine langen Fließbänder mehr, sondern Werkstattnischen. Dort bauten Gruppen von 15 Monteuren die Motoren zusammen, in wechselnden Rollen. Die Öde der Fließbandarbeit war durchbrochen.*

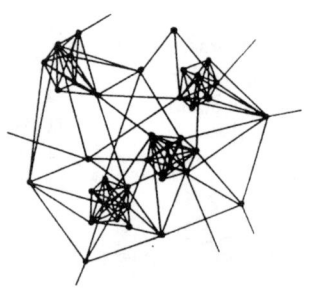

Substrukturen-Netz
(nach VESTER 1978, S. 88)

Der Trend, Arbeitshandgriffe vielfältiger zu machen (*job enlargement*), führte zu diesem klassischen Beispiel für teilautonome Arbeitsgruppen. Sie übernehmen auch die Verteilung der Aufgaben und die Kontrolle. Damit verbunden ist eine differenziertere, lebendigere Kommunikation. Das geht heute so weit, dass große Firmen sich in viele kleine Firmen **dezentralisieren**, jede z. B. der Nachbarfirma Rechnungen schickt, so dass später alle Mitarbeiter die wirtschaftliche Lage ihrer Firma kennen. Die Folgen für Klima und Kommunikation sind deutlich: Die differenzierten Netzwerke sind zwar schwieriger zu führen, der Einzelne aber befindet sich immer in einem **Teilzentrum** des Geschehens und nicht am Rand.

Strukturelle Schwächen von Organisationen

Die Gefahr dieser Struktur ist Gruppenegoismus und **Rivalität**, vor allem wenn nur zwei Gruppen mit gleicher Funktion entstehen. Das uralte menschliche Programm „Die anderen sind Fremde, also Feinde" setzt sich dann fast automatisch durch. Von der strukturellen Anlage der Organisation her müssen solche Gruppen also verschiedene Funktionen für das Ganze haben.

Dass auch eine einlinige **Hierarchie** strukturschwach ist, wenn es auf die Kommunikation ankommt – nicht auf die Leistung –, wurde gezeigt *(vgl. S. 135)*. Zu anderen schwachen Strukturen vgl. S. 28.

Struktur nach Zielgruppen

Jede Organisation hat ihre eigenen Kontaktfelder, nach innen und außen. *(vgl. Kap. 3.4 S. 39)*.

Struktur nach Aufgaben

Fast von selbst strukturieren sich Organisationen nach den verschiedenen Aufgaben. Werden diese dann nach klassischer Art zu eigenen Einheiten der Produktion, des Vertriebs und der Verwaltung getrennt, sind zwar die Wege für die Personen mit gleicher Aufgabe kürzer, aber es kommt dann auch leichter zu Rivalitäten der Abteilungen. Eine **gemischte Vernetzung** – z. B. nach Aufgaben und Zielgruppen – ermöglicht eine bessere Kommunikation.

○ *Das Auswärtige Amt der Bundesrepublik ist u. a. nach Regionen geordnet, z. B. Mittelmeerraum, England mit Commonwealth, Naher Osten, südliches Afrika, Südasien, USA; als „Kunden" gelten die Vereinten Nationen u. Ä. Daneben gibt es funktionale Abteilungen: neben dem Leitungsstab und der Zentralabteilung (u. a. Personal) eine für Wirtschaft, für Recht, für Kulturpolitik und für das Protokoll.*

13.2 Kommunikation zwischen Gruppen

Viele Organisationen behandeln inzwischen Gruppen „im Haus" als „Kunden". Wie steht es aber mit der externen Kommunikation? Sie wird gern als „Politik" der Organisation bezeichnet. Welche Qualitäten hat solche „politische" Kommunikation von Gruppen? Eine erste Orientierung bietet ein **Modell politischen Handelns:**

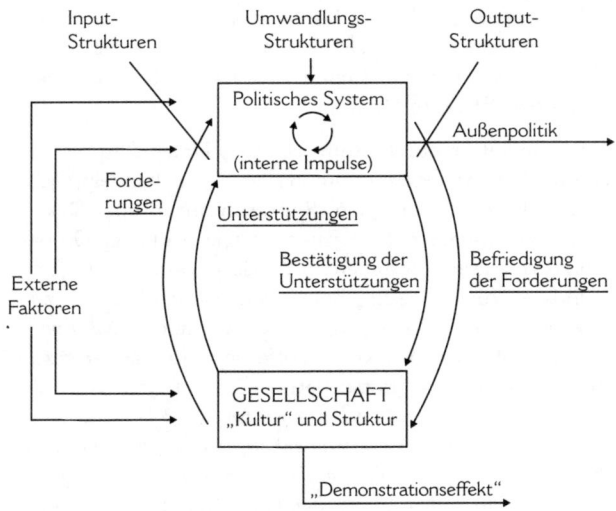

Grundmodell politischen Handelns
(nach BERG-SCHLOSSER und STAMMEN 1995, S. 164)

Kritische Einschätzung des Modells

Das Modell ähnelt stark dem nachrichtentechnischen *(vgl. Abb. auf S. 22)*. Entsprechend kritisch ist es zu betrachten. Politisches Handeln und Kommunizieren können Eingaben nie „maschinell" umwandeln und dann ausgeben. Menschliche Kommunikation ist anders: Sie erstellt Sinn durch Interpretation und durch Auswahl von „Sachen, Begriffen", die die gemeinsam verliehene Bedeutung symbolisieren. Im Modell angedeutet durch:

(1) **Forderungen:** Auf die politische Entscheidungsstelle kommen nicht nur aktuelle Forderungen aus der Gesellschaft zu, sondern auch festliegende Sinn- und Regelvorgaben sowie folgende Kommunikationsaufgaben:
   – Klärung der Bedeutung für das Gesamtwohl,
   – Kompromisse für die Akzeptanz (Annahme) von Problemlösungen durch die Teilgruppen,
   – Entscheidung unter Abschätzung der Folgen.

(2) **Demonstrationseffekt:** Er fehlt in Kommunikationsmodellen, die von zwei Personen ausgehen. Immer, wenn Öffentlichkeit im Spiel ist, hat sie eine Wirkung, die den Sachgehalt, die Begriffe, die Information verändert. Bei vielen Gruppen ist das Bedürfnis nach Selbstdarstellung größer als die gemeinsame Sachbedeutung. Der Blick auf Wähler potenziert das.

Je größer die Öffentlichkeit um politisch handelnde Gruppen ist (Mikro- bis Makropolitik), umso mehr droht ein Demonstrationseffekt die gemeinsame Sache zu ersetzen. Damit ist zu rechnen. Nur hohe politische Ethik wird diesen Effekt reduzieren.

Kommunikation durch Stellvertreter / Delegierte

Wenn Organisationen kommunizieren und handeln, geschieht das durch Personen, **Repräsentanten** oder Delegierte. Die Interessen der eigenen Gruppe in anderen Gruppen zu vertreten, dort aber Entwicklungen mit zu tragen, dann wiederum diese Ergebnisse den eigenen Leuten „zu verkaufen", bedarf einer eigenen Qualifikation. Dazu gehört die Fähigkeit, Motive, Begriffe und Riten anderer zu übernehmen und den Entsendern zu übersetzen.

Ein nicht freigestelltes Betriebsratsmitglied berichtet seinen Leuten: „Der Maschinenbau, der hat rund um die Uhr Überstunden gemacht, bei den Elektrikern. Und da geh' ich auf die Barrikaden, leg' mich mit dem Meister da an, krieg' Zoff. Und der Betriebsrat, der stützt das auch noch, was die machen. Die sind nicht bereit, Konflikte einzugehen."

Ein Betriebsratsmitglied schimpft über den freigestellten Betriebsrat: ein Beispiel für **Solidaritätsprobleme zwischen zwei Gruppen**, die einer allein vertreten soll. Hier wird das Problem durch Distanz zu der delegierten Aufgabe gelöst, um Ansehen und Macht in der eigenen Basisgruppe nicht zu verlieren.

Die Vermittlungsaufgabe wird noch komplizierter, wenn die Zielgruppe höherrangig ist und des Delegierten Macht nicht ausreicht, um wirklich gehört zu werden. Zuhause gilt er dann als Schwächling oder gar „Verräter". Eine andere Komplikation ergibt sich, wenn Delegierte sich kaum kennen und erst eine Einheit werden müssen: Hier ist Vorbereitungszeit nötig.

„Führen" als stellvertretende Kommunikation
Mit Vollmacht ausgerüstet lässt sich teilweise ein Aushandeln zwischen Gleichberechtigten, eine Teilhabe (Partizipation) anderer am Entscheidungsvorgang vermeiden. Man hat „das letzte Wort". Bei Zeitmangel für Entscheidungen ist das auch kaum anders möglich. Aber auch hier gibt es Entwicklungen; stellvertretend werden hier zwei wesensverschiedene **Führungskonzepte** verglichen:

DAS BETRIEBSVER-
FASSUNGSGESETZ
VOM 15.1.1972 UND
24.3.1997 REGELT
AUCH KOMMUNIKA-
TIVE MÖGLICHKEI-
TEN DES BETRIEBSRA-
TES, Z. B. § 53
BETRIEBSRÄTEVER-
SAMMLUNG, § 74
GRUNDSÄTZE FÜR
DIE ZUSAMMENAR-
BEIT (ARBEITGEBER
UND BETRIEBSRAT),
§ 76 EINIGUNGS-
STELLE, §§ 87, 91,
99, 102 MITBESTIM-
MUNGSRECHTE.

technokratisches Konzept	systemisches Konzept
Management – ist Menschenführung	Management – ist Gestaltung und Lenkung ganzer Institutionen in ihrer Umwelt
– ist Führung durch wenige	– ist Führung durch viele
– ist Aufgabe weniger	– ist Aufgabe vieler
– ist direktes Einwirken	– ist indirektes Einwirken
– ist auf Optimierung gerichtet	– ist auf Steuerbarkeit gerichtet
– hat im Allgemeinen ausreichende Informationen	– hat nie ausreichende Informationen
– zielt auf Gewinnmaximierung	– zielt auf bessere Lebensfähigkeit

Kommunikationskonzepte in Führung
(STAEHLE 1991, nach *Malik* 1986, S. 49)

Strategien der Kommunikation zwischen Gruppen
Im Jahr 1997 wird die Börse vom Gerücht überrascht, dass die Krupp AG Essen den Stahlgiganten Thyssen aufkaufen wolle. Ist das Gerücht wahr? Oder ist es nur ein Versuch des Krupp-Managers Cromme, Thyssen zum Verhandeln zu zwingen? Jedenfalls sitzt Herr Cromme ab 1999 in der Doppelspitze des neuen Konzerns Thyssen Krupp Stahl-AG.

Wichtige Kommunikationsstrategien sind:
- das Verhandeln
- die Bildung von Koalitionen
- Tauschgeschäfte mit Wissen, Einflussmöglichkeiten, Marktsegmenten,
- der Austausch von Informationen und die Pflege von Beziehungen.

Manipulationsformen, die Kommunikation zerstören, sind:
- staatliche Eingriffe,
- gerichtliches Vorgehen,
- finanzielle Einflussnahme,
- Täuschung, Verleumdung, Erpressung.

Kommunikation managen

Viele Organisationen wissen heute, dass interne und externe Kommunikation „gemanagt" werden muss. Sie haben dafür Abteilungen beim Vorstand eingerichtet.

Herr Wever von der Hypobank in München rauft sich die Haare: Ein exzellentes Team hat ein logisch klares Konzept zur Umstrukturierung erstellt. Der Vorstand hat es abgesegnet. Und nun denken alle, das wird automatisch umgesetzt. An die Ängste, Nöte, emotionalen Fragen der Mitarbeiter aber denkt niemand …Jede Software muss „implementiert" werden – Menschen aber sollen einfach alles so „schlucken". Wever interveniert beim Vorstand. Ergebnis: Herr Wever wird zum Kommunikationsmanager ernannt.

Überzeugungsarbeit nach innen ist nur ein Teil der kommunikativen Aufgabe. Ein anderer ist die Pflege einer **Organisationskultur**. Diese wirkt neben den professionellen Außenkontakten (in Werbung und Marketing) vertrauensbildend – außen wie innen.

kulturelle Symbole (sichtbar)	Werte (erkennbar)	Grundannahmen (stille)
Firmenlogo, Architektur, Bürogestaltung, Kleidung, Briefkopf, Produktgestalt, Sprache, Rituale, Stories, Legenden, Mythen, Witze	– gesetzte: z. B. Unternehmensgrundsätze – internalisierte: Leistung, Service	– Ziele von Mensch und Welt – Verhältnis zur Gesellschaft, zu den Mitmenschen, zur Umwelt – Materie und Geist?

Organisationskultur-Ebenen
(nach SCHOLZ / HOFBAUER 1990)

13.3 Massenmedien als Metakommunikation?

Im Themenheft „Infosucht. Der Mensch im Netz der Medien" lautet ein Untertitel zur passenden Abbildung: „Wer auf diesem Stuhl sitzt, dem glauben die Deutschen alles". Es folgt eine Geschichte über den bekannten Nachrichten-Moderator einer Fernsehanstalt. (Spiegel-Spezial 3/1999)

Der alte Glaube, was in der Zeitung steht, stimme, lebt auch in den neueren Massenmedien weiter. RUDOLF AUGSTEIN: „Die sogenannte vierte Gewalt wird von vielen, die Macht haben, als lästig empfunden. Doch wissen die Politiker... immer, dass sie ohne sie gar nicht existieren könnten."

Massenmedien wirken wie eine Summe des Wissens, des Einflusses und – seit dem „Infotainment" – der emotionalen Möglichkeiten, gleichzeitig wie eine Kommunikations-Quelle all dessen. Der Verstand sagt jedem, dass auch „Meinungsmacher" nur ihre Sicht der Dinge darstellen. Trotzdem bleibt der Sog, ihnen leicht zu glauben, ihre Bewertungen nachzuahmen: der **Eindruck von Vorbild-Kommunikation**.

DEN MEDIEN GELINGT ES NICHT IMMER, DEN MENSCHEN ZU VERMITTELN, WAS SIE DENKEN (SOLLEN), WOHL ABER IMMER MEHR, WORÜBER SIE DENKEN (SOLLEN)

—

BERNHARD C. COHEN

Organisationen jeder Art sind auf die Massenmedien angewiesen. Dies gilt vor allem für ihre „außenpolitische Kommunikation". Sie umfasst unter verschiedenen Namen das klassische Marketing samt Werbung und PR (Public Relations = Öffentlichkeitsarbeit, Kontaktpflege). Organisationen fühlen sich aber immer dann manipuliert, wenn die klassische **Trennung** zwischen **Information** und eigener **Meinung** des Mediums nicht erfolgt.

Massenmedien
Nachrichtenagenturen
Zeitungen
Zeitschriften
Rundfunk und Fernsehen
Filmtheater
Bücher, Kataloge
Call Center
Internet
Kassetten
Disketten
CD's

Angst bzw. Abneigung statt Kommunikation entsteht:

			Hörer vor der Nachricht
beim	Informanten vor dem Journalisten	Journalisten vor dem Informanten	
weil	Negatives erfragt wird	Information fade ist	langweilig
weil	Wiedergabe verzerrt wird	Sicht subjektiv ist	parteiisch
weil	Partner inkompetent ist	Sprache zu fachlich ist	kompliziert

Wer hat hier wem zu helfen? Seriöse Journalisten bereiten sich gut auf ihre Mittlerrolle vor. Kritische Konsumenten vergleichen. Für Informanten gibt es drei Chancen:

- – Aufbau eines vertrauensvollen Dauerkontaktes
- – aktives Informieren im öffentlichen Horizont
- – verständliche, bildhafte Sprache; Beispiele

Literatur

Grundlegende Literatur zur sozialen Kommunikation

Bartsch, Elmar (Hg.) (1994): Sprechen, Führen, Kooperieren in Betrieb und Verwaltung. Kommunikation in Unternehmen. München: Reinhardt.

Bruner, Jerome (1979): Von der Kommunikation zur Sprache. Überlegungen aus psychologischer Sicht. In: → Hrsg. Martens, K. (1979) S. 9 – 60.

Cohn, Ruth C. (1983): Von der Psychoanalyse zur themenzentrierten Interaktion. 6. Aufl. Stuttgart: Klett-Cotta.

Comelli, Gerhard (1985): Training als Beitrag zur Organisationsentwicklung. München: Hanser.

Drach, Erich (1969): Sprecherziehung. Die Pflege des gesprochenen Wortes in der Schule. 13. Auflg. Frankfurt/M.: Diesterweg.

Ehlich, Konrad (1993): Sprechhandlung. Artikel in Metzler Lexikon Sprache, S. 596. Hrsg. v. Helmut Glück. Stuttgart.

Fischer, Roger; Ury, William (1984): Das Harvard-Konzept: Sachgerecht verhandeln ... Frankfurt/M.: Campus.

Flusser, Vilém (1998): Kommunikologie. Frankfurt/M.: Fischer.

Geissner, Hellmut (1975): Rhetorik und politische Bildung. 2. verb. u. erw. Aufl. Kronberg: Scriptor.

Gordon, Thomas (1980): Familienkonferenz. Reinbek: Rowohlt.

Günther, Hartmut (1997 : Mündlichkeit und Schriftlichkeit, In: Sprachen werden Schrift. S. 64 – 73. Hrsg. v. Heiko Balhorn u. Heide Niemann. Lengwil: Libelle.

Habermas, Jürgen (1981): Theorie des kommunikativen Handelns. 2 Bde. Frankfurt/M.: Suhrkamp.

Hahne, Anton (1998): Kommunikation in der Organisation. Opladen/Wiesbaden: Westdeutscher Verlag.

Hess-Lüttich, Ernest W. (1994): Dialog. In: → Historisches Wörterbuch zur Rhetorik. Bd. 2, Sp. 606 – 621.

Historisches Wörterbuch zur Rhetorik (1992, 1994, 1996, 1998) bisher 4 Bde. Hrsg. v. Gert Ueding. Tübingen: Niemeyer.

Kleist, Heinrich v. (1964): Über die allmähliche Verfertigung der Gedanken beim Reden. Hrsg. von Helmut Sembdner. Gesamtausgabe, Band 5, S. 53 – 58. München: dtv.

Kübler, Hans-Dieter (1994): Kommunikation und Massenkommunikation. Münster: Lit.

Kuckenburg, Martin (1988): ... und sprachen das erste Wort. Die Entstehung von Sprache und Schrift. 2. Auflg. Düsseldorf: Econ.

Luhmann, Niklas (1993): Soziale Systeme. Grundriss einer allgemeinen Theorie. 4. Aufl. Frankfurt a. M.: Suhrkamp.

Maturana, Humberto R.; Varela, Francisco J. (1987): Der Baum der Erkenntnis. Bern: Scherz

Neuber, Wolfgang (1994): Communicatio. In. → Historisches Wörterbuch zur Rhetorik Bd. II, Sp. 292f.

Neuberger, Oswald (1983): Miteinander arbeiten – miteinander reden! 3. Auflg. München: Bayer. Staatsministerium f. Arbeit.

Paschen, Harm: Kommunikation (1974) : München: Bayerischer Schulbuch-Verlag.

Schulz von Thun, Friedemann (1981, 1989, 1998): Miteinander reden, Bd. 1 Störungen und Klärungen. Allgemeine Psychologie der Kommunikation. Bd. 2 Stile, Werte und Persönlichkeitsentwicklung. Bd. 3 Das „innere Team" und situationsgerechte Kommunikation. Reinbek: Rowohlt.

Schweinsberg-Reichart, Ilse (1968): Die Versammlung. Heidelberg: Kerle.

Stahl, Thies (1992): Neurolinguistisches Programmieren (NLP). Was es kann, wie es wirkt und wem es hilft. Mannheim: PAL.

Vester, Frederic (1978): Unsere Welt – ein vernetztes System, S. 88. Stuttgart: Klett.

Watzlawick, Paul; Beavin, Janet; Jackson, Don (1972): Menschliche Kommunikation. 3. Auflg. Bern: H. Huber.

Grundlegende Literatur zur technischen Kommunikation

Baldi, Stefan (1998): Grundlagen der Wirtschaftsinformatik. München/Wien: Oldenbourg.

Eberspächer, Jörg (1994): Sichere Daten, sichere Kommunikation, Secure Information, Secure Communication. Berlin: Springer (Telecommunications. Bd. 18).

Hoflich, Joachim R. (1996): Technisch vermittelte interpersonale Kommunikation: Grundlagen, organisatorische Medienverwendung, Konstitution „elektronischer Gemeinschaften". Opladen: Westdeutscher Verlag (Studien zur Kommunikationswissenschaft, Band 8).

Kornwachs, Klaus (1993): Information und Kommunikation: Zur menschengerechten Technikgestaltung. Berlin u. a.: Springer. (Edition SEL-Stiftung).

Kubicek, Herbert (1995): Multimediatechnik sucht Anwendung: Jahrbuch Telekommunikation und Gesellschaft, 4. Auflg. Heidelberg: von Decker.

Mettler v. Meibom, Barbara (1994): Kommunikation in der Mediengesellschaft: Tendenzen, Gefährdungen, Orientierungen. Berlin: Edition Sigma.

SPOKK (Arbeitsgruppe für Symbolische Politik, Kultur und Kommunikation) (Hg.) (1997): Kursbuch Jugendkultur: Stile, Szenen und Identitäten vor der Jahrtausendwende. Mannheim: Bollmann.

Weiher, Siegfried von (1991): Tagebuch der Telekommunikation: Von 1600 bis zur Gegenwart. Berlin u. a.: VDE-Verlag.

Weizenbaum, Joseph (1994): Die Macht der Computer und die Ohnmacht der Vernunft. Frankfurt a. M.: Suhrkamp (Suhrkamp Taschenbuch Wissenschaft, 274).

Welzel, Peter (1993): Datenfernübertragung: Einführende Grundlagen zur Kommunikation offener Systeme. Braunschweig: Vieweg (Viewegs Fachbücher der Technik).

Weitere verwendete Literatur

Apel, Karl Otto (1973) : Transformation der Philosophie. 2 Bde. Frankfurt/M.: Suhrkamp.

Aristoteles (1978) : Werke. Griech. u. deutsch hrsg. v. K. Prantl, et al. Bd. 1 – 7. Leipzig 1853 – 1879. Nachdr. Aalen.

Augstein, Rudolf (1999) : Risiko, Privileg. Macht und Ohnmacht der Medien. In: → Infosucht. Spiegel-Special 3/1999, S. 80.

Augustinus, Aurelius (1914): Bekenntnisse. Übersetzt. Kempten: Kösel 1914. Übersetzung v. Kap. IV,8 aus Schriftgraphik v. Walter Habdank, Berg b. Starnberg [1990].

Austin, John L. (1962): How to do things with words. Oxford: University Press.

Bandler, Richard; Grinder, John (1982): Kommunikation und Veränderung. Struktur der Magie II. Paderborn: Junfermann.

Bartsch, Elmar (1994): Dimensionen der Sprech-Kommunikation in Organisationen. In: → Hrsg. Bartsch E. (1994), S. 16 – 46.

Bartsch, Elmar (1997): Sprech-Kommunikation: Orientierungsmodelle zu kulturell unterschiedl. Ausprägungen. In: Internationales Personalmanagement S. 319 – 335. Hrsg. v.: Alois Clermont u. Wilhelm Schmeisser. München: Vahlen 1997.

Bartsch, Elmar (1988): The Organisation of Intercultural Negotiation Modes within a Communication Model. In: Speech in the Future ... pp. 85 – 104. Ed. by J. Lehtonen. Univ. of Jyväskylä.

Becker, Hans-Jürgen (1996) : Forensische Beredsamkeit. In: → Historisches Wörterbuch zur Rhetorik Bd. III, Sp. 391 – 398.

Berg-Schlosser, Dirk; Stammen, Theo (1995): Einführung in die Politikwissenschaft. 6. durchges. Auflg. München: Beck.

Blake, Robert S. ; Mouton, Jane S. (1968): Verhaltenspsychologie im Betrieb. Das Verhaltensgitter. Düsseldorf: Econ.

Böhler, Dietrich; Gronke, Horst (1994): Diskurs. In. → Historisches Wörterbuch zur Rhetorik, Bd. II, Sp. 764 – 819.

Bruhn, Manfred (1992): Integrierte Unternehmenskommunikation. Stuttgart: Poeschel.

Bühler, Karl (1934): Sprachtheorie. Die Darstellungsfunktion der Sprache. Jena: G. Fischer.

Bussmann, Hadumod (1990): Lexikon der Sprachwissenschaft. 2. erweit. Auflg. Stuttgart: Kröner.

Cicero, Marcus Tullius (1976): De Oratore. Übersetzt u. hrsg. v. Harald Merklin, 2. durchges. Auflg. Stuttgart: Phil. Reclam jun.

Csikszentmihalyi, Mihaly (1985): Das Flow-Erlebnis. Stuttgart: Klett-Cotta.

Diem-Wile, Gertraud (1993): Die politische Relevanz der Gruppendynamik u. Organisationsberatung. In: → Hrsg. Schwarz, G. et al. (1993) S. 353 – 370.

Duden, Großes Wörterbuch der deutschen Sprache (1976–81). Hrsg. v. d. Dudenredaktion, Leitung Günther Drosdowski. 2. völlig neu bearb. u. stark erw. Aufl. Mannheim: Dudenverlag.

Eichelberger, Ursula (1986): Zitatenlexikon. Leipzig: VEB Bibliographisches Institut.

Enzyklopädie Philosophie und Wissenschaftstheorie (1995–1996): Hrsg. v. Jürgen Mittelstraß, 4 Bde. Stuttgart: Metzler.

Flavell, John H. (1975): Rollenübernahme u. Kommunikation bei Kindern. Weinheim: Beltz.

Geissner, Hellmut (1981): Sprechwissenschaft. Königstein: Scriptor.

Geissner, Hellmut (1969): Rhetorische Kommunikation. In: Sprechen und Sprache. Hrsg. v. Hellmut Geißner u. Wilhelm Höffe, S. 70 – 81. Wuppertal: Henn.

Gethmann, Carl Friedrich (1995): Kommunikationswissenschaft. In: → Enzyklopädie Philosophie u. Wissenschth. Bd. 2, S. 424f.

Graumann, Carl-Friedrich (Hg.) (1969, 1972): Sozialpsychologie. 2 Halbbde. Göttingen: Hogrefe.

Grohnfeldt, Manfred (Hg.) 1989 – 1995: Handbuch der Sprachtherapie, 8 Bde. Berlin: Ed. Marhold, Wiss. Vlg. V. Spiess.

Gutenberg, Norbert; Herbig, Albert (1992): Kommunikationspädagogische Konzepte in Sprechwissenschaft und Sprecherziehung. In: Kommunikationsberatung und Kommunikationstraining. Hrsg. von Reinhard Fiehler u. Wolfgang Sucharowski, S. 370 – 389. Opladen: Westdeutscher Vlg.

Habermas, Jürgen (1968): Technik und Wissenschaft als „Ideologie". Frankfurt/M: Suhrkamp.

Habermas, Jürgen (1971): Vorbereitende Bemerkungen zu einer Theorie der kommunikativen Kompetenz. In: J. Habermas / Niklas Luhmann: Theorie der Gesellschaft oder Sozialtechnologie – Was leistet die Systemforschung? S. 101 – 141. Frankfurt/M.: Suhrkamp.

Habermas, Jürgen (1976): Was heißt Universalpragmatik? In: Sprachpragmatik und Philosophie. Hrsg. v. Karl-Otto Apel. Frankfurt/M.: Suhrkamp.

Hellriegel, D.; Slocum, J. W.; with Woodman, R. W. (1986): Organizational behavior. 4. Ed. St. Paul. Zitiert nach Staehle (1991) S. 280 u. S. 928.

Hellriegel, D.; Slocum, J. W. (1974): Management. Reading, Mass. Zitiert nach Staehle 1991, S. 395.

Herzog, Roman (1997): Rhetorik in der Demokratie. Vorlesung am 8. Juli 1997 an d. Univ. Tübingen. Bulletin 23. 7. 99, Nr. 62, S. 738 – 742. Bonn: Presse u. Informationsamt d. Bundesregierung.

Humboldt, Wilhelm von (1830–1835): Über die Verschiedenheit des menschlichen Sprachbaues und ihren Einfluss auf die geistige Entwicklung des Menschengeschlechts. In: Schriften zur Sprachphilosophie. 6. Auflg. S. 368 – 756. Darmstadt: Wissensch. Buchgesellschaft, 1988.

Infosucht. Der Mensch im Netz der Medien: Spiegel-Special Nr. 3/1999.

James, Muriel; Jongeward, Dorothy (1974): Spontan leben. Reinbek: Rowohlt.

Jochens, Birgit (1979) : „Fragen" im Mutter-Kind-Dialog. Zur Strategie der Gesprächsorganisation von Müttern. In: → Hrsg. Martens, K. (1979) S. 110 – 132.

Kant, Immanuel (1787): IV. Von dem Unterschied analytischer und synthetischer Urteile. In: Ders. Critik der reinen Vernunft. 2. verb. Auflg. (B), Einleitung 10.79. Riga: Hartknoch. Nachdruck: Darmstadt: Wissensch. Buchgesellsch. 1983, S. 52. Zitierte Zusammenfassg. aus → Schmid, Carl Christian (1980) S. 507.

Krappmann, Lothar (1974): Soziologische Dimensionen der Identität. Stuttgart: Klett.

Lasswell, Harold D. (1948): The structure and function of communication in society. In: Mass Communications, p. 117 – 130. Ed. Wilbur Schramm. Urbana 1960.

Lexikon der Psychologie (1980). Hrsg. v. Wilhelm Arnold et al. Neuausg. 3 Bde. Freiburg: Herder.

Luft, Joseph (1961): The Johari window. In: Human Relations Training News 1961, p. 6 – 7.

Luther, Martin (1545): Die gantze Heilige Schrift Deutsch. Hrsg. v. Hans Volz. München: Rogner & Bernhard 1972.

Malik, Fredmund (1992): Strategie des Managements komplexer Systeme. 4. Auflg. Bern: Haupt.

Mandelbrot, Benoit B. (1987): Die fraktale Geometrie der Natur. Basel: Birkhäuser.

Martens, Karin Hrsg. (1979): Kindliche Kommunikation. Frankfurt/M.: Suhrkamp.

Mead, Georg. H. (1968): Geist, Identität u. Gesellsch. Frankfurt/M.: Suhrkamp.

Meggle, Georg (1997): Grundbegriffe der Kommunikation. 2. aktualisierte Auflg. Berlin: de Gruyter.

Mittelstrass, Jürgen (1979): Grundbegriffe der Kommunikation. 2. aktualisierte Auflg. Berlin: de Gruyter.

Morris, Charles W. (1946): Signs, Language and Behavior. Englewood Cliffs, N. J.: Prentice-Hall 1946. Deutsch 1973.

Paul, Hermann (1992): Deutsches Wörterbuch. Hrsg. v. Helmut Henne u.Georg Objartel, 9. neu bearb. Aufl. Tübingen: Niemeyer.

Peirce, Charles S. : Collected papers I – VI (1931 – 1935). Cambridge, Mass.: Harvard University Press.

Perls, Fritz (1976): Grundlagen der Gestalt-Therapie. 9. Auflg. 1995. München: Pfeiffer.

Pesendorfer, Bernhard (1993): Organisationsdynamik. In: → Hrsg. Schwarz, G. et al. (1993) S. 197 – 230.

Piaget, Jean; Inhelder, Bärbel (1956): The child's conception of space. London: Routlege & Kegan Paul.

Platon : Sämtliche Dialoge (1922). Hrsg. u. übers. v. Otto Apelt. 2. durchges. Aufl. Leipzig, Reprint 1988. Hamburg: Felix Meiner.

Riemann, Fritz (1969 : Grundformen der Angst. München: Reinhardt.

Riso, Richard (1989): Die neun Typen der Persönlichkeit und das Enneagramm. München: Knaur.

Rogers, Carl R. (1972): Die nicht-direktive Beratung. München: Kindler.

Saatweber, Margarete [1990]: Einführung in die Arbeitsweise Schlaffhorst-Andersen. Jugenddorf Bad Nenndorf: Schule Schlaffhorst-Andersen.

Saint-Exupery, Antoine de (1950): Der kleine Prinz. Düsseldorf: Rauch.

Saussure, Ferdinand de (1967): Grundfragen der allgemeinen Sprachwissenschaft. 2. Auflg. Berlin: de Gryuter.

Schindler, Raoul (1981): Grundprinzipien der Psychodynamik der Gruppe. Psyche 11, 1957, H. 5, 308 – 314. Zitiert aus Gruppendynamik der Gegenwart, S. 166 – 173. Hrsg. v. Peter Kutter. Darmstadt: Wissensch. Buchgesellsch.

Schmid, Carl Christian Erhard (1980): Wörterbuch zum leichten Gebrauch der Kantischen Schriften. Neu hrsg. v. Norbert Hinske. 2. unveränd. Auflg. Darmstadt: Wissensch. Buchgesellschaft.

Schmidt, Lothar (1985): Aphorismen von A – Z. Das große Handbuch geflügelter Definitionen. 6. Aufl. Wiesbaden: Drei Lilien.

Scholz, Christian; Hofbauer, Wolfgang (1990): Organisationskultur. Wiesbaden: Gabler.

Schreyögg, Georg (1998): Organisation. Grundlagen moderner Organisationsgestaltung. 2. verb. Auflg. Wiesbaden: Gabler.

Schwarz, Gerhard et al. (1993): Gruppendynamik. Geschichte und Zukunft. Wien: WUV-Universitätsverlag.

Searle, John R. (1969): Speech Acts. Cambridge: University Press.

Shannon C.E.; Weaver, W. (1949): The mathematical theory of communication. Urbana: University of Illinois Press.

Staehle, Wolfgang H. (1991): Management. Eine verhaltenswissenschaftliche Perspektive. 6. Aufl. München: Vahlen.

Steffen, Hartmut (1989): Familientherapie. In: → Hrsg. Grohnfeld, M. Bd.1, S. 298 – 321.

Wever, Ulrich (1994): Unternehmenskommunikation in der Praxis. In: → Hrsg. Bartsch, E. (1994), S. 47 – 59.

Winkel, Rainer (1980): Die kritisch-kommunikative Didaktik. In: Westermanns pädagog. Beiträge 32, H. 5., S. 200 – 204.

Zeig, Jeffrey K. (1995): Die Weisheit des Unbewußten. Hypnotherapeutische Lektionen bei Milton H. Erickson. Heidelberg: Auer.

Sach- und Personenregister